山东报刊发展史略

任静 著

山东大学出版社

图书在版编目(CIP)数据

山东报刊发展史略/任静著. —济南:山东大学出版社,2019.12
(山东省图书馆馆员文库/刘显世主编)
ISBN 978-7-5607-5969-2

Ⅰ. ①山… Ⅱ. ①任… Ⅲ. ①报刊—新闻事业史—史料—山东 Ⅳ. ①G219.29

中国版本图书馆 CIP 数据核字(2019)第 301709 号

出版统筹:李　港
责任策划:陈海伟
责任编辑:秦大忠
封面设计:牛　钧

出版发行:山东大学出版社
社　　址　山东省济南市山大南路 20 号
邮　　编　250100
电　　话　市场部(0531)88363008
经　　销:新华书店
印　　刷:济南巨丰印刷有限公司
规　　格:720 毫米×1000 毫米　1/16
15 印张　240 千字
版　　次:2019 年 12 月第 1 版
印　　次:2019 年 12 月第 1 次印刷
定　　价:38.00 元

前　言

报刊是电子媒体出现以前联系作者和读者的主要桥梁。它们是时代、历史的忠实记录者和具象体现者，既是政治、经济、军事、文化等的产物，更是以上诸种因素发展变革的助推动力和必要条件。报刊一直是图书馆的重要收藏门类，是图书馆服务社会、嘉惠士林、推进学术、保存史料的主要功能所在。因此，保存并以各种方式、形态向读者介绍报刊，是几乎所有图书馆主要的业务之一，也是历代忠于职守的图书馆人共同的初心和担当。

近代以来，迎合社会发展、文化进步的需求，报刊的地位和作用日益重要，出版的报刊也日益增多。作为社会生活重要的组成部分，报刊已经成为知识界发表言议、介绍新知、反映民心国运的主要渠道，也是广大民众接受新思潮新道德、摆脱旧文化旧习俗，从而推进中国社会革故鼎新不可或缺的利器。因此，这些报刊大都具有重要的社会历史价值，特别是文献价值、史料价值、学术价值。

从 2014 年开始，山东省图书馆报刊部陆续申报并完成了国家图书馆民国文献保护中心资助的“民国时期文献整理出版项目”——《民国时期山东报刊目录提要》《山东省政府公报》《民国时期山东革命根据地红色期刊汇编》等重要研究项目，笔者承担了其中大量的整理和编撰工作。在此期间，除对山东省图书馆馆藏报刊深入细致挖掘外，笔者还曾实地到全国各大公共图书馆反复查找原始文献，汇集了大量原始资料。因报刊是连续性出版物，其创刊、停刊、复刊、终刊等沿革情况都极为复杂，为此笔者又曾反复查阅山东 17 地市的文化志、地方志、出版志、报业志等，另有七八十种工具书和相关著作，还有近百篇期刊论文和学位论文，遂对山东报刊的发展概况有了基本的了解。

基于上述研究，笔者产生了系统梳理山东报刊的想法，希望通过扎实的工作对山东报刊一百多年的发展历史进行全景式阐述和系统研究。笔者清晰地记得，到报刊部工作之初，部门主任林卫东同志曾说过："如果你能将山东报刊这一百多年的历史了解清楚，就是一件有价值的事情。"以此为动力，笔者不断积累素材，并加强相关的学习，在编撰本书的过程中，又陆续查找到更多的一手资料，且灵活利用了多种参考文献，这些都为本书编撰的准确性提供了有力的保证。本书以不同阶段的具有代表性的报刊为研究重点，结合社会政治、经济、文化的发展规律，力求以丰富翔实的资料、严谨的考证，将山东报刊从清朝末年至今的产生、发展概况进行全面总结，基本覆盖了山东报刊发展的各个层面，给出了山东报刊产生、发展的清晰脉络。本书共分七章，依次为：报纸和期刊概念溯源，清末山东报刊的发展概况，北洋政府时期的山东报刊，国民政府时期的山东报刊，抗日战争时期的山东报刊，解放战争时期的山东报刊，中华人民共和国成立后山东报刊的发展概况。本书依次列举了各个不同历史阶段创办的部分山东报刊的发展概况，均按出版时间顺序进行排列和介绍。除对每一种报刊的思想内容和编辑特色进行著录外，还注重对编印者、刊期、载体形态、出版地、主要负责人、主要编辑人员和撰稿人，以及创刊、停刊、复刊、终刊、改名、改版时间等具体事项进行了完整介绍。

本书对山东报刊进行的系统整理和内容揭示，既展示了山东报刊在社会发展中的巨大作用，也为读者了解山东政治、经济、文化概况提供了重要参考资料。虽然尽己所能，力求做到书中内容全面、完整、准确，但由于时间紧迫、水平有限，书中疏漏和错误在所难免，恳请读者和同仁不吝批评指正，以便修订时增补完善。本书的出版得到了馆领导和同仁的大力支持，适逢建馆110周年，谨以此书为微薄的献礼。

任　静

2019年10月

目　录

第一章　报纸和期刊概念溯源

报刊是随着近代资本主义的兴起而产生的一种重要的大众传播媒介。严格地说，报与刊有别，“报”即“报纸”，是指面向公众连续发行的以报道新闻、揭载时论、刊登广告为主的印刷媒介；“刊”即“期刊”，也称“杂志”，是指被装订成册的定期或不定期发行的出版物。两者相比，报纸多选择一般性内容，且更加及时，信息量也较大。期刊则以特殊内容为主，周期较长，主要关心的不是当日事件的信息，而是侧重在更加广阔的背景下阐释和分析问题，因此能对问题和局势作更加细微的观察，因而更具指导性和持续性的影响力。不过在近代报刊创兴之初，报与刊相率以“报”为名，所载文字多为兼具政治性的时事新闻或相关评论，从形式、内容到社会功效，多有相似之处，实难分彼此。初期的报纸和期刊是混同的，有新闻，也有各种杂文和文学作品，简单地装订成册，通常笼统地称“报刊”。英国、法国、我国早期的“报刊”概念，便是在这个意义上使用的。英国和法国从 18 世纪起，报纸与杂志开始明显地分离，我国在本土出现现代“报刊”后约 20 年，报纸和期刊的分界才得到明确。

第一节　报　纸

一、报纸的定义

报纸是指一种迅速报道新闻、刊载评论、有稳定的编辑部和固定的题名，按年、月、日或卷期顺序无限期地连续刊行下去的出版物。

报纸是以刊载新闻和新闻评论为主，通常散页印刷，不装订、没有封面。报纸有固定名称，面向公众定期、连续发行。现代报纸每日出版一次，称为“日刊”；每三日出版一次，称为“三日刊”；或者每周出版一次，称为“周刊”。这种意义上的报纸只出现在现代社会，古代社会的“报纸”或不是纸质的，或不是印刷的，或非定期、连续发行，一定意义上也不是面向公众的。清代以前的报纸，实际上只能说是一种新闻信件性质或政府公告、公报性质的原始形态报纸，都不是近现代意义上的报纸。

二、报纸的发展历程

报纸从诞生到今天已经走过了漫长的历史，公元前 60 年，古罗马政治家恺撒便把罗马市以及国家发生的事件书写在白色的木板上，告示市民。这便是世界上最古老的报纸。1450 年，欧洲的德国人谷登堡发明了金属活字印刷技术，于是印刷的报纸开始发行。1493 年，罗马发行的报纸上刊登了哥伦布航海的消息。当时的报纸只是在发生引人注目的大事件时才发行。1609 年，德国率先发行定期报纸，虽是周报，但很快波及整个欧洲。世界上第一张日报在 1650 年发行于德国。法国 1631 年才出现报纸，而英国由于当时发生了政治事件，报纸才得以发行。美国的第一张报纸是独立前的 1704 年，是波士顿邮局局长发行的《波士顿通讯》。历史发展到欧洲资产阶级革命时期，报纸已在欧洲各国相继发行，并为越来越多的人所喜爱和接受。

我们可以不无自豪地说，我国是世界上最早拥有报纸的国家之一，最早的官办报纸——邸报始于唐代，最早的民办报纸始于宋代，时称“小报”，为非法出版物；至明、清两朝民报取得了合法地位，称为“京报”。邸报作为封建官报，主要刊登的是皇帝的谕旨、大臣的奏折以及官员的任免升降奖惩、宫廷动态等公文性材料，历经唐、宋、明、清各朝其形式和内容基本没有变化。宋代“小报”开民间新闻传播之先河，突破了官方对新闻的垄断与封锁，刊载了一些官报禁载的新闻和时事性政治材料，打破了官报的一统天下。其形式和内容较邸报更为先进，可以说已初具近代报刊的雏形。其触犯了封建专制统治者的议论朝政之禁，因此，一直受到官方的查禁。宋代以后各朝代“言禁”愈加严厉，初具近代报刊雏形的“小报”便再无生存和发展的空间。

明末，活字印刷术开始用于邸报印刷。清初顾炎武曾说，邸报至崇祯十一年(1638 年)才有活版。[①] 邸报普遍采用活字版印刷。因为用木活字印刷，印刷质量不佳，有的字体歪斜、墨色漫漶，校对也不够精确，错字较多。但因内容新颖，销量居然不错，西方印刷术传入后，我国遂改用铅字版印刷。明代中叶以后，北京出现了朝廷允许公开出版发行的民间报纸——京报。京报虽然由民间报房自行出版发行，但在专制统治者严厉的新闻控制政策下，不能越雷池一步，其内容大多翻印自邸报，虽有所取舍，但实质上是邸报的翻版或复制品。因此，京报可以说是准官方性质的报纸，从新闻传播的发展规律来看，明、清京报与宋代“小报”相比，无疑是巨大的历史倒退。到 19 世纪初，官报已有 900 多年的历史，民报也有 700 多年的历史。

由于封建专制制度和自然经济基础的制约，无论官报还是民报，都一直没有脱离古代报纸的原始形态实现向近代报刊形态的转变。真正意义上的近代报刊直至 19 世纪 30 年代以后才在中华大地出现，而且是由新教传教士引入的。新教传教士不仅带来了基督教，而且还带来了西方的科学文化知识和近代新闻思想、报刊模式与理念以及先进的印刷技术，催生了中国近代报刊业。

在传教士报刊的刺激和影响下，一些接触西方文化的中国先进知识分子开始尝试创办近代报刊，第一份由中国人自办的近代报纸《昭文新报》1783 年 8 月在汉口创刊，但由于销路不畅不到一年即停刊。1874 年 2 月，曾在墨海书馆担任“秉笔华士”13 年之久的王韬，在中国香港创办了第一份影响较大、出版时间较长的中国人自办报纸《循环日报》。至此，具有现代报刊雏形的、由我国人自己创办、用中文印行、名副其实的我国近代报刊才正式产生。1895 年后的 20 余年中，国人自办报刊达 30 余种。其中影响较大的有：1874 年 6 月在上海创刊的《汇报》，1876 年 11 月在上海创刊的《新报》，1879 年在中国香港创刊的《维新日报》，1884 年 4 月在广州创刊的《述报》，1886 年 6 月在广州创刊的《广报》，等等。

另外，我国近代第一份官方报纸是《北洋官报》(1902 年，天津设立总局全国发行)，第一份中文商业报纸是《香港中外新报》(1858 年，中国香港)，第一份商业性报纸是《香港船头货价纸》(1857 年，中国香港)，第一份我国境内出版的中文报刊是《东西洋考每月统纪传》(1833 年，广州)，第一

① 参见杜耀云:《中国近代史论》，齐鲁书社 2014 年版，第 32 页。

份英文报纸是《广州记录报》(《广东记事报》)(1827 年，广州——英文)，第一份国内现代报纸(也是第一份外文报刊)是《蜜蜂华报》(1822 年，中国澳门——葡萄牙文)；第一份近代华文报刊(也是第一份宗教报刊)是《察世俗每月统纪传》(1815 年，新加坡)。

然而，我国近代报刊生不逢时。这时的国际社会列强争霸，我国国内封建统治处于最黑暗时期，加之我国社会特定的政治、文化、经济、科学及思想意识多种因素的制约，使我国近代报刊从产生之日起就走上了极端困难、迷茫、曲折的发展道路。这一局面一直到马克思列宁主义学说传入、我国第一批共产主义知识分子出现后才发生根本的变化，并逐步完成了由近代报刊向现代报刊发展的历史性变革。

综观这些中文报纸，有如下明显特点：

1. 与古代报纸不同，近代报刊以出版自由为口号，主要刊载新闻和评论，而且采用分页散装、分栏编排的形式，机械印刷、大量复制。这些由外国传教士创办的中文报刊虽然发行量不大，但是把近代的报刊形式带到了中国。大量由外国人创办的中文报刊出现，进一步发展了近代中文报刊。

2. 出版地域由中国境外到中国境内。传教士创办中文报刊的最初目的是宣传、传播教义，1833 年以前，传教士出版的中文报刊主要分布在澳门、马六甲和巴达维亚。传教士的印刷出版活动先是转到澳门、香港，后再转到宁波、上海等地。为数不多由中国人自己创办的中文报刊，打破了外国人在中国办报的垄断局面。1874 年 2 月 4 日，王韬、黄胜等人集资创办了《循环日报》。成为我国第一批自办报纸中历史最久、影响最大的报刊，也是中国人自办报刊的杰出代表。

3. 出版主体由外国人到中国人。外国人在中国创办的中文报刊，当然主要面对中国人。然而由于不同地域、不同语言、不同风俗习惯，即便外国人努力学习中文，但这些差异无疑都带来了外国报人和中国读者之间的沟通障碍。要想表达自己的思想和言论，就必须有自己的报纸，国人需要独立创办报刊。此后，国人开启了自己办报的历史。

总之，中国近代中文报刊是在外来因素的刺激下产生的，是由外国传教士创办的，从在中国境外创办到中国境内创办、从由外国人创办到中国人自办报刊，中国报刊从落后到开化、从附属到独立。中国也从封闭到融入世界。这些报刊在中国传播史、出版史上有着重要的意义。

第二节　期　刊

一、期刊的定义

期刊又称“杂志”，是指有固定名称，用卷、期或者年、季、月顺序编号，按照一定周期出版的成册连续出版物。辞海中期刊的定义是：由多位作者撰写的不同题材的作品构成的定期出版物。它根据一定的编辑方针，将特定领域的作品汇集成册出版。期刊的诞生与发展，适应了人们希望获得最新消息与知识的要求。

二、期刊的发展历程

1. 期刊在西方的发展历程

公元 8 世纪，在欧洲一些国家出现了抄写在羊皮纸上的最新消息，即“手抄新闻”。从 14 世纪开始，随着造纸术在欧洲的传播，作为最新消息的新闻逐渐成为一种真正的商品。手抄新闻的编者，为王公贵族、富商显贵定期提供抄写在纸上的手抄新闻。15 世纪中期，活版印刷术在德国诞生，并迅速向欧洲各地传播。与此同时，在法国(1464)、英国(1478)和德国(1502)先后建立起最早的国家邮政服务业务。这个时期，一系列政治、经济、文化因素促使欧洲国家对新闻的需要越来越迫切。15 世纪后期，欧洲印刷商开始印刷一些由 4 页、8 页或 16 页纸张组成的，记述最新战况、丧葬、喜庆之类重要事件或转印某份手抄新闻原文的活页新闻，有的还配有木刻画，交由书贩或流动兜售的小贩出售，在民间得到传播。晚些时候，出现了一种刊载奇闻、案情、灾祸与非常事件的文字较长的活页新闻。16 世纪初期，由于发生宗教改革运动和反宗教改革运动，印刷商与书商印刷出版了许多有关宗教辩论与政治论战方面的辩论招贴。它们销量有限，不定期出版，是后来诞生的期刊与报纸的雏形。17 世纪初期，半周刊和周刊开始在西欧一些国家出现。1605 年 5 月 17 日，A. 费尔赫芬在安特卫普印刷出版半周刊《安特卫普新闻》。17 世纪中后期，在欧洲开始出现了以传播知识为主、摘要介绍学术进展与新书的期刊。最早问世的是德国神学家与诗人 J. 里斯特在汉堡创办的《每月评论启示》(1663～1668)。17 世纪,欧洲期刊出版活动比较活跃的国家是法国、德国和英国。17世纪后期,在英国出现一些以印刷出版期刊为主的商人。18世纪初期,随着期刊与报纸的不断出现,逐渐形成一种专门从事新闻报道的行业,即新闻业。由于期刊与报纸是传播进步思想的重要工具,实行专制统治的世俗当局深为恐慌,它们通过审查制度与印花税法,试图阻止进步期刊的出版。与此同时,一些出版商注意到公众对通俗性期刊的兴趣越来越大。他们通过创办这类期刊,扩大了营业额。

18世纪中后期,随着欧洲启蒙运动和资产阶级势力的发展,更多的人接受了现代思想并具有阅读兴趣与能力。政治时局、经济文化、科学技术的发展,每时每刻都在产生大量的各方面的消息与信息。人们对于及时了解这些消息与信息的欲望也愈加强烈。许多思想敏锐的学者创办期刊,将最新的思想、消息和知识传播出去,推动了社会文明的进步。19世纪,人类的印刷技术取得重大进展,为期刊出版业的发展创造了物质条件。19世纪中期,法国、英国和美国经营期刊的出版商相继形成这样一种经营方针:用订户的订购费支付办刊所需的纸张、印刷和发行等可变费用,靠刊登广告的收入支付编辑与管理等固定费用,并从中获得利润。不少出版商因此而大幅度增加期刊印量,获得了更多的收入。19世纪后期,一些西欧国家的公民开始享有出版自由权,期刊出版商通过降低价格,使通俗性期刊进入平民家庭,西欧的期刊出版业进入黄金时期。1900年,全世界的期刊约1万种。

2.期刊在中国的发展历程

鸦片战争之前,由于清政府种种政令和众多限制,外国传教士在华的办刊活动被限定在距中国较近的华人较集中的马六甲等地,随后移至广州、中国澳门一带。鸦片战争之后,清政府同外国侵略者相继签订了一系列不平等条约,殖民主义者在中国掠取了许多权益,为进一步扩大侵略,他们把办刊活动逐渐转移到中国的沿海城市和内地。他们先后在中国香港、上海、天津、宁波创办一些报刊,其中代表性的刊物是《遐迩贯珍》。《遐迩贯珍》是我国最早用铅字排印的中文期刊,每期有英文目录,用竹纸单面铅印,16开线装书式,每期12页到24页不等,由香港英华书院主办,伦敦会印刷局排印,我国著名报刊家王韬曾参与该刊的编辑工作。1856年5月出至第33号停刊。

外国传教士在华创办报刊同殖民主义者帝国主义者侵略中国有密切

关系，是他们变中国为殖民地的一项重要内容和重要手段。从1815年到1842年鸦片战争结束，外国传教士在南洋和中国东南沿海一带办了10多种报刊，鸦片战争之后到19世纪末，将近半个世纪，他们先后办了170多种中外文报刊，约占我国报刊总数的90%，控制了我国报刊事业。

19世纪20～80年代的期刊经过了一个漫长的发展过程，除内容随着时代变化外，在印刷和编辑工作上也发生了一些变化。它经历了最初的期刊大多为雕版印刷到铅印、石印的转变；在版式设计上由中国土纸印刷的线装书式逐步过渡到新式印装；在内容编排上突破了单一的文字稿，出现了文字配图、配画等较为直观的宣传形式；由不重视经营到重视经营，报刊上广告日益增多。这反映了我国报刊初创时期的一些特征。

中国近代的期刊活动，如果从1815年创办的《察世俗每月统记传》算起，到1896年维新派办的第一份期刊《时务报》止，其间80余年，虽然创办了一些期刊，但大都是外国传教士创办的。这个时期，是中国期刊的萌发期，即初创期，是中国期刊史的序幕。而“维新运动时期是中国近代期刊史的正式开端，它结束了外国人在中国垄断创办期刊局面的旧时代，开始了由中国人提笔挥写我国近代期刊史壮丽画卷、首创民间办刊并议政、参政的新时代”。①

第三节　报纸与期刊的异同

报纸和期刊一般都是定期出版物，其中期刊又称“杂志”，常常与报纸一起合称为报刊。报纸和期刊在早期曾是界限不清的，期刊往往称“报”，而报纸也常常使用杂志的书本形式。特别是在清末，报纸和期刊的界限一直比较模糊。在19世纪末至20世纪初，我国人创办或在我国境内创办的刊物，仅有《中外杂志》《东方杂志》等极少数刊物称“杂志”，其他刊物大都称“报”，如《万国公报》《强学报》《时务报》《清议报》《农学报》《新民丛报》等。从内容上看，有的论说文字偏多，有的注重于介绍专业知识，介乎报纸与期刊之间。虽称“报”，但又像期刊。由于出现这样的情况，以致后

① 陈江:《爱国主义的颂歌——维新运动时期的期刊》，载《出版史料》1992年第2期。

来学者也无法强行将其划分为报纸和期刊。

20世纪初，有人注意到报纸与期刊应该是有区别的，也曾设法予以区分。就普通的情况而言，报纸和期刊的主要区别有二：

一是内容。报纸是以时事新闻为主，重新闻，特别是新闻的时效性。期刊则不注重新闻，内容可以是比较专门的（如《小说月报》《旅行家》《政治评论》），也可以是包罗万象的（如《东方杂志》《百科知识》），可以侧重艺术性、知识性，也可以侧重论说性。

二是形式。报纸一般为散页，不装订，无封面，按内容分版面；期刊则一般为书册形式，大都有封面、封底，前面有文章目录。当然，这也不是绝对的，即使是现在，也有少数报纸是装订的，并配封面，甚至前面还有简单的导读性质的文章目录，但纸型一般比期刊大，且仍按内容划分版面。期刊称“报”的也不少，如各种“学报”，虽称“报”，但与报纸相距甚远。有些如《人民画报》《新华月报》之类，也很重视时事新闻，同样只能归为期刊类。如果没有特别的必要，对于极少数的确不好区分的定期出版物，也不必硬性或勉强去划分。

第二章 清末山东报刊的发展概况

山东近代报刊是伴随着帝国主义列强侵略和中国人民反对帝国主义、封建主义、官僚资本主义的斗争而产生和发展变化的。鸦片战争之后，外国人来华办报，开启了山东近代报业之端。这些丰富的近代史料对于研究近代山东的政治、经济、军事、科学、文化各个方面都有重要参考价值，为方兴未艾的地方史建设提供了珍贵史料。

甲午战争、庚子之役和日益迫近的资产阶级民主革命，使大清王朝的统治风雨飘摇。求生的本能和王朝自救意识把这个油尽灯枯的专制王朝推上了改革之路。清政府以文化教育和经济改革发其端，进行了假维新中的真改革，以缓和日益激化的社会矛盾，挽救行将就木的大清王朝，这就是清末新政。创办报纸是新政措施之一，而此时的山东尚无一份中文报纸，只有一种石印的“辕门抄”，在清朝的官衙和官员中流传。随着新政的实施，全国各地，从中央到地方都纷纷创办报纸。所出现的早期近代化报纸，具有宣传进步思想、反对守旧思想的民主主义色彩，山东先后出版的报纸有 20 多种。

帝国主义列强在对中国进行军事侵略的同时，在思想文化上也积极进行渗透，办报纸就是他们推行殖民主义的重要手段之一。1894 年，德商在英国创办英文报纸《芝罘快邮》，这是创办于山东最早的报纸。作为一种集宣传观念、传播知识、沟通信息和影响公众意见等多种功能于一身的现代报刊，是在开埠后大量出现的。由于我国资本主义经济的发展及社会矛盾的加深，特别是清政府的腐败无能，又经历了甲午战争和庚子之乱，中国蒙受了外侮与战乱的沉重打击，有识之士纷纷上书要求设立地方官报，以开发民智，实行社会改革。《济南汇报》就是在这种形势下应运而生的。之后，又有《简报》《济南日报》《山东官报》等相继创刊。由于官报不能“议论政事”“臧否人物”“直言时事”“申明主见”，只能起到一点传递信息的作用，因而社会影响不大。

同时，山东革命党人也纷纷创立报刊，倡导革命。如丁惟汾、邱圣振在日本就办了《晨钟》周刊和利群社。刘冠三、齐芾南、王墨仙在国内先后办了《山东白话报》《渤海日报》《齐鲁公报》，发表大量文章，“论政首斥贪污，论学首崇新知，引而归之革命”①。对封建专制，革命党人进行了猛烈的抨击，指出“中国救亡之道，端在共和，欲以组织共和不得不先破坏专制”②，只有如此，才能使“中国日臻强盛，与东西各邦同登文明之域，共享平等之权，皆此共和政体之结果也”③，在日本时他便写了很多介绍西方先进政治的文章，反袁斗争时他针锋相对地笔伐专制制度，刊发“国家主权，属之国民全体”的民权思想，痛斥中国不适于共和政体的谬论。

因此，新政时期的报刊无论在数量上还是在质量上都大大超过前期，出现了前所未有的兴旺景象，各种形式和内容的报纸如雨后春笋般地创办开来。

第一节　清末济南地区创办的报刊

清末济南的报业随着当时时局的变化和报业的发展而产生。1901 年清廷推行“新政”，开放“报禁”“言禁”，资产阶级革命派、改良派以及官绅士民自办的报纸纷纷创刊，中国的新闻事业进入一个蓬勃发展的时期。1903 年 6 月，济南最早的报纸《济南汇报》创刊。这是山东最早的新式官报，由时任山东巡抚周馥创办，五天一期，内容分“政”“事”“文”“学”四项，设有“上谕”“时政要览”“东政辑要”“五洲近事汇编”“教学杂纂”“专件”和“杂俎”等栏目。这份报纸只在少数政府官员中发行。这一年，山东工艺局主办的《简报》和济南商会创办的《济南商会日报》纷纷创刊。其中，李士可负责的《简报》具有辕门抄性质，是以报道官场消息为主的非官方的报纸，由熟悉济南官场情况的抄报人和报房采写编印发行，登载当时官员的升迁、禀见等情形，摘录南北各报新闻、刊登商业广告。紧接着，山东布政使出资的《济南日

---

① 杜耀云：《中国近代史论》，齐鲁书社 2014 年版，第 32 页。

② 董贵胜、李森：《辛亥革命在山东》，载《潍坊教育学院学报》2001 年第 3 期。

③ 张登德：《〈齐鲁公报〉对辛亥革命后中国政局的关注和评论》，载《东岳论丛》2012 年第 5 期。

报》(1904年)创刊。这是一份注重新闻报道、具有反帝色彩的报纸。1905年,因登载"德国人在山东不利于中国"的言论,遭到德国领事的抗议。于是在这一年,《济南日报》更名为《山东官报》,成为山东巡抚衙门的官报,直至1912年随着清朝政府的灭亡而消亡。当然,《山东官报》的体例未脱一般官报恭录谕旨和转载奏议、公牍及时政之窠臼。

随着时代的发展、社会的进步,济南也出现了一些顺应历史潮流的报纸。如同盟会会员刘冠三于1905年创办的《山东白话报》。李士可离济后,《简报》由沈景忱买下,由官办改为民营,在辛亥革命前后,发表了许多抵御外侮、振兴实业、收回权益的言论,内容丰富,成为当时济南地区较有影响的一份报纸。值得注意的是,1905年日文《济南日报》创刊,是济南地区第一份外文报纸。

晚清时期,济南报业的发展有两个特点,一是创办时间晚,二是官报种数多。相较于全国其他省市,近代报纸在济南的产生是相对滞后的,甚至比省内的烟台、青岛还晚。尽管济南报刊的出现时间较晚,但不是由外国人创办,而是由政府创办,这也就导致了晚清时期济南官报种数多的现象。《济南汇报》《简报》《山东官报》不但是济南官报的代表,而且还是济南早期报业发展的源头。进入民国后,除《简报》外,辛亥革命前的报纸大都先后停办。下面按创刊时间分别介绍清末济南地区出版的几种报纸(见表2-1)。

表2-1　清末济南地区出版的报刊

序号	报纸名称	刊行时间	刊期	负责人	附注
1	《济南汇报》	1903～1904年	五日刊	周　馥	山东最早的官报
2	《简报》	1903～1929年	日刊	沈景忱	民营
3	《济南商会日报》	1903～1907年	日刊	济南商会工所	济南最早的民办报刊
4	《济南日报》	1904～1905年	日刊	山东布政使	济南创办的第一份日报
5	《济南日报》(日文)	1905年～不详	日刊	日本殖民势力	济南地区第一份外文报纸
6	《山东官报》	1905～1912年	旬报	杨士骧	清末巡抚衙门主办的报纸
7	《国文报》	1905～1911年	日刊	侯枫震、秦介如、周炳如	1906年改为《山东国文报》

续表

序号	报纸名称	刊行时间	刊期	负责人	附注
8	《官话日报》	1905～1914 年	日刊	李明浦、仇纯吉	辛亥革命以后改组为《民治日报》
9	《山东白话报》	1905～1906 年	日刊	刘冠三、丁耕农	山东第一份通俗文体的报纸
10	《齐鲁公报》	1911～1912 年	日刊	王讷、赵心如	远销欧美

《济南汇报》

在 19 世纪 90 年代济南即有一份石印的“辕门抄”，在政府官衙和各级官员之间流传。1903 年，山东巡抚周馥创办《济南汇报》，是杂志型的报纸，是山东创办的最早的官报。每 5 日出一期，全年共 64 期，售库平银 3 两6 钱。该报辟有“时政汇览”“东政辑要”“五洲近事汇编”“杂俎”等栏目，但是，这些“报纸”是仅限于在官僚系统传阅的一种政情通报，限清政府官员阅读，在县里只有知县、县丞、训导教谕、典史等能阅读，普通民众难得一见，不是现代意义上的大众媒体。《济南汇报》虽为官报，但已于 1904 年停刊。

《济南汇报》具有报纸的基本特点。它一方面反映省情，另一方面也报道国内外政治、经济、科技、文化、教育动态，并加以专题评论。在维新思想的影响下，该报也发表过一些具有进步意义的政论文章，在当时社会上颇有影响。它的印刷方式也颇具特色，反映了我国印刷技术的发展，如第 1 期至第 5 期系用雕版刷印，第 6 期至第 34 期改用铅印，第 35 期以后又转用石印，每期按上述内容分类编排。这种报纸，由于时代较早，发行量不大，因此，至今能流传下来的已十分稀少，它对研究近代史与考察山东报业发展史，无疑具有重要的意义。

据当时《晋报》发表的“京省各报调查表”载称，此期间中文地方报纸，北京有《谕折汇存》《时事采新汇报》《顺天时报》等，直隶有《北洋官报》《大公报》等，南京有《两江官报》等，上海有《中外日报》《同文沪报》《申报》等，山东有《济南汇报》《胶州报》《同益报》共三种(后两种每 7 日一出)。“京省各报调查表”列举了当时各省数十种主要报纸，而山东仅列出三种，可见《济南汇报》是该省最早的官报，而且也略早于或重要于《简报》了。

《简报》

1903 年(清光绪二十九年)下半年创刊于济南，前身为石印的“辕门抄”。当时山东省成立工艺局，附设简报馆，由工艺局坐办李士可负责办报，沈景忱任社长，编辑人有孙松龄、邹润中等，主要登载当时辕门见闻录、银价、寒暑气温等情形，同时还摘录南北各报新闻，刊登商业广告。主要读者是官员、候补官员、衙门吏属和商人。

《简报》初创时，日出4开对折一张，单面石印，分上下两版。上版设“电谕”“各省新闻”“时事要闻”“外国新闻”“外省新闻”等栏目。下版专登广告，但下版头条仍为“辕门抄”，发行四五百份。后来李士可到外地做官，《简报》由沈景忱、李仲铭、吴继鲁、张希卿等人买下，由官办改为民营，并改为4开4版，双面石印。该报从形式到内容都有所改进。时值清末，国内政治腐败，外侮频仍，《简报》受各地报纸的影响，成为当时济南地区较有影响的一家报纸，最多时发行达1000份。民国初，尽管该报在版面上增添了“专电”“要闻”“简评”等栏目，但已明显跟不上时代的发展，营业日渐衰落。当时济南各报都改成铅印，但该报一直坚持石印，并请济南有名的书法家王慕云、王朝云、宋冒云、丁梦云（人称“历下四云”）誊版。五四运动后，该报曾一度改为铅印，但不久又恢复了石印。民国成立后，该报被济南报界流氓何冰如买下，1929年7月停刊。

《济南商会日报》

济南最早的民办报刊当属《济南商会日报》。《济南商会日报》是济南商会工所于1903年（清光绪二十九年）创办的一份日报。内容分“谕旨”“时政”“商局文牍”“商会案件”“商业须知”“商事杂志”（银价、粮价之类）等栏目。虽然该报隶属于济南商会工所，是为商人服务的，但由于其内容有“谕旨”“时政”，读者并不仅仅局限于商人，许多知识分子是通过该报了解国家大事的。该报主要是为商人赚钱经商提供服务，“商人知近不知远，知小不知大，知旧不知新，知利不知义。义也、新也、大也、远也皆商之所倚为利者也”，而“国家商部初开，律与学尚未遑及，而所以启众商者，唯报必不可缓。有商报则居一室之内而知天下之事，治一方之产而知各国之货，披一纸之书而知四方之价；物有消涨，货有新陈，人有好劣，事有变更，或居此埠而习他埠之情形，或治此业而通旁业之利病；至于闻时务、考外情，其为益又岂致富求赢所能尽哉”？因此，“特纠集同志就济南商会公池，日刊浅报一纸，俾各商购阅，以广见闻。其阅者则智可濬、胜可操，而贪近见小,守旧放利之弊可以祛。其不阅者,则虽欲智之无由矣”①。该报于 1907 年停办。

《济南日报》

1904 年(清光绪三十年),山东布政使出资的《济南日报》创刊。这是一份注重新闻报道、具有反帝色彩的报纸。《济南日报》在创办过程中得到了政府的大力支持,巡抚吴廷斌专门拨官款 1 万两,“以资经费”。1905 年,因登载“德国人在山东不利于中国”的言论,遭到德国领事的抗议。于是在这一年,《济南日报》更名为《山东官报》。

《济南日报》(日文)

值得注意的是,1905 年日文《济南日报》创刊,是济南地区第一份外文报纸。明治维新以后,日本竭力地对外扩张,随着甲午海战清朝政府的战败,日本加速了对中国的渗透与侵略,山东就是日本侵略的重要目标。《济南日报》的出现就是日本在山东内地殖民势力的表现。

《山东官报》

《山东官报》的前身是 1904 年 3 月 9 日在济南创刊的《济南报》(两日刊)。同年 10 月 9 日,《济南报》改名为《新济南报》,仍为两日刊。1905 年 5 月 4 日,《新济南报》又改名为《济南日报》。这份 4 开 4 版的日报,开始是由山东藩台(明、清时期布政使的别称)出资创办的,由沈景忱、孙念僧任社长。该报内容栏目有“上谕”“论说”“紧急电报”“本日专电”“各国新闻”“本地新闻”等。1905 年 8 月 30 日,山东巡抚杨士骧将《济南日报》改名为《山东官报》。关于《山东官报》易名有此一说:杨士骧在任山东巡抚(1905~1907)期间,觉得以“济南日报”一名作为全省报纸欠妥,于光绪三十一年八月一日(1905 年 8 月 30 日)改名为《山东官报》。1907 年,以官督商办形式的《济南商办日报》创刊后,《山东官报》便停出两日报(四开四版八页型),《山东官报》自 1908 年开始停出两日报,每月只出旬报三期。由于《济南商办日报》发行出现滞销亏损,不得不报请巡抚仍归官办,山东官报局遂于 1908 年 4 月 1 日接办,并改名《山东日日官报》(4 开 4 版)。《山东日日官报》仍月出 3 期,每期增添新闻 4 页。1909 年 5 月 3 日起,由旬报改为周报,每册百页左右。杨士骧去职后,其后任袁树勋、孙宝琦等继

① 山东地方史志编纂委员会编:《山东史志资料》第一辑,山东人民出版社 1983 年版,第 175 页。

续主持，总编辑为黄华、朱钟琪等。

《山东官报》体例未脱一般官报恭录谕旨，并载奏议、公牍、时政之窠臼。除告白外，始分为“上谕”“论说”“内政”“外交”“财政”“学务”“商业”“实业”“矿业”“杂纂”等；后分为“谕旨”“章奏”“文牍”“章程”“报告”“电丛”“译汇”“杂志”等，虽名分有变，内容无大出入。1907 年前，发行两日报和旬报两种。1908 年起改出旬报，每月 3 期，每期增添新闻 4 页。1909 年 5 月 30 日起，又改为周报，每册百页左右。《山东官报》标榜“举凡紧要奏议、公牍以及内外大政大法、国际外交、靡不毕载”①，其实所载内容无非是皇帝对军政官员的任免，对政府各部门工作的指示，政府各部门的请示、报告、文件、规定、文批，等等。1908 年后，《山东官报》又增加了“新闻”“时事选录”“艺文存略”等栏目。“新闻”分各国新闻、各省新闻和本省新闻；“时事选录”摘要登载时人演说等；“艺文存略”则刊登“先哲遗篇足以羽翼世教者”“时流撰著足以陶冶性灵者”，如《武训遗像记》《义丐歌》等。山东官报局地址是西门里小沧街。编辑处设在山东抚署，印刷发行处是“山东抚署官报事务所”。《山东官报》在芙蓉街武学官书局、西门大街商务印书馆、后宰门山东官书局、后宰门启明印书社、芙蓉街维新书局等地设有分售处。对本城读者，报纸“由总发行处及各代派处按期照送”，对外地读者则随时邮寄。

清时的官报既有“邸报”“京报”“宫门抄”之旧制，又融合进一些西方报纸风格。即便如此，因其内容陈腐枯燥，功能单一固化，不仅降低了报纸的可读性，而且印刷数量也少得可怜。1908 年 9 月 25 日出版的《大公报》就曾因此刊载过一篇消息，文中说“《山东官报》除强制派发外，竟无一人购阅”②。一张省级报纸，每期仅几百份的发行量，这在今天看来简直是不可思议的事情。

现在，在寿康楼街 8 号院内保留着一座 3 层洋楼，这座洋楼曾是山东官报局旧址，后来人们把它称之为“寿康楼”，楼北形成的东西街遂称为“寿康楼街”。1912 年，该报停刊。大概到民国初期，官报一词就基本销声匿迹了。

---

① 山东省地方史志编纂委员会编：《山东省志报业志》，山东人民出版社 1993 年版，第 19 页。

② 王敏：《应对新式传媒无方与清朝的覆灭》，载《杭州文博》2012 年第 1 期。

《国文报》

1905年3月(光绪三十一年二月)创刊于济南,1911年(宣统三年)停刊。主办人侯枫震、秦介如、周炳如。旬刊,每期30余页,拷贝纸印刷。每册售价2角。社址在济南后宰门内国文报馆。该刊宣称"以保存国粹,裨益实学"为宗旨。内容以文艺为主,分议论、序跋、考古、公牍、书札、讲义诸门类。1906年3月(光绪三十二年二月)改名为《山东国文报》,期数另起。

《官话日报》

1906年3月创刊于济南,1912年停刊。日刊,每天出刊一张,用粉连纸石印。主办人候补道李明浦和仇纯吉。编辑人为侯枫震、秦介如、周炳如,编辑部附设在《国文报》馆内。主要内容有"电谕""内政""外交""学务""实业""要闻""辕抄"等。辛亥革命以后改组为《民治日报》继续出版。

《山东白话报》

为宣传新文化运动,提倡白话文,"开山东革命宣传之先河"。在这种思想和活动基础上,1905年,刘冠三同泰安人丁耕农创办了山东第一份宣传新思想的《白话报》。刘冠三(1872～1925),名恩赐,字冠三,山东高密人,好学,自幼便被乡亲们称为"小秀才"。他天性聪明勤奋,在维新思想的影响下,刘冠三开始倾慕新式的教育,渴望学习、了解新式文明,他一方面认真学习文化知识,另一方面积极参加社会活动,关心国家大事。

该报报馆设于济南白雪楼,李子元、张彝白任主笔。该报"言论激烈","论政首斥贪污,论学首崇新知,引而归之革命",因而被当局视为眼中钉,多次遭到破坏,最终于1906年被查封。《白话报》虽然创刊仅一年,但是它广泛宣传了革命思想,可以说是以"开民智"为目的的启蒙运动。它是山东第一份通俗文体的报纸,还是山东近代最早具有民主革命思想的刊物,无情地批评时局,有着鲜明的反帝反封建色彩。在一百多年前的晚清时期文言文仍占统治地位时,该刊采用半文半白的文字表述方式,在传播新思想、新科学方面起到了重要作用。

《齐鲁公报》

辛亥革命后,各种政党、社团在济南蓬勃兴起,各派政治势力竞相兴办报纸,各种报刊的发行也应运而生。《齐鲁公报》是济南一张有重要影响的报纸,不仅在中国大陆发行,而且还远销中国香港、中国澳门、日本和欧美诸国。该报系由同盟会会员王讷、赵心如等于1911年11月15日在大明湖畔司家码头创办，王讷为总经理，赵心如任总编辑。时值山东宣布独立，该报作为山东各界联合会的机关报随即详细报道了山东独立的经过。由于它立论新颖，文字通俗，颇受时人欢迎。革命党人筹办《齐鲁公报》，原定于11月21日（农历十月初一日）出刊，为及时通告山东独立的消息，便于11月15日即宣告山东独立的第三天便提前出刊，集中刊发山东各界联合会的消息，公布各机关的文件，报道省内外情况，推动了独立斗争的发展。应运而生的这份报纸一时成为欢庆反清独立、宣传民主自由思想的阵地。1911年11月20日，山东省临时都督孙宝琦宣布取消山东独立，《齐鲁公报》发表社论，抨击孙宝琦"出尔反尔，仍欲面北称臣，甘为满奴"。12月10日，济南发生了布政使张广建逮捕革命党人的"宜春轩事件"。《齐鲁公报》又发表了《山东官吏违法捕拿政党之详情》一文，揭露袁世凯亲信张广建、吴炳湘（巡警道）的反动嘴脸。王讷还撰写了一副对联："吴添一口只知哭，袁去上头便成哀。"[①]讽刺袁、张、吴等人。该报于1912年1月23日被查封。

该报主要刊发山东各界联合会的消息，报道省内外革命运动情况，宣传资产阶级民主共和思想等。虽然《齐鲁公报》存在时间较短，但是它对辛亥革命后的中国社会，尤其是山东社会时局，进行了较为详实的报道和评论，发挥了重要的传播媒介和舆论工具的作用。这些报道和评论，见证了山东辛亥革命运动的演进轨迹，成为研究辛亥革命时期山东社会的弥足珍贵的重要文献，对于我们认识辛亥革命后的山东社会和拓展整个辛亥革命史的研究，有着重要的意义。

第二节　清末青岛地区创办的报刊

青岛的第一份现代报纸是德国殖民者入侵的产物，它开启了青岛的现代传媒业。青岛报纸的发展与当地的政治时局密切相关，具有强烈的殖民地色彩。这段时期，青岛共出现报纸十余份，既有德文报纸、英文报纸、中文报纸、中德双语报纸等丰富的报纸形态，又有殖民者利益、清政府主张、立宪派观点、革命派意见等多种立场的分殊，种种报纸特征鲜明，使

---

① 张登德：《〈齐鲁公报〉与山东辛亥革命》，载《理论学刊》2013年第3期。

得本地报业在丰富性和复杂性上达到了一个高潮。另一方面，殖民统治下的青岛，因为内外管理政策的不同，其报业也呈现出与同期国内其他地区不一样的特点。

青岛报业源于德国侵占时期，德国在入侵青岛一周内就创办了青岛近代第一份报纸《德国亚细亚报》，这份报纸创办的主要目的是为了宣告德国对青岛的占领。该报纸原件和相关资料目前没有存留，所以无法对其进行分析。但是一年之后德国人在青岛创办的《青岛官报》很明显地表现了德国殖民者的办报目的即在德国以及青岛两地宣传德国殖民政府对青岛的改造和建设，并借助报纸加强殖民政府对青岛地区的控制和影响。这一时期的德国报纸多为官方创办，新闻消息政治性强，广告发达。1900年，德国总督府在青岛出版了中文、德文合刊的《胶澳官报》。

国人在青岛创办的报纸处于殖民当局和清政府、北洋军阀政府的双重压力下，总体呈现出较为保守的特点。孙中山领导的资产阶级民主革命，为山东近代报业发展注入生机。1900年(清光绪二十六年)，广东革命党人、兴中会会员朱淇在青岛创办《胶州报》，开中国人在山东办报之先河，对传播资产阶级民主思想起了一定的启蒙作用。自此，青岛地区的国人办报开始兴起，青岛地区报业开始萌芽。一方面，继德国殖民者在青岛创办报纸之后，华人创办的报纸也相继出现；另一方面，德国创办的报纸对于后来国人所创办报纸的发展模式起了很大的影响，不管是版式还是发行，后来的报纸或多或少都借鉴了德办报纸的经验，比如德国官报在文字排版方面采用直线分栏排版格式，由上到下，从左到右，保留着中文书写格式，这成为后来青岛华文报纸的范本，这种版式也见诸《胶州报》等多家报纸。

青岛多数国人办报都借鉴了国内其他报纸的经验，其中一些报纸的创办人曾在外地报纸从事过新闻相关工作。青岛的国人办报无论是在形式上、版式上都对较早的报纸进行过借鉴，更重要的是，青岛第一份中文报的创办人朱淇在到青岛之前，曾经在广州创办《岭海旬报》《岭海日报》，后来朱淇来青岛创办《胶州报》时已经是具有相当经验的报界老人了。而《青岛白话报》和《中国青岛报》的创办人伊筱农在此之前，曾在广州多家报纸上撰写文章。

一、德国人在青岛创办的德文报纸

清朝末年，德国人在青岛创办的德文报纸有：

《德国亚细亚报》

1897年11月21日，也就是“胶州湾事件”一周之后，刚刚登陆青岛的德国人就创办了第一份德文报纸——《德国亚细亚报》，以便德国在青岛的殖民统治当局在开拓远东殖民地的第一时间里向柏林报告青岛的战况。据1898年(清光绪二十四年)梁启超主编的《清议报》第二册记载：“德人既据胶州，去年11月21日，在该地倡设一报馆，题名曰《德国亚细亚报》。而该报之报面印出‘W. J. R’三字，盖系显德鹫画爪痕地，即永归德领之意。今据该报，与1月14日，即占领该地纪念日。”①《德国亚细亚报》是青岛市历史上的第一份报纸，它记录了德帝国主义侵略殖民青岛的详细情况，但遗憾的是，该报的原件已经遗失，也没有任何该报版式规格、发行状况等相关资料的记载，只能从当时的一些资料中看到些许它存在过的痕迹。

《青岛官报》

《青岛官报》是中国境内第一份中德双语报纸，该报作为德国殖民当局主办的官方周报，是胶澳总督府官方报纸，虽然报纸主要职能为发布德国总督府的各种密令，但报纸的内容还是更倾向于历史和文学，对政治言论较谨慎。在整个德占时期一直发行，创刊初为每逢周六出版一号(即一期)，1908年改为每星期五出版，1911年2月该报改名《胶澳官报》，版式也有所改变，至1914年德国撤出青岛后停刊。

与同时期德国殖民者在青岛创办的其他报纸相比较，《青岛官报》保存相对完好，见证了德国在青岛殖民统治的始末，成为研究这段时期德国在青岛的殖民统治情况的重要文献资料。《青岛官报》是德占青岛时期最具权威、发行时间最长的一份报纸。由于历史久远，《青岛官报》的原始资料残留至今的已经很少，现存于青岛档案馆的《青岛官报》分为报纸原件和复制品两部分，其中大部分是2004年6月赴德国联邦档案馆取回的报纸复印件，目前能够看到的报纸原件是在中国政府收回青岛主权时，由德国当局随其档案文卷移交给中方的，虽数量较少，但包含有创刊号，非常具有历史价值。这些保存下来的报纸除创刊号之外，时间跨度从1907年4月17日至1909年12月17日，中间大量缺损，粗略统计不足50份。该刊在版式上为书页式8开，每期4～8页，间或12页，报纸使用中德文对照

① 刘明鑫：《青岛早期报业研究(1897～1922)》，2012年山东大学硕士学位论文。

刊出，在文字排版方面采用直线分栏排版格式，由上到下，从左到右，保留着中文书写格式。

可以说《青岛官报》作为一份官方报纸，切实履行了“有闻必录”“广而告之”的职责，清晰记录了当时德国殖民政府的政策行为。《青岛官报》几乎贯穿了德国在青岛的整个殖民统治，报纸记录了德国殖民统治时期各种法令、法规、市政建设、人事任免、政务活动、船舶消息、天气报告以及各类告示告白等。其文稿多为德文，只有在刊登需要华人知晓的布告、通知、告白之类，才用德文和中文对照刊出。在报纸的首页左上角，印有鹫鹰徽章，象征着德国对青岛的殖民统治。作为胶澳政府官报，据推测应是由胶澳殖民政府出资创办发行，也正是因为拥有了这一强大经济后台，使得官报在历史浪涛中得以存活。《青岛官报》在德国境内和青岛两地发行。正是由于这份报纸在德国的发行，德国殖民当局在青岛的经济掠夺和对青岛的建设在德国境内得以宣传和鼓吹，并一度在德国国内引起“青岛热”。德国政府对青岛愈加重视，加大投资力度；越来越多的德国人来到青岛投资或定居。而德国政府实施各种政策吸引德国人前来青岛工作生活，侨民数目的大大增加也使得德国殖民者要加强对他们的管理。德国在此期间创办的报纸在这方面也起到了很好的作用。作为持续时间最长、影响最大的德国殖民者官方报纸《青岛官报》，其主要内容之一就是殖民当局的会议记录和政策决策，而且绝大多数都是以德文为载体发行。

《德属胶州官报》

在“胶州湾事件”发生的一年之后，也就是 1898 年 11 月 21 日，为了巩固对胶澳殖民地的统治，扩大殖民地的影响，同时也为了更好地与华人社会沟通，德国殖民者创办发行了《德属胶州官报》（德文报名为 *Deutsch-Asiatische Warte*），直译过来是“德亚瞭望”，又名《德华汇报》，此前研究者普遍将其与《青岛官报》相混淆，而根据德国柏林国家图书馆官长哈特穆特所作《德国对中国新闻的影响》一文所述，该报为独立的全德文周刊。目前关于《德属胶州官报》的研究还比较粗略，德国学者曾在研究青岛下层劳工的论文注释中提到，它在 1899 年 1 月 14 日发表过政府议员慕兴立所作的城市华人状况调查报告《穷汉市》，并且提到在 1904 年的 5 月 28 日、6 月 4 日和 6 月 25 日，该报曾刊登了反映青岛本地雇主和工人大量矛盾的报道，可见对城市日常社会生活的报道占据了该报不小的比例。

《德华日报》

这是德国总督府在青岛创办的一家中文报纸，也是青岛历史上由外国人创办的第一家中文报纸。《德华日报》于 1906 年创刊，从这份报纸的名字"德华"二字来看，与德国殖民者之前在青岛创办的两份报纸相比，《德华日报》的名字较为温和，霸悍之气已经大为减弱，可以看出德国殖民当局在姿态上所体现出来的"睦谊"之意。1914 年日本抢占青岛后，《德华日报》停刊，共发行 8 年。

《青岛德文报》

《青岛德文报》创刊于 1901 年，是德国人在青岛创办的第三份德文报，也是德国人在青岛创办的最后一份德文报纸。这份报纸所存留的相关资料非常少，报纸停刊日期、内容特点都已经无从查询。

《同益报》

早在德国侵占青岛之前，包括德国在内的很多外国传教士就开始在中国各地进行传教。德国占领青岛之后，德国传教士在青岛的传教活动愈加频繁。据记载，德国传教士曾经在青岛创办一家印刷所，主要用来印刷传教活动所需要的书籍。从 1900 年春天起，这家由传教士所创办的印刷所开始发行了一份叫作《青岛报》的周报，后改名为《同益报》。这份报纸创办的主要目的是向民众宣传教义，教育民众消除偏见，报纸订户曾一度超过 2000 份。现在这份报纸的原件及相关原始资料已经不复留存，但是从相关的资料记载中可以得知，这份报纸内容非常温和，很少涉及政事。报纸停刊时间和原因现已无从查考。

《泰晤士报》(青岛版)

《泰晤士报》(青岛版)是在青岛发行最早的境外英文报纸，虽然不是由德国殖民者所创办，但是这份报纸还是值得一提。1911 年 9 月，英国报纸《泰晤士报》开始在青岛发行。1937 年 9 月 30 日，《泰晤士报》发表袒护日本侵略者的言论，次日引发青岛报业职工罢工抗议，《泰晤士报》因此停刊。

《青岛新报》

《青岛新报》是青岛第一份德文日报，其德文原名为 *Tsingtauer Neueste Nachrichten*，直译是"青岛最新消息报"。日本关西大学图书馆现藏有 1904 年 10 月至 1914 年 6 月的《青岛新报》，由此可以大致确定该报从 1904 年发行至少持续到 1914 年。《青岛新报》的编辑部在青岛亨利王子路（今广西路）和伊伦娜路（今湖南路）之间。

《青岛新报》是官方译法，直接印刷在了报头中，故此宜采用《青岛新报》这一译名。根据《胶澳发展备忘录（1903 年 10 月～1904 年 10 月）》记载："一家新建的印刷厂在本地出版了第一份德文日报，名为《青岛新报》，它与周报《德国亚洲瞭望》和两份中文报纸联合向民众提供最重要的信息。"①同时，据日本新闻纸调查结果，该份报纸是德国政府在青岛的机关报，是"青岛最有势力的报纸"。正式出版于 1904 年 11 月 1 日的《青岛新报》，其刊登的内容多以政治性新闻为主，报纸有"东亚新闻""电报信息""突发新闻"等栏目，同时还会刊登有"经济行情""气象预测""酒店及列车时刻表"等消息服务于当地德人。

《青岛新报》的发行人芬克（C. Fink）曾主持上海《德文新报》（*Der Ostasiatische Lloyed*），该报为中国境内出版的第一份德文报纸，1886 年创刊。起初为单行的日报，前期先后被英文报纸《晋源西报》《文汇报》整合。

《山东汇报》

除官方性报纸外，德人还创办了一份所谓"面向在青岛及山东的德国人的没有偏见的周刊"②——《山东汇报》（德文名称为 *Kiautschou Post*），是于 1908 年 10 月 1 日发行的德文报纸。《山东汇报》德文直译为《胶州邮报》，由教会发行，并由柏林路的德华印刷所承印。由于国内缺少相关资料，关于这份报纸的相关记载非常稀少，德国国际报刊博物馆存有报纸原件。当时在德华大学任教的德国法学家赫善心，在 1911 年 1 月 12 日《山东汇报》的专刊《东方世界》上发表了《中国新刑律论》。该文最初以德文写成，很快被翻译成中文并被带到北京刊行传播。1911 年，赫善心因与校长在教学意见上发生冲突，离开青岛回到德国。一年之后，他因不堪病苦而自杀。青岛德华高等特别专门学校的期刊《德华法报》在 1911 年第 2 期特别刊载了他的遗作《论三权分立》，以示悼念。

《中德法报》

1911 年 11 月，《中德法报》正式刊布发行。而从整个大的时代背景看，《中德法报》刊行两个月前，武昌起义爆发，辛亥革命开始。处在清朝与中华民国交替的历史时期，当时波诡云谲的政治局势也成为《中德法

① 刘明鑫：《青岛早期报业研究（1897～1922）》，2012 年山东大学硕士学位论文。

② 高莹莹：《青岛德文报纸的创办与德国殖民政策》，载《河南大学学报》（社会科学版）2014 年第 5 期。

报》创办的重要背景。作为青岛特别高等专门学堂法政科编撰的法学类学术期刊,《中德法报》属于中国境内最早的学报之一。它以中德双语整册的形式出版,中文部分竖排,德文部分横排,中文通用文言文,后来加入了顿点以作断句。杂志主编劳睦贝曾在刊物中介绍,杂志的主要文章都由德文写成,翻译工作由学校代理稽查窦学光和本科学生焦继宗等协助完成。刊物的创办目的在于促进中国正在接受法学教育的青年学生能更深入地了解西方的法学知识,以增进中国的法律维新事业。《中德法报》每期总字数不等,首期约 1 万字,字数最多的一期达 3 万字。分别设置了“法律论说”“问答”“判词择要”三个栏目。在清末民初的司法改革中,德国法学思想对司法改革产生了重要的影响。作为普及德国法学思想的一个重要平台,“司法改革”无疑成为《中德法报》论说的重要话题。

总体来看,《中德法报》积极支持中国法制改革,但不支持中国完全效法欧美的法律制度,他们更多地把法律作为一种政治治理的技术手段进行论说,多针对具体法律条文发言,希望从这一层面推动中国的司法改革,在文化层面则主张保守中国传统。而在司法改革的整体方案方面,如宪政民主、法治国家的这些现代法律理念,除为纪念去世的法政科教授赫善心而刊载的遗作《论三权分立》以外,鲜有积极宣扬。

通过以上德国人在青岛创办的德文报纸我们可以看出以下几个特点:

1. 具有明显的官报特征

德国殖民者创办的报纸都是由殖民当局投资开办,主要作为官方进行宣传、公告的工具,所以报纸的官报色彩浓重,而不具备现代报业的主要特征——商业性,这主要是由于报纸是殖民当局创办及其官报定性决定的。这些报纸自诞生以来就深深地打上了殖民扩张与统治的烙印,成为胶澳政府从事政治斗争和经济生产的宣传工具,传播主导意识形态并操纵着民众的舆论呼声,直接或间接地为这一政治集团牟利。官报与殖民地政府存在着一种紧密依存的“共生”关系,同存共亡。

2. 中德两地同时发行

德国侵占青岛之后,殖民当局有意将青岛规划为在远东的“模范殖民地”加以建设,使青岛成为德国在世界各地殖民地的“模范”,所以德国殖民当局需要把对青岛的管理和建设在其国内加以表现和宣传,报纸就成为不可替代的工具。

3.具有明显的殖民色彩

在德国统治的14年间,德国政府一方面积极将青岛建设成为资源开采地和军事基地;另一方面又通过各种宣传手段在社会形态和意识层面上改造中国民众,以展示德国文化的先进性,来影响和培养在政治上和思想意识上亲近德国的未来一代中国领导层。其中报纸作为政府重要的舆论宣传工具首当其冲地成为殖民地当局与华人“沟通”的御用喉舌,进行行之有效的“思想感化”。

4.开启了青岛办报的端倪

在德国人进入青岛创办报纸之前,青岛乃至整个山东省的报业还没有开始发展。德国殖民者在青岛创办报纸之后,除了殖民报纸之外,青岛很快出现了数份由中国人创办的报纸。

另外,在德创办的这一类具有官方性质的报纸,其新闻多数是来源于国外电报、通讯社,极少有本地自采新闻,登载的消息也是官方通告为主,新闻报道和采编上都不甚成熟。然而即便如此,得益于德国本土资本主义工商业的发达及德国政府对青岛的投资建设,在青岛出版的德文、中德双语报纸中的广告十分发达。这一时期的广告种类多样,涵盖的内容丰富,商业、文化、启事类广告等都占有一席之地。报纸广告主虽以德国商人为主,但仍有一些中文广告的出现,从中可见在德国殖民统治下青岛地区经济的繁荣发展以及青岛地区民族工商业的觉醒。

二、中国人在青岛创办的报纸

青岛是山东省最早出现现代报纸的地区,但是与同时期其他地区相比,青岛出现现代报纸的时间还是偏晚。青岛最早由华人创办的报纸是出现于1901年的《胶州报》,之后在很短的时间内,青岛出现了多份由中国人自己创办的报纸。

《胶州报》

《胶州报》是山东最早的一份国人自办的报纸,是1900年7月在青岛创刊的。孙中山领导的资产阶级民主革命,为山东近代报业发展注入生机。1900年(清光绪二十六年),广东革命党人、兴中会会员朱淇在青岛创办《胶州报》,开中国人在山东办报之先河,对传播资产阶级民主思想起了一定的启蒙作用。馆址设在当时德国统治下的青岛飞芝喜街瑞记洋行北边。《胶州报》报头印有“大德公历”和“大清光绪”两种年代，也印有该报在山东设立的九个分局：济南、益都、章丘、周村、潍县、平度、即墨、胶州、沧口分局。

《胶州报》每周出版铅印 4 开 1 张（每星期四出版），印刷比较清晰，共分 8 版（注：即 8 页），显然，这份报纸出版周期较长，而且容量很小。第1～3 页刊载“上谕”，第 4 页刊载“电报”和“新闻”，第 5 页刊载“京津新闻”，第 6 页刊载“各省新闻”和“各国新闻”，第 7 页刊载“本省新闻”，第 8 页刊载“本埠新闻”。现存于山东省图书馆的只有 1901 年 2 月 28 日的一张，即第 31 期。从仅存的篇幅分析，该报的改良主义色彩比较浓厚，属民办的改良派报刊。该报于 1903 年被清政府收买，当时的山东巡抚周馥派朱钟琪（候补道）接办，由商务局拨给 3000 两银子，以后又陆续接受官方津贴，成为半官方的报纸，实质成了统治者的御用工具。官报是政府的喉舌，它对一个国家、一个地区政治、经济、文化以及社会的发展有着其他报刊不能替代的地位和作用。

就版面来说，《胶州报》并不是典型的近代报纸，甚至不是白话文报纸，具有鲜明的传统印记。它是周报，铅印，竖排，文言体，无标点，8 开书页式 8 页结构。在《胶州报》的各页中，每页都辟有不同的专栏，依次是“各国新闻”“山东新闻”“本埠新闻”“各省新闻”“北京新闻”“译件代论”“德国新闻”“广告专版”，其中“各国新闻”主要转载当时《文汇报》等中国大报纸报道的新闻，“北京新闻”主要是刊登清廷谕旨、各省官员任免情况通报等，“译件代论”主要翻译英国路透社、韩国京城的新闻消息，“德国新闻”主要是报道殖民地宗主国的重大新闻，诸如德皇的活动、德国政府议会的会议情况等。特别需要指出的是，《胶州报》竟然辟出专版作为广告版面，体现了其鲜明的时代特色与商业气息，而且对后来青岛出现的近代民族报纸起了引领示范作用。《胶州报》的版面内容涉猎广泛，符合不同层次读者的需求，排版清晰整齐，但是其行文采用文言文体制，竖版又无标点，未曾跟上时代潮流，大大限制了其流通的广度，同时限制了其发行量的扩大。虽然有些不足，但在朱淇的努力经营之下，《胶州报》逐渐成为当时青岛很有影响的报纸，这与朱淇丰富的办报经验、先进的办报理念是分不开的，尤其是其特辟“论说”专栏，刊登言论文章，发表各种对国际国内大事的点评与看法，大大增加了新闻的深度。如 1903 年 2～6 月出版的《胶州报》上的“论说”专栏，曾分别刊载署名“广州李承恩稿”的文章：《论山东时局之可虑，亟宜设法补救》和《论西伯利亚铁路告成与中国之关系》。作为《胶州报》主编的朱淇曾经在“论说”专栏里先后刊载了他自己执笔的文章，如《论中外政治本原之异》《读左传》等。伴随着这些文章，读者也在不知不觉中接触到了朱淇渗透其中的资产阶级民主自由等先进思想。

朱淇(1858～1931)，民主革命者，广东省南海县人，清朝末年历史文化名人之一，是康有为的老师，朱次琦的侄子。1877 年，朱淇考中秀才，不久放弃传统文人的仕途之路，一心学习经史。结识康有为和孙中山之后，逐渐接受民主革命思想，并加入了孙中山发起组织的“兴中会”，第一次广州起义时的讨清檄文，就是由朱淇撰写。1896 年，朱淇在广州创办《岭南旬报》和《岭海日报》，后来《岭海日报》由报人胡汉民、陈鹿眉接手继续经营。由于政局动荡，《岭南旬报》也于 1898 年停刊。另外，他的侄子朱通儒在广州创办的《东华报》、他的学生张学璟在中国香港创办的《通报》，其实际主持创办人也都是朱淇。因此，在创办各种报纸的过程中，朱淇积累了丰富的办报经验。在这种历史背景下，朱淇在 1901 年 2 月，在青岛的飞芝喜街(现今中山路南端右侧)创办了《胶州报》。由于朱淇经历过资产阶级革命派发动的起义，政治立场偏向革命，因此，《胶州报》在内容风格方面渗透着很多西方先进民主思想。随着《胶州报》的发行，西方资产阶级民主思想也得以在读者中传播，起到了启迪民智的作用。后来，清政府控制了报社，山东巡抚周馥从 1903 年 5 月起派候补道(官职)朱钟琪进入报社并主持报社事务，同时把报社迁至胶州路，印刷局也被更换为福昌书局、德文书局、德华书局。除了内部的人事变更，《胶州报》的报头也被改版，从第 89 号起，交叉放置的清廷三角龙旗和德国的三色旗成为报头的显著标志，年号名称也变为“大清光绪”和“大德公历”两种方式并用，反映了政治环境对报纸的深刻影响，也充分暴露了民族报纸的脆弱性。

相比较这些省份同时期报纸鲜明的立场和报道风格，《胶州报》表现出明显的保守性。创办于 1898 年的《湘报》云集了梁启超等人，不但与时务学堂、南学会联为一气，而且有大量鼓吹民权平等思想的文字，成为为变法摇旗呐喊的先锋报纸；创刊于 1903 年的《安徽俗话报》则以鼓吹革命为己任；《皖报》以《湘报》为榜样，提倡“议时务，倡风气”，宣传改良；《谕报》也是宣传新学新政，鼓吹维新变法。

《青岛同益报》

根据《胶澳发展备忘录》记载，《青岛同益报》创办于 1900 年，最初名为

《青岛报》,由传教士所办印刷所出版,订户超过2000家,宗旨是帮助教育民众,消除对基督教和殖民者的偏见。日本外务省解密的清末报刊调查中称它为“发行数千,独立于政府”。2007年,《上海集邮》杂志曾发表过一篇记述早期邮路轶事的文章,其中提到一位临清文人向青岛《同益报》投稿的信件:“为了省时,力求快速,他托人带到济南投递。清末报刊,为数不多,报馆有名,投递极易。收信名址本来写上‘青岛同益报馆收’七个字就可以了,可是请看这位先生写得多‘详细’:‘内紧要函烦顺至济南府府署前问交山东邮政局即祈转至西洋方内北与小集相连处投交同益贵报馆收拆’。”①由此,我们可以得知《青岛同益报》的地址在青岛北岑上路。

此外,由梁启超主编的清末著名报刊《清议报》与我国最早的妇女刊物《女报》都曾收录了《青岛同益报》的一篇言论文章——《论制知方圆以教童蒙事》。这篇文章有千余字,从新式的图式教育谈起,引申到外国的幼儿教育情况,称赞了“寓学问于嬉戏之中”的新式教育,对中国传统幼儿中的体罚、重男轻女、读死书等现象进行了批评,希望新式教育能够得到普及。该报以宣传民主革命为宗旨,但目前也没有相关的记录和报纸实物的出现。

《青岛日报》

《青岛市志》还记载了一份由革命党人于1908年4月创刊的《青岛日报》,该报以宣传民主革命为宗旨,但目前也没有相关的记录和报纸实物的出现,仅见于《青岛市志》的记载。

《青岛时报》

由于大部分报纸实物的散失和相关记录的模糊,对《青岛时报》的创办者、创办地点、创办以及停刊时间等相关信息,研究者一直存在着不同的看法。青岛地方史研究者曲海波在《历史上的青岛老报纸及其他》一文中写道,1908年4月(清光绪三十四年)创刊的《青岛时报》,日刊,每天出对开一张。因该报在当时是在青岛的德租界内登记创刊,清朝地方官吏行使管理权鞭长莫及,因而《青岛时报》一度敢于发表直言不讳地揭发清政府腐败枉法的论说。主要栏目有“上谕”“论说”“译电”“政事”“交涉”“商业”“工艺”“路矿”“军界”“学务”“民事”“杂记”等,有时增加“碎俎”一栏。后来报纸性质有所改变,由官方向各州县勒派购阅。《青岛时报》创

① 刘明鑫:《青岛早期报业研究(1897～1922)》,2012年山东大学硕士学位论文。

立的这一时期，青岛本地的民族工商业由于进一步发展，已经成为足以影响政府政策制定的一支重要力量，商会的出现正是这一阶层联合发展的体现，他们在保护工商业者经营利益、交流商业情报、调解争议等方面发挥着巨大作用。这些成为《青岛时报》创办的重要背景。

《青岛时报》言论比较激进，敢于针砭时弊，揭发和抨击清政府的黑暗和腐败，很受思想进步人士的欢迎，影响较大。《青岛时报》着重宣传民主启蒙思想，它的创办对于宣传革命、推动青岛一带革命运动的发展，起到了积极的作用。史料中没有明确记载具体创办人，但根据相关史料记载推测，多位历史学家推断创办人应为革命党人陈干，其具体停刊日期不详，原始存留资料也难以寻觅。

《青岛白话报》

《青岛白话报》创刊于1912年，由于大部分报纸实物的散失，对《青岛白话报》的创办者、创办地点以及停刊时间等相关记录都比较模糊。据《青岛市志》记载，《青岛白话报》社长为北京人伊筱农，1912年创刊，对开八个版，每周六期。社址在保定路19号。1929年国民党统治青岛时，伊筱农被捕判刑，该报也被关闭。北京人伊筱农先后在青岛创办《青岛白话报》和《中国青岛报》。现可寻的原始资料只有发行于1913年4月18日的一期。这张报纸内容丰富，有"演说""国事要闻""新闻撮记""本省新闻""本埠杂志""报余琐谈"等，每条新闻多则五六百字，少则一二百字，字里行间承载着青岛建市初期的信息。报纸的中缝还有一则《拾牛招领》的启事，报纸的反面则多为广告，商业色彩非常浓重。

这张报纸虽然命名为《青岛白话报》，但是所刊文章仍有文言文迹象，文章也没有使用标点符号，所以不能将其称作青岛最早的白话报纸。但是从报纸内容分析，报纸应该主要面向普通百姓。据资料显示，《青岛白话报》在1914年因德日战争停刊。

《中国青岛报》

《中国青岛报》创刊于德占时期的1912年，是青岛地区寿命较长的民族报纸，存续时间超过17年，历经德国殖民统治、日本殖民统治和北洋政府统治。1929年南京国民政府统治时期，国民党青岛市党部以伊筱农"勾结军阀，诋毁本党"的罪名将其逮捕，报社亦被查封。

《中国青岛报》存世的已经不多，根据有限资料可知，它每周发行6期，对开8版，社址在当时青岛保定路19号。从其版面设置来看，是竖排，铅印，无标点，字体清晰，版面布局合理。内容上，每个版面设有“新闻”“广告”“启事”“布告”“通知”等栏目，广告多设有插图或大型字体，清晰醒目。从其内容倾向性来说，《中国青岛报》比较关注国家大事和关系国计民生的新闻，注意开阔读者视野，启迪民智，试图让读者了解世界大势与国家命运，以开化其思想。如曾刊登《一千九百二十五年之欧美》《俄蒙密约之披露》《胶济铁路又出危险》《孙中山开北伐军事会议》等。就广告方面来说，《中国青岛报》十分注重刊登广告，为了增加广告的版面甚至会增加副刊，而且广告的客户多是民族工商业，如“南洋兄弟烟草公司业务广告”“中华书局业务广告”“中华中字典业务广告”等。

值得指出的是，著名报人胡信之曾经是《中国青岛报》的记者。胡信之在中日就收回青岛和山东权利进行拉锯谈判的时候，经常不辞辛苦往返于大连、北京、济南、青岛之间，在第一时间写出了大量高质量的新闻稿件。这些详实准确的新闻报道发表后，读者反响强烈，胡信之也因此成为知名报人。后来，胡信之因为机缘巧合来到青岛，应聘成为《中国青岛报》的记者。其间，胡信之充分展现了其一流的职业素养，以《中国青岛报》为舆论阵地，撰写发表了大量形式灵活的报道，如社论、漫言、讲演稿、小言等，有力地揭露了当时北洋政府的黑暗腐败，谴责了军阀的混战、搜刮民脂民膏、涂炭生灵的罪行。总体来说，《中国青岛报》作为青岛寿命较长的一份民族报纸，在宣传先进思想的同时也方便了读者及时了解市场商品信息，比如广告“关于房屋出租的启事”“复丰永号经销杂货业务广告”等，一定程度上促进了青岛的近代工商业的发展，同时为我国近代民族报业作出了有益的探索。

综上所述，这一时期中国人在青岛所创办的报纸所体现出来的主要特征是：

1. 与其他地区的报纸相比，出现时间较晚

作为拥有早期开埠城市的省份之一，山东省的第一份中文报刊《胶州报》创刊于 1901 年，不但与创刊于 1861 年的《上海新报》无法相比，甚至还晚于安徽、四川、湖南等内陆省份。

究其原因，在德国殖民者进入青岛之前，青岛一直处于一个相对闭塞的环境中，虽然 1891 年清政府开始在青岛设防之后，青岛的经济和交通开始得到发展，逐步向现代化城市迈进，但是与其他沿海城市以及长江沿岸

城市相比，青岛发展还是比较晚的。而且清政府最初在青岛的设防主要是出于军事目的，并没有把发展经济作为重点，因此青岛的经济在很长一段时间内发展速度很慢。而在思想文化方面，山东地区长期受儒家文化影响严重，在国内其他地区开始宣传西方启蒙思想的时候，青岛并没有出现具有代表性的知识分子以及群体，因此错过了国内第一波创办报纸的高潮。

2. 与同时期其他地区的报纸相比，内容较为保守

从 1901 年《胶州报》创办到 1922 年日本结束在青岛的第一次殖民统治，是中国国内最具有革命性的一段时间。保守派、维新派、革命派纷纷创办报纸，通过报纸来表达自己的思想，因此这段时期内中国其他地区的报纸立场鲜明，思想争锋激烈，言论激进。

而相比之下，同时期青岛出现的华人报纸虽然对于在青岛地区传播资产阶级启蒙思想起到一定的推动作用，某些报纸也呈现一定的先进性，但是总体来说在内容和版式上呈现较为保守的特点。这是由多方面的原因造成的：

首先，山东是儒家文化的发源地，受儒家思想影响颇深。虽然这一时期青岛文化已经在与多种外来文化的交融中更加开化，但是根深蒂固的保守思想，还是对报纸的内容和风格造成了很大的影响。

其次，受众的性质决定报纸的风格。这段时间内青岛主要的华人办报都为民营性质，报道风格必然会受到受众影响。这一时期青岛报纸的主要受众多为小资产阶级，无产阶级虽然已经出现并开始成长，但是却还没有成为主力。小资产阶级具有斗争性和妥协性的双重性格，对报纸的风格起了很大的影响。

最后，青岛地区此时处于德日两国的交替殖民统治之中，受到殖民当局的管理，在处理与殖民国相关的新闻评论时，难免要考虑殖民当局的压力。同时，在处理国内某些具有针对性的事件和言论时，报纸还会受到来自清政府以及北洋军阀政府的间接压力。

第三节　清末烟台地区创办的报刊

山东近代报业的开端在烟台。1862 年烟台正式开埠，成为山东省最

早的通商口岸。从此,外商和传教士蜂拥而入。伴随烟台政治、经济、文化格局的变化,各具特色的报纸应运而生。烟台近代报业始于1894年第一份铅印报纸《芝罘快邮》的创刊,这也是近代山东省境内的第一份报纸。此后,在1894～1919年的25年间,共有12种报纸在烟台创刊,其大致可分为三类,即以《芝罘快邮》《烟台英文日报》《芝罘报》《芝罘商报》等为代表的商业报、以《晨星报》为代表的教会报和以《渤海日报》《钟声报》为代表的资产阶级革命人士为宣传革命所创立的报刊。

《芝罘快邮》

《芝罘快邮》创刊于1894年,停刊于1900年,是一份英文周报,最早由德国沙泰公司(H. Sietas)创办。它不仅是烟台的第一份英文报纸,同时也是烟台乃至山东境内最早出现的现代报纸,可以说烟台的现代报业即发端于《芝罘快邮》。1901年,《芝罘快邮》由戴姆斯特朗先生主持复刊,更名为《快报》(*Express*)。

日俄战争期间,《快报》由美国人戴尔德(MeDermid)接管。戴尔德先生得到了俄国政府的大力支持,正因为如此,根据烟台当地史料记载,因为《快报》在内容上有明显的反日内容,这份报纸最后被当地的日本领事馆动用武力查封。此后,詹姆士·西文特豪尼(James Silverthorne)接管《快报》并将其更名为《芝罘晨报》(*Chefoo Morning Post*),改周报为日报,仍由德国沙泰公司负责印刷和发行。其间,詹姆士·西文特豪尼一直同时担任该报的经理和主编,直到1915年辞职。

再后来,《芝罘晨报》被出售给英国公司仁德洋行负责出版、发行。由于当时报纸的所有刻字、排版均需手工完成,因此印刷出版需要耗费大量的人力。之后在烟台外国公会的支持下,《芝罘晨报》又继续出版了一段时间,直至1917年停刊。同年2月16日,仁德洋行又出版发行了《芝罘每日新闻》(*Chefoo Daily News*)。

《东吹报》

1903年创办的《东吹报》直接鼓吹推翻清朝,也以恣意大胆的反清言论而名噪于世,正因如此,出版不久就停刊了。

《芝罘报》

《芝罘报》由辛亥革命领袖徐镜心创办,前后共出版13期,是烟台最早的中文报纸。1905年初,为了更好地宣传先进思想,呼吁国人早日在支离破碎的清王朝封建统治中觉醒,徐镜心联合旅日山东同仁在国内创办了一份报纸，取名《芝罘报》。

辛亥革命前后，革命派在发动武装起义的同时，广泛开展了办报活动。据资料统计，从1894～1912年，在日本、东南亚、中国港澳地区以及内地二十几个省市，陆续创办约120种报刊，其中报纸60余种。烟台及山东历史上最早的报纸，是由德商沙泰公司于1894年创办的《芝罘快邮》(*Chefoo Express*)，但该报只是办给外国人自己看的，内容皆系英文。从某种意义上说，《芝罘报》的出现，开创了烟台中文报刊之先河。在该报《发刊词》中"嗜奇子"如是说，烟台"北达津旅，南走沪港，东通朝日，开埠几五十年，报纸从未发现"①。而这份在辛亥革命前诞生的《芝罘报》，要比刘冠三(同盟会早期领导者，徐镜心好友)在济南创办的《山东白话报》(1906年3月)早了近一年。所以我们有理由相信，《芝罘报》不仅是烟台历史上第一份中文报纸，更是山东乃至全国具有广泛影响力的重要革命报刊之一。

据介绍，最初《芝罘报》发行范围限于山东本地及北京、天津、上海几个地区，后来随着销售渠道的扩大，出版到几期后逐步把报纸发行到福建、杭州、广州等地。《芝罘报》从1905年3月31日(光绪三十一年二月廿六日)创刊，到1905年6月5日(光绪三十一年五月三日)停刊，共出版13期。实则因宣传革命、抨击时弊，鞭挞封建君主专制的腐朽统治，触怒清政府，《芝罘报》仅出版67天，便被迫停刊了。

《渤海日报》

《渤海日报》创刊于1906年，对开铅印。根据现存资料，《渤海日报》的创刊人包括丁训初、陈命官、齐树棠、李凤梧等人，他们皆是同盟会山东分会的骨干力量，在山东特别是烟台当地的办学、办报、组织起义等革命活动中发挥了重要作用。《渤海日报》位于烟台广仁堂街东头路南实华号内。该报积极宣传革命，旗帜鲜明，仗义执言，对帝国主义和封建军阀的倒行逆施文诛笔伐，对学生和人民群众的爱国斗争热情支持。

作为山东乃至中国北方对外交通的咽喉要道，烟台交通便利，因此烟台成为革命党人组织革命活动的据点，成为北方少有的活跃城市，因此同盟会北方支部即设于烟台，辖华北、东北、西北8省会务，烟台实际成为北方同盟会活动的中心地区之一。要推翻旧政权建立新政权，必须进行舆

① 李日、徐学航:《革命巨子徐镜心》，山东大学出版社2011年版，第39页。

论宣传，以此揭发敌人罪行，宣传自身革命主张，警醒和团结群众，因此创办报纸就成为烟台同盟会成员的积极诉求。1905年，同盟会在东京成立后，中国留日学生被取缔，同盟会会员纷纷回国。栖霞籍的谢鸿焘回国后，在烟台创办东牟公学，蓬莱籍的陈命官等则创办了《渤海日报》。当时同盟会会员在山东创办的宣传革命的报纸，除济南的《白话报》（油印报）外，即为烟台的《渤海日报》。据近年来中国台湾出版的《山东文献》称“烟台革命胚胎始自东牟公学与渤海日报”①。当时的《渤海日报》不仅是宣传革命的舆论阵地，而且还是同盟会会员进行组织工作的处所。1911年10月10日武昌起义后，烟台的同盟会会员即在《渤海日报》报馆策划烟台起义。袁世凯篡夺辛亥革命果实后，烟台同盟会的革命活动受到压制，《渤海日报》被迫停刊，但在1912年，同盟会成员丁训初又创办了《钟声报》，一定程度上成为对《渤海日报》的延续和发展。

据现存原件可知，《渤海日报》日出2张，并设有附张，对开，礼拜日停刊。该报采用正反两面印刷，从右往左竖排繁体字。报头位于报纸最上方正中央，从右往左书“渤海日报”四字，楷书，下方有该报英文报名 *THE NORTHERN TIMES*，再下方印有刊号及社址等信息。不同时期，该报排版顺序经过几次改版，但栏目内容基本保持不变。《渤海日报》的新闻类栏目有“紧要新闻”“京省新闻”“国外新闻”“本省新闻”“本埠新闻”，评论类栏目有“论说”“来论”“来件”等。该报副刊类内容很少，偶尔会出现“文艺”“杂丛”等栏目。

《钟声报》

袁世凯窃取辛亥革命胜利果实后，开始对同盟会的活动进行镇压，因此同盟会于1908年在烟台创办的宣传革命的报纸《渤海日报》被迫停刊。之后曾任《渤海日报》编辑的同盟会成员丁训初创办了《钟声报》。1923年出版的《烟台要览》中，对《钟声报》的性质有如下定义：“前为当地国民党机关报。”②因此从创办时间、创办人、报刊性质来看，《钟声报》可以看作《渤海日报》的继承和发展。《钟声报》创刊时间应为1914年。报纸创刊初为4开4版或者6版，后改对开4版、8版大报。《钟声报》前后连续出版25年，是烟台乃至山东新闻史上出版时间较长的一份报纸。1937年7月，

① 刘少白：《烟台报业志》，科学普及出版社1993年版，第4页。

② 刘少白：《烟台报业志》，科学普及出版社1993年版，第5页。

抗日战争全面爆发，丁训初随即将报纸卖于刘精一，但刘接办《钟声报》不久即因战乱停刊。而丁则置身南下避祸，后不知所终。

《钟声报》的创始人丁训初，一直担任该报社长，有时兼总编辑。1906年丁训初即为《渤海日报》编辑。丁训初曾任国民党中央执行委员，因此1923年出版的《烟台概览》称《钟声报》"前为当地国民党机关报"。担任总编辑的先后还有张竹庵、陶冠三、李毅民等，担任编辑的有林竹冈、唳天一鹤等人。《钟声报》社址位于烟台刘公祠街，位于芝罘中部偏东，西起向善街，东至平安街。

早期的《钟声报》所发表的电讯稿，电文极简，一句话即为一条新闻。如1918年8月12日2版的"电报"栏目内，两条新闻分别为两句话："新国会定今日开幕""国防总司令又拟靳云鹏"。20世纪20年代的《钟声报》，言论比较多，棱角分明。如1926年10月1日副刊《自由谈》的杂文《客气》，批评北洋政府当局"惟有对外国人的事情，差不多样样都客气，五卅案是客气过了……"[①]同年10月时评《听其自然》，批评政府对任何事都"听其自然"。20世纪30年代，在日本侵略中国步步加剧时，《钟声报》的态度保守，表现了一定程度的亲日倾向。其他报纸在报道中日冲突及日本的侵略意向时，标题有鲜明的立场，而《钟声报》则态度暧昧，纯客观地报道日本的"国策"多，而很少报道我国人民的抗日动态。

《钟声报》的栏目设置大体可分为5类："新闻报道"（包括紧要新闻、本埠新闻、本埠琐闻、特别记载等）、"电报信函"（包括特约电、本社专电、通信、命令等）、"评论"（包括论平、时评等）、"副刊"（包括谈话、谈丛、时事惨闻、小说、文苑、杂丛等）、"广告"。"本埠新闻"和"本埠琐闻"是《钟声报》报道烟台本地新闻的两大栏目，两个栏目每期分别刊载消息多则十余条，少则五六条。《钟声报》中刊载的时政新闻，以军事动态和政府事务为主。《钟声报》的另一种新闻报道形式是电报、信函，内容多为外省及外国要事的报道，消息来源于国内外通讯社的电报、信件。《钟声报》还曾附设有《明星晚报》，专载社会琐闻。该报早期的副刊为《自由谈》，后期的副刊多由社外文艺团体主办。20世纪30年代的知识性专刊《电信特刊》，介绍新的科学知识，有特色。1936年，该报第1、3、6、8版为广告，第2版为要闻，第4版为副刊，第5版为各地新闻，第7版主要登本埠新闻。发行1200份。

---

① 刘少白：《烟台报业志》，科学普及出版社1993年版，第5页。

《芝罘日报》

以《芝罘快邮》为代表的英文商业报纸，迫于语言限制，对烟台本土的中国人造成了阅读障碍，且由于英文商报的受众定位主要是在烟外侨，因此其刊登的商业信息及广告内容皆以外国洋行、洋货的宣传为主，对烟台本土商业鲜有涉及。因此，虽然外国商报拥有一定的发行量，但实际上对烟台本土中国人的影响力极为有限，烟台急需一份以中国人为服务对象的商业报纸，这为《芝罘日报》的创刊提供了机遇。

《芝罘日报》创刊于1907年。《芝罘日报》最初由日本人平石五郎邀请李循芳作为出资人而创立。1911年平石五郎因事离去，后由日本人桑名贞次郎替代，与王子雍、李循芳合办，是烟台近代报业史上唯一的一份由日本人创办的报纸。《芝罘日报》位于烟台大马路中，位于现解放路北段以东，东起原东山森林路北口，西至解放路，长1300米。始建于1860年，为市区东部最早最宽的马路，故名大马路。1910年改名东马路，民众称为东大马路。1938年改名大马路至今。

1915年日本向我国提出"二十一条"苛约，市民对该报有排阅情绪，于是王、李与桑岛拆股，另立《芝罘商报》，《芝罘日报》仍由桑名贞次郎主办。1919年，由于五四爱国运动爆发，人民抗日情绪日益高涨，抵制日货运动兴起，作为由日人主办的报纸，《芝罘日报》经营情况受到重挫。1922年，桑名贞次郎不得不将报纸盘给王宗儒和张心初，由王宗儒独立经营，直至1937年"七七事变"爆发，该报停刊。

《芝罘日报》的新闻类栏目有"电讯""专电""时载""紧要""世界要闻""齐鲁要闻""本埠新闻""本埠杂闻"等，评论类栏目有"时评"等。《芝罘日报》的副刊有恤养院主办的《环光周刊》，建国小学、村政委员会主办的《建国双周刊》，还有《电影周刊》《小朋友周刊》《游艺园》等，其中《国医特刊》的撰稿人，一为中医杨佩云，一为《爱国报》的总编辑仲绍文。仲绍文亦儒亦医，中华人民共和国成立后曾任烟台毓璜顶医院的中医师。

《晨星报》

该报为山东烟台出版的基督教教会刊物。1910年创刊，月刊，每年出版一卷，卷后期数连续计算。现藏最后一期为1923年5月出版的第14卷第206期。

与传统报纸不同，《晨星报》头版除刊登报头、出版日期、出版方、价格等出版信息及目录外，既不刊载具体报道内容也不刊载广告。《晨星报》

的栏目设置较为固定,通常可分为两类:一类是教会宣传内容,栏目包括"新诗""讲台""故事""谈丛""教会新闻"等;另一类是新闻类内容,包括"紧要新闻""中国新闻""外洋新闻"。还有一个栏目名为"灵界大战",只出现在目录里,因原件缺失严重,并未见得具体内容。根据《晨星报》后期刊登的广告来看,"灵界大战"应为报馆印刷发行的一部教义图书。《晨星报》改为月报后,新闻栏目基本保持不变,但增加了故事的数量和种类,如新增了圣经故事,且增加了小说栏目,还增加了"看护要义"专栏,普及家用医学常识。

据《烟台要览》记载,《晨星报》的社长为马茂兰夫人,主任记者为袁润甫、綦伯城等人,报纸还在各省设有若干义务采编人员。《晨星报》以"栽培信徒之爱心教友之灵德"为办刊宗旨。作为一份教会报纸,教会宣传是其最主要的内容。教会报纸创办的目的即在于广泛传播教义知识、坚定教徒信仰并吸纳更多新教徒从而达到巩固并扩大教会组织势力的作用,因此对教义进行介绍、分析、讲解与传播自然成为教会报刊的首要内容。

此后,烟台相继创刊的报纸还有《新芝罘报》(1915 年)、《爱国报》(1919 年)等,虽然根据现存史料,无法考证其具体的阶级属性,但《新芝罘报》以"政治改良,民权伸张"为办报宗旨,《爱国报》以爱国图存为主要报道内容,可见皆为报人处于中国内忧外患之时,为救亡图存所创办的报纸。

综上所述,烟台此时创办的报刊纸有以下特点:

1.外商云集开启烟台近代报业开端

开埠之后,英国率先在烟台山建立领事馆,随后日本、德国、俄国、法国、意大利、挪威、奥匈帝国、荷兰、比利时、丹麦、西班牙、瑞典、芬兰、朝鲜等 15 国纷纷效仿,先后在烟台山附近建立领事馆,形成所谓领事路。由于不平等条约的保护,各国领事不仅在烟台行使贸易、文化、宗教、侨务等领事裁判权,而且还公然干涉烟台当地政治、经济、文化、军事等各种事宜。洋行林立、洋货泛滥挫伤了烟台民族工商业的发展,却也成为烟台近代报纸产生的直接诱因。1894 年,近代烟台第一份报纸《芝罘快邮》即是由德商所创的一份英文周报,先后两易其名,最终由英商仁德洋行接管,持续出版发行了 20 余年。

2. 传教士涌入创办烟台首份教会报纸

1902年烟台中华基督教奇山教会建立，基督教传教活动从此在烟台如火如荼地开展起来。中华基督教奇山教会的创始人马茂兰及其夫人坚持"实业传教"的传教思路，因此他们先后创办了基督教手工学校（培真女校）、烟台工艺会、仁德洋行等实业布道的产物，并有意识地利用报刊扩大教会的社会影响。1908年，中华基督教奇山教会创办了近代烟台教会首份也是唯一的一份宗教报纸《晨星报》，通过仁德洋行的资金支持，该报持续出版了近20年，且行销中国各省，对基督教会的宣传起到了重要作用。

3. 同盟会烟台分会掀起资产阶级革命人士办报高潮

要推翻旧政权建立新政权，必须进行舆论宣传，以此揭发敌人罪行，宣传自身革命主张，警醒和团结群众，因此创办报纸就成为烟台同盟会成员的积极诉求。1908年，烟台同盟会成员创办了《渤海日报》，该报成为同盟会宣传革命思想的舆论阵地，同时也是会员进行组织工作的处所。1911年10月10日武昌起义后，烟台的同盟会会员即在《渤海日报》报馆策划烟台起义。袁世凯篡夺辛亥革命果实后，烟台同盟会的革命活动受到压制，《渤海日报》被迫停刊，但在1912年，同盟会成员丁训初又创办了《钟声报》，一定程度上成为《渤海日报》的延续和发展。

第四节　清末威海地区创办的报刊

英国强租威海卫后，随即设立了临时行政署，初受英国驻华海军总司令管辖，第二年改归英国陆军部，1899年年底，又移交给英国殖民部。英国殖民部接管威海卫后，颁布了威海卫地方政府组织法，建立了威海卫殖民政府——大英国驻威海卫行政长官署，设行政长官一人，又称"英国驻威大臣"，由英皇直接任免。行政长官下设正华务司、副华务司、医官长。

由英国租占威海卫的历史可以看出，英国政府租借威海卫是出于与其他列强竞争的政治考虑，所以在租借威海卫的时候并没有将租借的时间严格规定下来。英国强租威海卫，其目的就是把威海卫建成其在远东地区的军事基地，既牵制俄德，又控制京津，进而增强其对华事务的发言权。1899年英布战争爆发后，英国的海陆军受损严重，国库耗费殆尽，不可能有多少资金实施其计划。因此，英国政府于1902年2月放弃了其庞大的防御建设规划，最终确立了将威海卫建成为英国海军训练基地和疗养基地的方针。英国这一政策对威海卫后来的政治、经济、文化等方面的发展产生了极大的制约作用。威海卫虽然在1898年就成为英国的租界，这与中国香港新界的时间、条件都很相似，但是与中国香港相比，在英国32年的殖民统治下，威海的经济社会发展并没有取得长足的进步。

英租威海卫时期（1898～1930）正值中国社会巨变，新闻事业蓬勃发展时期。英国是报纸发展较为完善的国家，其范围也扩展到所属的殖民地国家。1900年12月，英国人创办了英文报纸《威海卫琴报》，这成为威海新闻事业的开端。威海第一份报纸的出现并不是在社会经济文化发展到一定程度自然产生的，而是英国统治者在移植其统治政策的同时，报纸作为一种附属品被移植过来，外报成为威海新闻事业的开端。

一般地，殖民地创办报纸，不管是外文还是中文，都是出于加强殖民统治的目的。然而，威海的第一份报纸《威海卫琴报》并不是出于政治目的，而是为了联系当时在威海卫的英国人，为英国人社区服务。这份报纸虽然在威海创办，但是其关注重点并不在威海本地，而更像是维系在威海的英国人的感情纽带。因此，威海的第一份报纸对威海新闻史产生的影响乏善可陈。

《威海卫琴报》创办于1900年12月1日，是由当时的军方负责创办。由于当时在威海卫的英国人以驻威部队军人为主，所以报纸由军方创办不难理解。《威海卫琴报》产生的直接原因是，当时驻威军队及其他人员急需一种交流媒介以稳固英国在威海卫的统治。

此外，英国人的办报传统和读报习惯也是《威海卫琴报》产生的重要原因。对于英国人来说，报纸已深入人们的日常生活，他们中有些人会躺在俱乐部沙发上，或在午餐后，喝一杯甜酒时慢慢阅读报纸。他们在自己国家培养起来的媒介消费观念业已成型，需要通过报纸了解天气预报、物价涨落、赛马、看戏，需要有适合英国侨民阅读的英文报纸。英国人租占威海卫之后，他们的文化消费观念和方式——报纸也随同英国军队的进驻移植进来。

《威海卫琴报》的版面大约有16开，单面印刷，字体为印刷体。报纸最上方中间位置有狮子和飞龙组成的徽章图案。下面印有报纸题目 *THE WEI-HAI-WEI LYRE*，在题目的下方标有“Published Daily”（每日出版）。随后是报纸的期数、日期、价格，售价为20美分。以上内容约占报纸版面面积的 1/5,其余是报纸的主体内容。整体上,报纸分左右两栏,中间由单线分割开。文章之间用单线分割,有的栏目标题用加粗的黑体强调,有些内容没有标题而仅用线条同其他内容区别开来。《威海卫琴报》的栏目有“最新电文”“本地消息”“社论”“藏头诗”“气象预报”“广告”以及“笑话”,这些栏目除了“最新电文”以及后来出现的“藏头诗”和“气象预报”较为固定以外,其他栏目都是不定期出版。《威海卫琴报》没有严格意义上的副刊,只是一些副刊性文字。在版面有限的《威海卫琴报》上,副刊性文字占据了不少的版面。这一方面可能是由于报纸处于创办初期,自身实力有限,只好用副刊性文字来填充版面;另一方面也说明了此类作品在读者中是比较受欢迎的。这些副刊性文字没有专门的栏目限制,只是文章中的一段文字。来源可能大部分是读者来稿,也有编辑从别的刊物上转载或者自己创作的,包括藏头诗、诗歌、小说、笑话等,具有很大的趣味性。

《威海卫琴报》是一份日报,按照英国人的习惯,星期日是休息日,所以报纸周日不出版,每周出 6 期。另外,每逢英国人重大节日如圣诞节亦休刊。威海市档案馆从英国取回的报纸复印件时间截至 1901 年 3 月 12 日,共有 83 期。根据报纸上的信息可以推测,《威海卫琴报》的地址在刘公岛的女王大厦。

在资金方面,从《威海卫琴报》56 期所列举的财务状况上看,报纸主要是依靠订阅费维持生存。同时,刊登广告是《威海卫琴报》在经营方面作出的一次有益尝试,虽然没有出现真正的商业广告,但是这仍然是一个进步。《威海卫琴报》的读者对象是在威海卫的英国人,这点从报纸是英文出版就能够看出。在发行方面,发行方式是读者订阅,送报人送达,没有零售点。不过,如果读者有特殊需要可以去报社零购。报纸上的信息显示《威海卫琴报》的订阅费是每月 2 美元(注:3 月份除外,3 月份是 1 美元),零售每张 20 美分。《威海卫琴报》的发行地区是刘公岛和威海卫码头。从性质上来说,《威海卫琴报》是一份社区报,是为在威海卫的英国人服务的报纸。此外,“天气预报”“教堂信息”是《威海卫琴报》更能突出报纸服务性质的栏目,这些都是与本社区居民生活息息相关的信息,方便社区居民的出行和生活。

《威海卫琴报》非常注意服务性信息的发布,如气象报告、航运消息、教堂活动以及生活类服务信息。这些服务性信息的位置不完全固定,大致是在主要内容之后。除气象报告比较固定每天出版外,其他内容主要是按照邮轮或教堂的活动来刊登。这些信息与在威海卫的英国人生活息息相关,对于他们来说是非常重要的,同时也突出了报纸为英国人社区服务的目的。

《威海卫琴报》共出版了 3 个多月,戛然而止。即使在报纸停刊前,也没有任何关于报纸将要停刊的信息。所以《威海卫琴报》的停刊原因无法确认。

作为威海历史上第一份报纸,《威海卫琴报》虽然出版时间不长,但是它为我们提供了英国租借威海卫早期报纸发展的实例。由于报纸是用英文出版,所以对威海卫的中国居民不可能产生太大的影响。它只是一份服务于在威英国军人和侨民的社区报,次年改版为《威海卫公报》,再改版为《威海卫政府公报》。从随后的中文报纸发展上看,威海卫的第一份中文报纸是在 1923 年出版,距《威海卫琴报》出版和发行的时间相差大约 22 年,此时中国本土的中文报纸相继发展起来,在威海卫出现的中文报纸更多地借鉴中文报纸而不是英文报纸。虽然《威海卫琴报》只存在了大约 3 个月的时间,但是它仍然是威海历史上的一份具有独特价值的报纸。

清末出版的报纸刊载了大量的有关省内外、国内外的重大史实,介绍现代西方社会科学、自然科学的新知识、新理论、新方法的文章,甚至登载商业广告,这对增加政治透明度、开阔鲁人眼界、宣传现代资产阶级政治思想及科学技术知识、促进经济发展都有或多或少的作用。通过这一时期对新思想、革命的宣传,清政府许多不合公议的原则、措施、制度被彻底暴露出来,种种不合理的作为受到前所未有的冲击。在强烈的批评之下,政治权威的合法性受到严重的挑战与质疑,有助于人民政治意识的觉醒与提高。

第三章　北洋政府时期的山东报刊

在中国近代史上，北洋政府时期无疑是政治黑暗、社会动乱、民生凋敝的一个时期。不过在这一时期，由于多种因素的共同作用，以报刊媒体为核心的公众舆论对政府的外交事务产生了较大影响，并在很大程度上推动了反帝废约运动的高涨。可以说，在民国初期，越来越多的中国人已认识到报刊舆论的力量。许多报人都认为“言论理应是国民公共意志在报纸上的体现”。著名报人戈公振曾说：“报纸者，表现一般国民之公共意志，而成立舆论者也。故记者之天职，与其谓为制造舆论，不如谓为代表舆论；更进一步言之，与其令其起而言，不如令其坐而听，耳有所听，手有所记，举凡国民欢笑呻吟哭泣之声，莫不活跃纸上，如留音机然。则公共意志自然发现，而舆论乃有价值而非伪造。否则报纸自报纸，国民自国民，政府自政府，固丝毫无关系也。”①

随着资本主义经济的进一步发展，近代意义上的市民社会开始崛起，各界舆论纷纷要求对内实现南北统一，对外废除不平等条约。长期以来，近代中国的半殖民地处境以及不平等条约危害的积累，不断促使民众反思和行动。到 20 世纪 20 年代，一种全民性的思潮最终形成，这就是以反帝为核心的民族主义。山东报刊出现了一个短暂的言论较为自由的阶段。为适应政治、经济和文化发展的需要，各种报刊再度蜂起，1912～1927 年，济南先后出现各类报刊 60 种。只是由于政局的动荡和经营方面的原因，大多旋开旋停，到 20 世纪 20 年代末，尚有报纸 14 种。青岛在民初尚处于日本统治下，1922 年，北洋政府从日本手中收复青岛，青岛报业

① 永红、杨红林：《北洋政府时期的报刊舆论与反帝废约运动》，载《理论学刊》2013 年第 8 期。

也开始进入飞速发展时期，曾经因受政治打压而一度消沉的近代民族报纸出现了补偿式的增长，进入了一段繁荣期。据不完全统计，1922 年 12 月至 1929 年 4 月北洋政府统治青岛的短短不到 7 年时间里，青岛共诞生了 27 家报纸。

山东近代革命和进步报业的发展历经坎坷、艰难和曲折。前有晚清封建王朝和帝国主义的摧残迫害，后又受到国民党政府从 1927 年开始的长达 10 年白色恐怖的血腥镇压。1919 年五四运动的爆发和 1921 年中国共产党的诞生，给无产阶级报刊的发展带来新的活力。以王尽美、邓恩铭为代表的具有共产主义思想的知识分子和共产党人非常重视期刊的舆论作用，先后创办《励新》《工人周刊》《山东劳动周刊》《铁路工人》等刊物，揭露社会黑暗，传播革命思想，影响很大。但是这一时期，因秘密出版发行革命报刊、坚持反帝爱国斗争而遭杀害和被折磨致死的共产党人、爱国仁人志士难以计数。如《青岛公民报》主笔胡信之，即因主持正义，宣传真理，敢于揭露邪恶，抨击时弊，公开在报纸上支持学生、工人反帝爱国运动，于 1925 年 7 月 29 日被山东军务督办张宗昌杀害。

第一节　北洋政府时期济南地区创办的报刊

一、报纸

1911 年 10 月，辛亥革命在武昌爆发了，革命的风暴迅速席卷全国。在这场不可阻挡的革命洪流中，具有反抗精神和革命传统的山东人民在同盟会的领导下，也与清朝反动统治者展开了英勇斗争，并最终推翻了清朝腐朽势力在山东的统治。辛亥革命时期，同盟会、国民党、共和党、诚社、民治社、安福系等各党派报纸以及各种民营报纸先后创刊。日本、英国为扩大在山东的侵略势力，也在济南、青岛、烟台等地出版了多家报纸。由于各报政治背景不同，办报宗旨各异，表现出的政治倾向和社会影响也大不一样。当时报纸的销量都比较少，即使一时销量最大的《大民主报》也只有 3000 份左右。在山东报业曲折发展的同时，地方政府也认识到了舆论的重要作用，袁世凯之后历届北洋军阀政府均重视舆论控制，并进行舆论压制，以维护自己的统治。

中华民国成立以后，济南作为山东省政治、经济、文化的中心，政党纷起、各派政治力量都把报纸作为宣传自己主张的重要阵地，因此报纸的数量比清末有所增加。民初政党蜂起，各党派纷纷创办报纸，作为政党的政治宣传工具。这些报纸，宣扬革命，拥护共和，立论新颖，情感充沛，颇受时人欢迎。当时济南最为著名的政党是国民党和共和党，由于政见有分歧，利益有区别，两党展开了激烈的斗争，创办报纸成为政党最直接也最有效的工具。

武昌起义爆发后，山东的革命党人联合各界人士，积极进行脱离清政府的独立斗争。1911 年 11 月 13 日，山东巡抚孙宝琦迫于形势，宣布独立。15 日，山东各界联合会机关报《齐鲁公报》在济南创刊，同盟会会员王墨仙主持报务。《齐鲁公报》开启济南政党报纸的先河。国民党系统的报纸有《齐鲁公报》(1911 年)、《齐鲁民报》(又称《新齐鲁公报》)(1912 年)和《民治日报》(1919 年)等；共和党系统的报纸有《大东日报》(1912 年)、《齐民报》(1913 年)、《新山东日报》(1916 年)等，在济南形成了国民党和共和党两党报纸对峙的局面。两党宣传舆论之争，最典型的事件莫过于山东第一届议会选举了。《齐鲁民报》骂共和党对政府一味拍马，是“一犬吠形，百犬吠声”。1913 年，有一个小警官金杯卿，是个共和党员，他伙同土匪抢劫民宅，《齐鲁民报》立即宣传说“共和党内竟有土匪之发生”。当金杯卿被枪决后，该报发布消息又特别标明“共和党员”字样。山东这段时期，济南报纸主要反映了国民党和共和党之间的争夺，从创办报纸的数量上看，两党的斗争势均力敌。共和党后来改组成进步党，其中一部分加入组织“诚社”，报纸又成为“诚社”机关报。国民党与共和党利用报纸互相攻讦。而安福系的报纸《昌言报》，则站在亲日卖国的立场上，屡发谬论，诋毁学生运动，被示威群众捣毁。日本文化特务丰田孤寒创办的中文报纸《济南日报》(1916 年)，豢养汉奸，收集情报，出售毒品，成了藏污纳垢之地。

辛亥革命的胜利果实被袁世凯窃取，国民党幻想通过议会控制政府，这时主要有国民党创办的《东鲁日报》《山东公言报》《山东时报》，共和党创办的《新山东日报》，此外还有民间人士创办的《齐美报》《通俗白话报》《民生报》《白话商报》等。

1916 年袁世凯死后，政党又趋于活跃，新创刊了许多报纸，反映着各党派、各种人物的要求。各地报纸顿时活跃起来，仅济南一地，1916～1917 年新创刊的报纸就达 10 家以上。济南报业又迎来创办高潮。

1916 年，共和党王贡忱创办《新山东日报》；同年 11 月，国民党的“民治社”又创办《山东公言报》；1919 年 3 月，王乐平等人创办《山东时报》；1919 年 4 月，安福系还创办《昌言报》。日本人 1917 年在济南办有《济南日报》，同时还发行《济南经济报》（日文），公开为日本侵略中国辩护，敌视群众爱国运动。五四运动时期，一些报纸支持学生运动。

在军阀张怀芝、张树元统治下，各报仍摆脱不了顺者昌、逆者亡的命运。《新山东日报》由于在评论中有“不好犯上而好作乱者，未之有也？又好犯上，又好作乱者谁也？今之军人也”①等语，也遭封闭。《齐美报》仅因转载了英国《字林报》的一段新闻，对督军有所讽刺，亦被罚停刊一个月。正谊俱乐部机关报《平民日报》，因“五三惨案”发生后揭露日军兽行，被迫停刊一周。

五四新文化运动的发生，标志着一个新时代的到来，受此影响，济南的报界在此后出现了更加繁兴的景象，有国民党民治派创办的《民治日报》，安福系创办的《海岱新闻》，天坛俱乐部创办的《山东法报》，正谊俱乐部创办的《平民日报》，济社创办的《济报》，直系十人团创办的《鲁春秋》等。张宗昌督鲁后创办了《新鲁日报》《大风报》作为其喉舌，并厉行新闻检查制度，对各报及通讯社的稿件每天都进行审查，不断有报纸受到查封。这不仅使共产党和革命团体创办的报刊被严禁、取缔或被迫转入地下，而且一些进步人士和中间势力的报刊，也屡遭查封。许多报人被迫害甚至惨遭杀害。

下面按创办先后顺序具体介绍一下这一时期的济南地区创办的报纸的概况。

《鲁春秋》

该报 1912 年创刊于济南，1915 年前后停刊。该报为日刊对开 2 版，粉连纸石印。由直系十人团创办，社长高福生。1913 年袁世凯政府解散国民党，对外承认“二十一条”，对日本屈膝投降，对内积极准备恢复帝制。这前后，该报反对当局做法，经常发表言辞激烈的言论，抨击袁世凯政府，因之被查封停刊。

《齐鲁民报》（《新齐鲁公报》）

该报 1912 年春创刊于济南，该报的前身是同盟会会员创办的《齐鲁公

① 济南市志编纂委员会编：《济南市志资料》第二辑，1981 年，第 29 页。

报》,《齐鲁民报》(也称《新齐鲁公报》)办报人仍是《齐鲁公报》原班人马,编辑处在商埠经二路路南,发行处在济南小布政司街路北。铅印,对开4版。社长王讷,总编辑赵新儒,编辑蔡春潭。当时王讷任国民党山东支部理事,该报成为国民党山东支部机关报,创刊后即与《大东日报》展开唇枪舌剑,互相攻击,反映了国民党与共和党之间的斗争。五四运动期间,《齐鲁民报》支持学生的爱国行动,经常发表一些激励人心的文章,批评军阀政府的镇压活动。1919 年 5 月 16 日,该报与济南的《大东日报》《山东商务报》《山东法报》《简报》《白话报》《齐美报》一起开会讨论抵制日货办法,决议各报自 18 日起一律停登日本广告,不代卖日本报纸。建筑工人侯丹峰(曾为山东国民请愿大会工人代表)到该报访问时,写下一副对联:"争外交要凭良心做去,保国土须拿热血换来。"①第二天,该报发表了侯丹峰来访记,并刊出这副对联。该报除大量报道国际、国内新闻外,还辟有"论说""命令""要电""公电""要闻""本省新闻""辕门抄""大言小言"和登载各党派、各群众团体章程、演说词的"专件"及发表纪念文章的"文苑"等栏目。该报是一份有影响的报纸,远销中国香港地区、中国澳门地区和日本及欧美诸国。

《山东日报》

该报 1912 年 8 月创刊于济南,1921 年停刊。山东省议会议员马丹铭任社长,主笔是董郁青。该报由夏溥斋创办,夏曾任辛亥革命后山东独立时期的山东各界联合会会长。民国成立后,夏充任山东都督周自齐的幕僚,因此该报支持周自齐。曾因攻击安福系,被山东省省长屈映光(属安福系)勒令停刊数月。

《大东日报》

该报 1912 年 8 月创刊于济南,其前身是沈景忱、孙念僧办的《济南日报》,民国成立后改组为《大东日报》。初为共和党山东组织机关报。由共和党山东负责人王丕熙任社长。这一时期的《大东日报》是共和党与国民党进行议会斗争的主要工具。当时国民党和共和党展开了激烈的争夺,两党所属的宣传机构相互攻击。《齐鲁民报》骂共和党对袁世凯政府一味拍马,是"一犬吠形,百犬吠声";《大东日报》则抨击国民党捣乱政府,犹如

① 山东省地方史志编纂委员会编:《山东省志 报业志》,山东人民出版社 1993 年版,第 23 页。

疯狗。后来共和党改组为进步党，党内派系斗争加剧，其中一部分人成立了“诚社”。《大东日报》便成为诚社的机关报。社长张公制，总编辑王景尧。王景尧思想较进步，支持爱国运动，在五四运动时期，该报以“山东问题险严，同胞速起奋争”的木刻大字为题专辟一栏，登载爱国运动的消息和文章，并与《新齐鲁公报》《简报》《通俗白话报》《山东法报》《齐美报》等几家报纸采取联合行动，不登日本广告，不代卖日本报纸，起了一定的进步作用。但王景尧离开报社后，该报政治态度发生变化，转为支持政府当局。该报为日刊，对开 8 版，日发行一两千份。1928 年“五三惨案”日本占领济南时停刊。

《齐民报》

1913 年创刊于济南，1915 年停刊。山东省议会议员于鸣阁任社长，主笔吴秋辉。系共和党机关报，日刊，4 开 4 版，日发行约 900 份。

《济南日报》

该报 1916 年创刊于济南，社址在济南普利门外 58 号。该报是日本文化特务丰田孤寒和日本黑龙会头子头山满创办的，头山满任社长。这个“报社”当时不仅出报，而且还豢养汉奸、收集情报、秘密售毒。1919 年 5 月 7 日，山东各界万余人，冲破军警的阻挠，在省议会召开山东各界国耻纪念大会。当天，《济南日报》的中国记者刘季安、酆洗云、王子衡宣布辞职，并登报声明，以示与该报断绝关系。各界群众也提出了“誓死不看《济南日报》”的口号。

1922 年 6 月在青岛创办《济南日报》(青岛版)，对开 4 版。1938 年 6 月 30 日停刊，改为《山东新民报》。

《新山东日报》

该报 1916 年创刊于济南，1917 年停刊。社长为共和党的王贡忱，主笔王文轩。系共和党的机关报，并接受警察署长柳志青的资助。1917 年因批评军阀，被查封停刊。日刊，对开 4 版，日发行数百份。

《齐美报》

该报 1916 年 7 月创刊于济南，社长鲁香亭，主笔薛惠卿，经常转载京沪大报消息，也刊登外国报纸译文。1917 年因转载英国《字林报》一则讽刺督军团的新闻，被罚停刊 10 天。1919 年 5 月 16 日，该报与济南的《大东日报》《山东商务报》《山东法报》《新齐鲁公报》《简报》《通俗白话报》《山东法报》一起开会讨论抵制日货办法，决议各报自 18 日起一律停登日本广告，不代卖日本报纸。该报在张宗昌统治山东时期是拥张的，1928年4月张宗昌逃出济南，报纸遂停刊，后由杨乙辰接办，国民党进济南后，曾被罚停刊两个月。

《山东公言报》

1916年11月，国民党民治社王朝俊创办《山东公言报》。1917年6月，《山东公言报》发表了“对于各督军最后之忠告”的评论文章，针对督军团入京挥师并宣告脱离中央一事，指责军阀拥兵，使国家秩序紊乱。山东督军张怀芝见报后，将该报编辑人员王湘岑等逮捕，后其经保释出狱。但该报宣告停刊。

《通俗白话日报》

该报1917年2月创刊于济南，1918年改名为《山东通俗日报》。1924年一度停刊，1930年复刊，1937年因日军入侵山东，国民党撤退而停刊。社长为山东通俗讲演所所长罗亚民（日寇入侵济南后当了汉奸）。该报为日刊，4开4版，发行400份。

《山东时报》

该报1918年创刊于济南，1928年5月停刊，为日刊，对开8版。社长庄仲舒、庄薇庭、王东平，该报接近民治社，在五四运动中，支持学生爱国运动。

《山东法报》

该报1918年创刊于济南，为律师公会的机关报。办报人多为法政学校毕业生。山东省议会议员、济南律师公会会长张思维任社长。山东教育界进步知识分子鲁佛民（后加入中国共产党）曾为该报撰写社论。1928年5月因日军侵占济南停刊。

《海岱新闻》

该报1918年8月5日创刊于济南。安福系报纸，日刊，对开一张，社长陈干。1920年因安福系解散而停刊。

《昌言报》

该报1919年3月创刊，是亲日派安福系的机关报，由安福系分子艾庆镛、张景云等把持，设于城内芙蓉街北首花墙子街。经理张景云，主编藤惠卿。初与安福系关系尚不明显，但张景云与艾庆镛素系老友。因艾见《昌言报》可以利用，即与张景云商定彼此协助，艾介绍其安福系支部代理人张谦斋为《昌言报》法律顾问兼助理编辑，以此左右报馆，恣意活动。这样《昌言报》就成了安福系的喉舌——机关报。

当五四运动在山东爆发后，济南的许多报社如《大东日报》《民政日报》《齐鲁日报》等，除日办《济南日报》为日鼓吹外，多数报社对爱国运动表示鼓励与支援。但为安福系掌握的《昌言报》，却屡发谬论，诋毁学潮，并借口省长对学生运动镇压不力进行攻击。该报曾发表“对省当局进一言”的社论，文章大意是说学生在校，应注意学业，以期科学救国，不宜干涉外事，荒废业务；攻击沈铭昌不能纠正以正义，反任其操纵驱使，滋生事，似应退位让贤，以免自贻伊戚等语。其本意，是为沈不能与安福系合作，以制造舆论，要沈辞职，以期实现督军张树元能兼省长的意图。同时辱骂学生运动为“狂热”，甘心卖国，以致引起群众愤恨，势所必然。

《大民主报》

该报 1919 年 10 月 1 日创刊于济南，该报系中美合办，对开 8 版，社址在济南商埠纬五路公祥街 9 号。社长克劳（美国人、中美通讯社社长），副社长奚尔恩（美国人、齐鲁大学教授），主笔董郁青（原天津《益世报》副主笔），副主笔刘季安，编辑鲁佛民、王云樵、丁惠夫。周朗山和邵次明分别担任经理和副经理。

创刊初期，正值济南开展抵制日货运动，该报出社论、发号外，支持爱国运动，并对安福系军阀政府进行揭发。辟有“专电”“要闻”“特约通讯”“本省特载”“国内特载”“国际特载”“本省新闻”“本埠新闻”“外省通电”“宗教论丛”“小说连载”“外论”“演说”“时评”等众多栏目，大量报道国内外新闻，大胆发表自己的见解，在报道国内外新闻的同时，又开辟“经济”“本埠行情”等专栏，加强工商界的消息报道。该报当时影响颇大，日销量曾达 3000 份，成为当时济南第一大报。1921 年华盛顿会议后，由于美国政府勾结其他帝国主义列强，侵略、瓜分中国的意图昭然若揭，一部分爱国人士如鲁佛民、邵次明等愤而辞职，而以周朗山、常勉斋为代表的另一部分人则以报纸为晋身之阶，走上仕途。1928 年 5 月，最终因经营不景气，卖掉机器偿还债务，宣布停刊。

《民治日报》

1920 年创刊于济南，1922 年停刊。国民党民治社的报纸。

《平民日报》

该报 1922 年 4 月 10 日创刊于济南，创刊初期为对开 8 版，社址先在济南商埠经二路纬一路中间路东 332 号，后移至林祥南街 112 号，1937 年

12月因济南沦陷停刊，1947年2月16日登记复刊，复刊后为对开4版，社址在济南经四路纬二路227号，除在本市大布政司街设有办事处外，还在西关、商埠、历城、临淄、周村、潍县等设有分销处，发行一两千份。社长王贡忱、王伯洲，总编辑尹仲才、吴权璞。该报由王贡忱创办，后转让给王伯洲。创刊初期该报是山东省议会部分议员组织的"正谊俱乐部"机关报，出版有《平民日报副刊》。1947年，孙进先买下了该报报名，登记复刊，实由国民党控制。

《鲁报》

该报1923年创刊于济南，社长周履安（山东都督周自齐之侄，当时任山东烟酒专卖局局长），总编辑王鲁生。直系军阀的报纸，日刊，对开8版，发行数百份。吴佩孚垮台后，于1925年停刊。

《济报》

该报1924年创刊于济南。济社机关报。社长杜尚，主笔陈鸾书。该报是为杜尚等竞选省议会议员席位而创办的，议会选举结束，也随之停刊。

《大风报》

该报1927年创刊于济南，由军阀张宗昌创办，社长王大同，主笔李文征。1928年因张宗昌退出济南而停刊。

二、期刊

除报纸之外，民国初期济南创刊的期刊数量也不在少数，不仅有综合性刊物，而且还有专业性杂志，如《山东教育报》《山东农工杂志》《学生杂志》《山东劝业汇刊》《齐鲁医刊》等。

《山东教育报》

该报1913年创刊于济南，山东教育司主办。主要内容有教育论说，中央及本省发布的教育法令、文牍，国外教育方面的新知识，教学调查研究，各地教育新闻纪事以及有关教育问题的新探讨、新动态等。栏目有"论说""法令""文牍""译述""调查""研究""记事""丛录"。当年12月停刊，共出9期。

《山东农工杂志》（月刊）

该杂志1913年创刊于济南，陈化棠、王毓仑等任主编。杂志旨在"开通实业界之知识，调查农工两界之利弊以逐渐改良"。主要栏目有"论说""学说""调查""公牍""丛录"等。内容以农桑、林业方面的文章居多，还介绍一些国内外科技新方法、新工艺以及中外商务情况。共出 2 期。

《山东实业公报》

该杂志 1914 年 1 月创刊于济南，创刊初期多刊登有关实业法令、电文、公牍以及山东筹备参加巴拿马赛会的专件等。实业厅与农矿厅合并后，该刊内容也相应扩充，除刊登工商界的法令、文牍外，也增加了农桑、合作事业方面的内容。出刊 4 期停刊，1931 年 7 月复刊，共出 25 期。

《学生杂志》

该杂志 1917 年创刊于济南，省立第一师范附属小学主编。主张发扬国民精神，研究专门学术，促进文化发展。内容是将该校学生各科成绩汇辑成册。共出 3 期。

《省立一师学生周刊》

该杂志 1919 年 6 月 8 日创刊于济南，是在五四运动中，济南省立一师学生会为了揭露日本帝国主义暴虐罪行，为了唤起同胞进行反帝爱国斗争而创办。这一战斗性的爱国刊物，为 16 开石印本，是一个完全由学生自己组织、搜集、编写、自筹经费办起来的刊物。它的宗旨是“唤醒同胞，协心勠力以救亡”。它的篇幅量只有 40 多页，但内容丰富，生动感人。该刊刊载有《发刊词》、社论、京津及山东学生界斗争的消息，各种通电、专电，国事要闻，本省新闻，本校记事，国货及日货调查，救国十人团组织办法及揭露日帝侵略罪行的文章等内容，深受各界同胞的赞颂。

《文化新介绍》

该杂志 1920 年 1 月创刊于济南，尚学会编辑部主编，分上下两册，该刊社址在济南城内鹊华桥东路北公字第 5 号，是山东在五四新文化运动影响下，山东创刊最早的倡导新文化的刊物，为五四新文化的传播起了推动作用。第一期选载了罗家伦的《今日中国之杂志界》、蔡元培的《国文之将来》以及胡适的《我们为什么要做白话诗》《谈新诗》《论短篇小说》《文学进化观念与戏剧改良》等文章。出至第 2 期即停刊。

《山东劝业汇刊》

该杂志 1920 年 10 月创刊于济南，主编林修竹，该刊以辅助推行山东劝业政策为宗旨。内容包括提倡种树造林、种桑养蚕、改良美棉、发展家庭工业、凿井通渠等。栏目有“论说”“公牍”“各县实业状况”“调查”“专件”“杂俎”“各县劝业报告”“附件”等。

《哲报》

该杂志1921年创刊于济南，济南道德社主编，共出4卷5期。该刊为宗教刊物。刊中以文坛、译述、研究、问答等形式登载有关宗教、哲学、灵学、道德等方面的文章。

《齐鲁医刊》

该杂志1921年1月创刊于济南，齐鲁大学医科编。该刊主要反映国内外先进医疗技术和齐鲁大学医科的研究成果，是省内出版发行较早的医学刊物，在国内医学界有一定影响。编辑部设在齐鲁大学医科，孟合理(P. L. Mc All)任编辑部主任。1932年该刊并入《中华医学杂志》。出至第11卷第3期停刊。

《道德杂志》

该杂志1921年10月10日创刊于济南，共出4卷8期。该刊为宗教刊物，以提倡道德、研究哲理学理为宗旨。主要刊登有关道德哲理、劝世化俗的论文，仙佛画像及乩书字画，佛家释经笺注，古今阴阳果报事迹等。出版过程中发行者有所变更，创刊开始由济南上新街道院发行，1923年4月第3卷第1期由济南道院发行，1923年7月第3卷第4期由道德杂志院发行。辟有"图""论说""杂言""词苑""丛谭""灵验事报""录迹""事件"等栏目。

《山东教育月刊》

该杂志1921年1月创刊于济南，该报是教育学专业性学术刊物，所发文章多为国内外教育理论、教育部的命令与公文、各省有关教育发展的考察报告，特别重点报道山东省内各级教育现状，是研究山东教育史的重要刊物。辟有"论著""命令""公牍""报告""调查""研究""名著""记载"等栏目。1928年1月出至第7卷第1期停刊。

《齐大心声》季刊

该杂志1921年4月创刊于济南，以反映齐鲁大学办学概况为主，主要包括名人讲座、政府教育政策、学术动态、学生与校友情况、办学规划等。如刊登《泰戈尔过济及在齐大讲演纪略》《南京教育会之概况及其意义》等文章。1926年5月出至第3卷第2期停刊。

1925年春，"临沂县地方自治筹备处"所创办的《自治旬刊》出版，每10日一张，内容主要是宣传中国要民富国强，必须实行"地方自治"。是当时"地方自治派"的一个刊物。主编赵次庚，临沂东南乡泉源头(今划归临沭县)人。该报发行不到10期即停刊。

《新鲁旬刊》

该杂志1926年1月30日创刊于济南,为综合性时政刊物。内容有“论著”“国内要闻”“国外要闻”“学海”“小说”“特载”等。1926年10月出至第13期停刊。

《山东统计月刊》

该杂志1926年7月15日创刊于济南,山东省省长公署统计处主编。该刊以促进全省统计、介绍统计知识为宗旨,主要内容有统计法令、法规、中外统计理论的探讨、译著等以及本省内务、外交、财政、实业、教育、司法、交通等各方面的统计图表。栏目有“法令”“论著”“学术”“制表”等。1928年1月15日出至第19期停刊。

《灵学月刊》

该杂志1927年创刊于济南,山东悟善分社编。该刊是宗教刊物。刊登关于儒、道、佛三教方面的研究内容。栏目有“乩字乩画类”“道诠类”“论著类”“社务类”“记事类”“诗词类”“医药类”等。

第二节　北洋政府时期青岛地区创办的报刊

一、报纸

1914年第一次世界大战爆发,日本趁机强占青岛,开始其殖民统治。在日占时期创刊的报纸多为民办,商业性强,少有官报存在,言论环境较为自由,这一时期的青岛报业处于缓慢发展阶段。日本从进入青岛的第一天起,就做好了长久统治的打算,并实施各种政策企图奴化青岛人民,其目的是想要消磨和摧残中国人的民族意识,将青岛人民培养成为日本的“顺民”,报纸成为其重要手段。日本在青岛创办的报纸多以中文为主,这与日本所实施的奴化政策是相符的。报纸发行量大,影响范围广,拥有很多华人受众。与德国殖民者所创办的报纸相比,日办报纸更成功接触到了华人受众。日办报纸并不仅仅涉及与殖民国相关的内容,相反,它摸索出了一套在殖民地的生存法则,形成了客观中立表象下宣扬殖民思想的报道风格。

日本人占领青岛后，德国人所办《青岛新报》《青岛官报》等报刊纷纷停刊，中国人和英国人所办报纸继续发行。第一次日占青岛期间，日本人所办的报纸主要有10种，其中中文报3种，分别是日本人小谷节夫1915年创办的《大青岛报》、日本人楠正秋1916年创办的《青岛新报》和创刊于1922年7月的《济南日报》(青岛版)。日文报纸7种，分别是1915年1月创刊的《青岛新报》、1917年创刊的《山东新闻》、1919年创刊的《青岛实业日报》、1920年创刊的《青岛商况日报》、1921年创刊的《山东兴信所报》与《青岛实业兴信所报》、1922年10月创刊的《青岛日日新闻》。

1923年，根据《华盛顿条约》规定，日本军队从青岛撤出，北洋政府正式接管青岛，中国政府收回青岛主权后，在这一阶段，青岛地区的报刊发展达到顶峰。青岛民族报纸出现了补偿式的增长，进入了一段繁荣期。据不完全统计，拥有40万人口的青岛这一时期所拥有的中外报纸先后有20余种，在全国除了不能与北京、上海、天津报纸数量相比外，报纸数量已经相当可观。多家报纸都是日出对开三大张12版，一些报纸还具有全国性的影响。虽然中国政府接管了青岛，但是日本人通过政治特权和经济优势，继续操纵着青岛的经济命脉。而日本人之前所创办的报刊也仍然存在，并且在此期间又创办了5种报纸，3种中文报是三好真文1923年创办的《青岛公报》、中岛勇一1924年创办的《胶东新报》和1925年创办的又一种《青岛新报》，2种日文报是1926年创刊的《山东新报青岛附录》和1933年创刊的《山东每日新闻》。此外，北洋政府及民办的报纸有15种，分别是《胶澳公报》《青岛晚报》《胶澳日报》《青岛晨报》《东海日报》《青岛公民报》《社会改良报》《青岛时报》《新鲁日报》《平民报》《济南日报(青岛版)》《中华商报》《胶东午报》《青岛日报》《正报》。这些报纸各自独树一帜，对于推动当时社会发展起到了作用。在这些报纸中，《平民报》首先运用白话文体进行报道，《正报》发行数量最多，《大青岛报》持续时间最长。而这其中《青岛公民报》《正报》是北洋军阀统治时期青岛民族报业之代表。

北洋政府统治时期青岛地区创办并发行过的报纸有：

《青岛白话报》

该报于1912年创刊。时值封建社会最后一个王朝清朝覆灭，中华民国政府成立。当时青岛在日本帝国主义统治之下，伊筱农创办了一份中文报纸《青岛白话报》，以示民国成立，提倡白话文。社长伊筱农是北京人，满族旗人，在辛亥革命后来青岛。报纸在1919年改称《中国青岛报》，戈公振所著《中国报学史》中，早期青岛报纸仅记有此报。

《即墨公报》

1913年2月23日创刊的《即墨公报》应属青岛本埠中国人自己办的最早的报纸之一。这份报纸的诞生意义重大，它是当时青岛地区唯一一份县级民族报纸，青岛最早的中文报纸《胶州报》仅比它早创办了12年，它的诞生说明创办民族报纸的观念已经从青岛市区扩散到了周边，对青岛民族报纸受众范围的扩大也有积极作用。该报是即墨具商业性地方报纸，每周3期，每期1张4版，王仁山、周忱九、李夫屏为编辑，即墨城文化石印局承印，主要栏目有"社论""时评""国事新闻""本省新闻""本邑要闻""文学"等。报纸言论风格犀利，敢于直言，曾公开反对并讥讽袁世凯称帝，令读者眼前一亮。该报内容比较贴近百姓生活，注意关注老百姓关心的市政国事，提倡男子剪辫、女子放足、兴办学堂、妇女识字、破除迷信及禁烟、禁赌等。由于政治局势的多变，很多民族报纸很短时间就走向消亡，该报也仅出版了6个月，1913年8月停刊，总共发行70期，共14000份。

《自西徂东》

1913年10月，《自西徂东》正式刊布发行，属于中国境内最早的学报之一。刊名有小标题为"介绍德国学术语文之杂志"，封面底部标注订购价为"每年三元零售每册三角邮费在内"，出售地点为"青岛德华高等学校"（即青岛特别高等专门学校），刊物由青岛本地的福昌书局承印。创办者为青岛特别高等专门学校监督罗善伯和编译处总办魏理慈两位德国人。

《自西徂东》以整册形式出版，主要文章为德文，双栏排版，下部为重点德语单词的中文注释，有的注释会占据半页的篇幅，后来又增加"减字与标记表"标示特别用词，显示出刊物作为语言学习读本的鲜明定位。个别重要文章和诗歌采用中德双语对照，中文通用文言文，以顿点作为断句。所以它应该是中国近代最早采用中文左起横排版式的期刊。

《自西徂东》封面刊明"月出一册，每册约二十四面"，不过实际刊发时大部分页数都在30页以上，最长一期达62页，到第9册总计页数达到267页。每册字数在1万到3万不等。刊物设置了"总论""异国人物""学术""国务""文苑"等5个大栏目，其中"总论""学术""文苑"为固定栏目。

“异国人物”仅出现在第 1 册，第 3 册之后，“国务”栏目也并入“总论”栏目中。《自西徂东》为“总论”“学术”等栏目的文章配发了种类各异的插图，内容包括物理模型、生物模型、人物肖像、风物景色、天文地理、科学公式等等，插图清晰鲜明，增加了文章的可读性。

《青岛新报》

1914 年 11 月 1 日，日本人鬼头玉汝和小谷节夫在青岛创办了《青岛新报》，日本人占领青岛之后，不足一月之内就创办了该报。这是青岛第一份日文报纸。《青岛新报》在青岛的日发行量曾一度达到 3000 份之多，在当时的青岛算是势力较强的报纸之一，直至 1942 年停办。《青岛新报》的主要受众是青岛的日本侨民，其最初为双语报，报纸上半版为日文，下半版为中文，1915 年中文报纸独立出报，即《大青岛报》。目前《青岛新报》的原始档案在国内已经难以寻觅，只有相关资料可查。报纸的具体内容风格以及停办时间不可考。

《大青岛报》

《大青岛报》创刊于 1915 年 1 月，是日本在青岛创办的第一份中文报纸。这份报纸包括新闻、评论、副刊、广告等多方面内容，不管从内容还是版式都完全具备现代报纸的特点。

小谷节夫担任《大青岛报》社长期间，为人亲和，从不以殖民者飞扬跋扈的姿态自居。他非常看重报纸的内容和质量，小谷节夫在日本殖民统治下的青岛所扮演的角色犹如一个带有悲剧色彩的小丑，在日本人眼里他已经不是正宗的大和民族的子民，在中国人眼里他是个日本人。虽然他整日宣扬“中日友好”，但是骨子里他还是站在日本人的立场看待中国，正如他自己所说，他是“日本骨头中国肉”，而这句话用来形容他创办的《大青岛报》也恰如其分。小谷节夫创办《大青岛报》时，选择中国人鄷洗元任总编辑。鄷洗元是潍县人，早年留学日本，是个亲日派。鄷洗元离任之后，张海鳌、王效古等人曾任《大青岛报》总编辑。报纸初为《青岛新报》的中文部分，后独立出报。1937 年“七七事变”后，《大青岛报》曾一度停刊。1938 年 1 月日本第二次侵占青岛后，于当月 25 日复刊。社长仍是小谷节夫，副社长是关谷金吾。1942 年，《大青岛报》与《青岛新民报》合并改成《青岛大新民报》。《大青岛报》每日出报，报纸对开两张，最高销量达到日销约 4000 份，在青岛具有较大影响力。

作为日本人创办的报纸，与当时山东省内其他报纸相比，《大青岛报》

的评论在语言上更为尖锐犀利。如在论及军阀统治的时候多使用的词汇是"恶化、荼毒、公敌、恶贯满盈、横行"等,向社会大众提出应该推翻军阀统治,虽然隐藏有殖民思想,但表面上表现出客观公正性。无论是在新闻报道还是评论方面,《大青岛报》都表现出一定的客观公正性,这也是它作为殖民者在殖民地创办报纸最与众不同的特点之一。

《大青岛报》1945 年 9 月 13 日终刊,是外国人在中国创办的寿命最长的报纸之一,是日本占领青岛期间最主要的一份报纸。报纸创办于 1915 年 1 月,停刊于 1945 年,存活时间长,影响力大。报纸从创办到停刊经历了 30 年时间,在此期间,除 1937 年中日战争全面爆发时的短暂停刊之外,《大青岛报》在经营、形式、内容、风格上都表现出很强的连贯性和关联性。

《山东新闻》

1917 年,日本人谷川清在青岛创办中文报纸《山东新闻》,每日出晨刊、日刊各一张,1933 年 2 月,报纸改名为《山东每日新闻》。《山东新闻》报如其名,虽然在青岛创办,但是其内容、发行辐射整个山东省,在山东各地均设报局并出售。

《中国青岛报》

该报于 1919 年创刊,每周出版 6 期,社址在当时青岛保定路 19 号,社长伊筱农。日出对开一张半。这对开半张的报纸同当时京、沪一些报纸一样,作为副刊,按 16 开的版式,读者可以折叠如同杂志,方便单独保存。《中国青岛报》是中国人经营、编辑、发行的中文报纸,在日本军管下没有代表中国百姓说话,反而在言论上秉承日本统治者的意志。1922 年 12 月中国政府收回青岛以后,该报继续出版。1929 年国民党统治青岛时,伊筱农被捕判刑,该报也被关闭。

《胶澳日报》

《胶澳日报》是一份中文日报,于 1923 年创刊于青岛,对开 6 版,社址初在直隶路,后迁至黄岛路 1 号。报纸除在青岛发行外,还向日本、朝鲜及欧美各国发行,是当时较有影响的一家民办报纸。该报社长是王静一,总编辑是崔信初,中共"一大"代表邓恩铭曾在这家报纸任过副刊编辑,以此身份为掩护开展青岛党团组织的筹建工作。他以《胶澳日报》为阵地,在《胶澳日报》上创办"胶澳副刊",发表了《青岛劳动概况》等文章,同时,最为显著的就是在"胶澳副刊"上转载《列宁传略》,发表介绍苏联十月革命的文章,这是在青岛报刊上首次介绍马克思主义。王静一等办报没有明确的宗旨，只是以此为晋身之阶。继任社长郑吟谢，在谋得青岛货物局大港分卡肥缺后，该报编辑部人员几乎全部跟他到那里做了高级职员。《胶澳日报》的新闻版面主要有第二版和第三版。栏目有"北京要闻""本埠新闻""本省新闻""各省新闻"及"国外新闻"。若有重大事件发生时，报纸会在第二版开始设有专电或者特电栏目。《胶澳日报》编辑为严恨余，他与同为共产党员的李蕚均有志于新闻事业，于是创办报纸的另一副刊《海啸》。为了能够在报纸上更加方便地发表言论，李蕚找到了身为胶澳商埠局顾问兼胶济铁路理事的陈干，得到陈干支持后，《海啸》经常转载瞿秋白的作品，颇受青年读者的欢迎。李蕚当时负责《胶澳日报》的海外新闻编辑，他经常会借助《海啸》"提倡旧文学，保持国粹"。后来，陈干又出面与李蕚等共同成了"涛声社"，发行《涛声周刊》，内容主要为各种旧体诗、词、赋及文言文，因为周刊过于古色古香，读者面不广，销路不佳，勉强维持到第 28 期就停刊了。

该报于 1927 年倒闭。1934 年，《胶澳日报》的报名被陈无我买去。陈无我是山东惠民人，当时在青岛市观象一路开办了一家胶澳通讯社，为青岛市及各地报纸提供青岛地方新闻。陈无我重新出版《胶澳日报》，初为 4 开4 版，后发展到 4 开 12 版，内容以文娱新闻为主，桃色新闻较多，成为以娱乐性为主的报纸。社址变迁为观象一路 8 号。后期改名《大东亚报》，成为汉奸报纸。

《青岛晨报》

《青岛晨报》创办于 1923 年 6 月，前身为《清风报》，创办人为当时青岛市商会会长隋石卿，总编辑陈迈迁为中共地下党员，所以多刊发左翼文学作品。隋石卿 1905 年曾在青岛创办《晨钟》青岛分社，创办《青岛晨报》后，这份报纸变为青岛商会工商业者的喉舌。《青岛晨报》为日刊，日出对开 6 版。报纸以新闻为主，聘任胡信之为主编。历史上，《青岛晨报》为何停刊并没有记载，却仅发行一年左右就被查封了，报纸短命原因与胡信之抨击军阀政治不无关系。该刊一版主要刊登重要的启事通告，二版、六版刊登国内外新闻，辟有"社论"专栏，四版、五版是文艺版，七版、八版是综合版，辟有"社会风光"专栏，九版是教育与体育版，十版是经济新闻版。肖军、黄宗江、李普等人都曾在文艺副刊上发表文章。

《东海日报》

《东海日报》创刊于 1923 年 11 月 1 日，日出对开 6 版，民办中文报纸，发行经理为丁乐年。1937年停刊，停刊日期及原因不详。在1923年10月27日的《青岛晚报》第四版广告栏以及1923年10月27日《济南日报》(青岛版)，均有当时东海日报社登载的出版预告，通过预告可知报纸的准确发行时间应为1923年11月1日。报纸宗旨为：增进胶澳文化赞助自治，代表舆情，提倡社会各种公益事业，以“有闻必录”为报纸职责，以“实事求是”为行为规范。报纸一、四版均为广告，二、三版均是4/5版面为新闻，余下版面为广告。报纸中缝亦是广告。栏目分为“漫言”“专电”“国事要闻”“本省新闻”“各地通信”“本埠新闻”“本埠琐闻”。报纸新闻以政治领域新闻为主，对民生、体育等其他领域并不涉及。相较于同时期其他政府所办报纸而言，报纸广告数目所占报纸版面比重较大。报纸版面设计较为简单，广告版配有插图，新闻版仅以线条作为栏目分隔线清晰明了。

《胶东新报》

《胶东新报》创刊于1924年，社长为中岛勇一，日本浪人，总编辑为张海鳌，中国人。到1929年年底，该报全部资产兑给国民党青岛市党部，改组为《民国日报》(青岛市党部机关报)，《胶东新报》停刊。在报纸的报头有这样一行文字：中华邮政挂号认为新闻纸类中华民国十一年六月二十二日。这说明，早在1922年6月22日，该报即获得了出版发行权，但是市志中记载创刊于1924年。究竟是其他因素使得报纸获得出版发行权约两年后才创刊，还是市志中记载的发行日期有误差，因无法获得报纸的创刊号，也就无从查起。总编辑张海鳌1902年出生于揭阳县河婆溪角村(今属揭西县)，卒于1978年。1928年，他于中山大学毕业后，在广州女子师范学校任教，曾主编《教育论坛》《教育周刊》及《南宁日报》的“星星周刊”，他还做过《大青岛报》编辑。张海鳌对诗歌、杂文和小说均有涉猎，散见于当时各报章杂志。《胶东新报》新闻集中分布在第二版和第五版，主要包括栏目“专电”“国内新闻”“本省新闻”“本埠新闻”。

《青岛时报》

《青岛时报》创刊于1924年9月1日，社址在新泰路1号，最初分中文日报和英文日报，出版后赠阅三日。中文日报叫《青岛时报》，由李青选任主编。李青选是山东博山人，后来担任孔祥熙的秘书。英文版由《青岛晨报》改组而成，1926年冬该报英文版停刊。同年冬天，该报英文版编辑部又创刊《青岛泰晤士报》并与《青岛时报》彻底分为两家报纸。《青岛泰晤士报》由凌道扬的兄弟凌达扬(当时任青岛大学教授)任主编。最先报社地址在老青岛新泰路1号。1927年后报社地址迁至兰山路17号，同时，出版发行权全归曾在该报任过编辑的尹朴斋（山东日照人）独立经营。《青岛时报》为日刊，4开8版大报。报头为竖排黑体加粗，下有报纸英文名称：*THE TSINGTAO TIMES*。报头的右侧标记有报社的社址：本馆开设青岛新泰路门牌1号。《青岛时报》创刊之初便设有副刊《时报俱乐部》，后来又设置了《藉光》，20世纪30年代还办有《青光》《窝窝头》《明天》《海歌》。报纸的副刊内容多样，版式设计新颖别致，最大限度地满足了不同读者群体的阅读需要。除了副刊，报纸还设有各种周刊《诗歌》《体育》《民教》《开麦拉电影》《法学》《医学》等。报纸也十分重视多层次读者的需要，针对不同读者群体设置了不同的栏目，如为了满足儿童的阅读需求创办了儿童副刊《小朋友》等等，同时还有“医学周刊”“现代家庭”等专栏。为了增加销量，报纸由原来的2大张增为3大张，报纸销量由每日3000份增至5000份。报纸除刊登新闻外，《青岛时报》为国民党左派高秉坊（山东博山人，孔祥熙的亲信之一）创办。由于他得到吴佩孚手下高恩洪支持，胶澳商埠的公告、胶济铁路和胶海关的公告及广告全都交给《青岛时报》发布，几大机构的出版物由该报印刷厂承担，这给报纸提供了殷实的经济基础。报纸经理为山东省议员梁弼臣（又名梁弼卿），营业部主任为李瑞卿，总编辑为李青选，编辑部主任为高秉坊，副刊编辑为李星野，校对为尹朴斋。民国时期的报社大都实行社长、总编辑、主编或主笔负责的机构体制，也有总经理、总发行人负责的机构设置，而《青岛时报》是两者兼而有之。

1935年，尹朴斋在潍县开办了《青岛时报》（潍县版）。“七七事变”后，《青岛时报》的一部分疏散到潍县出版，至1937年12月初，两地同时休刊。抗战胜利后，尹朴斋筹备复刊《青岛时报》，于1945年11月10日在堂邑路正式复刊。该报为对开4版，日销8000份左右。1948年11月1日，该报参加青岛的“八报联合”后，社长尹朴斋逃亡中国台湾。

《青岛公民报》

该报于1924年9月10日创刊，由胡信之与刘祖乾、段子涵等人合力创办，胡信之兼任主编。胡信之，又名寄韬，1890年出生于北京的一个小官僚家庭，是孙中山三民主义的忠诚拥护者、国民党员。但是在那个风云激荡的年代，各类救国思想激烈竞争，经中国共产党的争取教育后，胡信之不断倾向进步，后来成为中国共产党的亲密朋友。胡信之刚开始新闻记者生涯的时候，历史上正是中日谈判收回青岛和山东权利的时候，他为了采访新闻，经常往返于北京、大连、济南、青岛之间。不久，胡信之应聘成为当时青岛《中国青岛报》的记者。其间，胡信之利用记者职业便利，在《中国青岛报》上撰写发表了大量的社论、讲演稿、漫言、小言等形式的文章，有力地抨击了当时北洋政府的腐败无能，谴责了军阀的混战，搜刮民脂民膏、涂炭生灵的罪行。他坚持新闻自由，敢言、直言，支持青岛工人的反帝救国斗争，面对当局的恐吓毫不退缩，最后献出了自己的生命。

从版面来看，《青岛公民报》采用竖排，铅印，已经使用了标点，设有“广告”“启事”“政府文告”等栏目，不同栏目间，有条框间隔，显得十分条理，但报纸版面空间仍未充分利用。就内容倾向来看，《青岛公民报》最显著的特点就是具有明显的进步性，关心、同情工人运动，注意宣传开化青年思想，曾刊登“五四纪念宣言”，公开纪念五四运动，宣传其积极意义。当时处于北洋军阀政府的统治之下，国内军阀割据，各军阀多横征暴敛，镇压工人运动，《青岛公民报》坚持公正客观，绝不趋炎附势，勇于揭露邪恶，大胆抨击时弊，曾刊登“夜班工人的哀诉”，公开站在工人立场，大力抨击工厂主的贪婪以及相关部门的不作为，而且在《青岛公民报》连续开辟了“公民俱乐园”“工潮专载”“公民言论”等栏目，反映民众呼声，揭露日本帝国主义和反动军阀的罪行。胡信之在“公民俱乐园”专栏中以“主编寄韬”的名义特此声明：“公开言论，发表意见，宣传文化，抵制外侮，欢迎投稿。”①需要特别指出的是，随着胡信之逐渐倾向革命，《青岛公民报》的立场也在悄然发生变化，甚至拿出专门版面全文刊登了《共产党宣言》的中译本，得到了进步读者的热烈欢迎。这种敢作敢为，坚持新闻自由，传播先进思想的办报风格在青岛各界引起了很大反响。《青岛公民报》也十分注重广告的重要作用，积极利用广告效应，一方面及时发布相关商品信息、市场行情，促进本市的商品流通，如“神州药房业务广告”“青岛大同印刷局业务广告”“本埠商情一览——青岛取引所昨日商情报告”；一方面也利用广告业务量的扩大提高报馆效益。总体来看，《青岛公民报》作为一份具有明显进步倾向的报纸，宣传了革命思想，尤其是发表了《共产党宣言》，对当时的革命进步青年起到了很大的鼓舞作用，无愧于青岛作为五

① 刘玉福：《青岛近代民族报业研究（1897～1937）》，2015 年青岛大学硕士学位论文。

四运动重要发源地的城市地位，走在了时代的前列，也逐渐吸引了越来越多的受众，报纸发行量由最初的几百份猛增至1万余份，被誉为“工人的喉舌”，胡信之也被誉为“青岛报界一巨子”。

《平民报》

该报1925年8月10日创刊于青岛，4开4版，社址在青岛安徽路22号，最初名为《平民白话报》，1928年改称为《平民报》，社长张乐古。当时青岛的报纸语言文体通篇是文言文，只有这份报纸的语言文体是大众化的通俗白话，颇受岛城市民欢迎。“七七事变”后该报停刊，1945年10月16日在安徽路26号复刊，复刊后的《平民报》对开一张，日销2000份左右。1947年，《大民报》与《平民报》一稿两印，自1948年3月16日起，此两种报纸出“联合版”。1948年10月31日停刊，11月1日与《青岛公报》《军民日报》《青岛时报》《青报》《青岛晚报》《民报》《民言报》联合创办《青联报》。

《中华商报》

《中华商报》创刊于1926年7月15日，为4开4版小报，每周6期，星期日休刊，日销500份。经理为马起栋，副经理庄峻山，社址在青岛市博山路67号。据青岛市情网介绍，该报后改名为《中华报》，日刊，对开二张，日发行1600份。另有资料记载称该报后来被更名为《光华日报》。《山东省志报业志》在“1990年底前已停办的报纸”表里有《光华日报》一则。据表格信息可知，《光华日报》创刊于1933年10月21日，终刊于1948年，负责人为马起栋。因此，根据现有资料推测，可能有两种情况：一是《中华商报》后改名为《光华日报》而不是《中华报》；二是该报先是改名为《中华报》，后又改名为《光华日报》。因掌握资料有限，不能判断两种情况哪种更符合历史事实。《光华日报》抗日战争开始后休刊。1947年7月1日复刊，改为4开小报，社长仍是马起栋。1948年该报在青岛“八报联合”前停刊。

《中华商报》报头为黑体，报头下标有报纸期号，并有“星期日休刊”的字样标明其是周六刊。报头左侧标有报社地址、分发行地址、报纸订阅价格及广告价目。右侧标有“中华民国特准挂号确立为新闻纸类”以及发行当天的阳历日期。报纸第一版及第四版均为广告，第二版第三版各有1/4版广告，其余为新闻。关于报社的创办宗旨，社长马起栋在创刊前的征稿启事中作了说明：务求正大言论，务求公平消息，务求灵通记载，务求翔实，借以发展文化，造福国家，谋利生冀，有裨益于万一。《中华商报》的新闻分布在第二版与第三版。与其他报纸相比，新闻数量较少，报纸字号较大，仅有"本社专电""国事要闻""本省新闻"及"本埠新闻"四个栏目。

以上报纸无一例外都记录着青岛所处的那个特殊的时代，但是又有各自特色：《胶东新报》虽为日本人创办，但是报道不偏不倚；《胶澳日报》言论开放大胆，针砭时弊丝毫不留情；《青岛晨报》仅发行一年但报纸涉猎面广，报道翔实；《东海日报》代表舆情，提倡公益，有闻必录；《中华商报》几经波折，始终务求公正言论，公平消息，借以发展文化；《青岛时报》中英双刊发行，以现代化视角服务胶澳。当然，有些报纸也有不足之处：《中华商报》有些新闻靠标题制造噱头吸引读者眼球；排版混乱，内容安排不尽合理，给阅读带来不便。《胶澳日报》不尊重当事人的隐私，随意曝光其姓名，歧视女性；频繁使用复合标题造成标题功能模糊，新闻中主标题与副标题共同起到了内容的作用，由此显得内容多余。其他报纸更是出现了如传播虚假新闻、语言粗俗，或者为了报纸自身的利益登载损害人民的言论，甘愿做政府"喉舌"等问题。

二、期刊

北洋政府统治时期青岛地区也创办并发行过期刊，下面按创办时间先后作一介绍。

《自西徂东》

1913 年 10 月，《自西徂东》正式刊布发行，属于中国境内最早的学报之一。刊名有小标题为"介绍德国学术语文之杂志"，封面底部标注订购价为"每年三元零售每册三角邮费在内"，出售地点为"青岛德华高等学校"(即青岛特别高等专门学校)，刊物由青岛本地的福昌书局承印。阅读青岛特别高等专门学校中方总稽查汪森宝为杂志作的序文可以明确，该刊物的创办者为学校监督罗善伯和编译处总办魏理慈两位德国人。罗善伯为学校负责人，编译处则是青岛特别高等专门学校的核心部门之一，由学校的两位核心负责人创办，可见学校对这份刊物的高度重视。

《自西徂东》以整册形式出版，主要文章为德文，双栏排版，下部为重点德语单词的中文注释，有的注释会占据半页的篇幅，后来又增加"减字与标记表"标示特别用词，显示出刊物作为语言学习读本的鲜明定位。个别重要文章和诗歌采用中德双语对照，中文通用文言文，以顿点作为断句。所以它应该是中国近代最早采用中文左起横排版式的期刊。

《自西徂东》封面刊明“月出一册，每册约二十四面”，不过实际刊发时大部分页数都在30页以上，最长一期达62页，到第9册总计一页数达到267页。每册字数在1万到3万不等。刊物设置了“总论”“异国人物”“学术”“国务”“文苑”5个大栏目，其中“总论”“学术”“文苑”为固定栏目。《异国人物》仅出现在第1册，第3册之后国务栏目也并入“总论”栏目中。《自西徂东》在为“总论”“学术”等栏目的文章配发了种类各异的插图，内容包括物理模型、生物模型、人物肖像、风物景色、天文地理、科学公式等等，插图清晰鲜明，增加了文章的可读性。

1919年11月，《曙光》文艺期刊在青岛创刊，由曙光文艺社编辑出版。社员有丁镇华、王统照、宋介、祁大朋、李树峻、段澜、范煜燧、徐岩之。刊物受“五四”新文化思想的影响，旗帜鲜明地提出改造旧社会的主张，得到社会各界的重视与欢迎。该刊是山东省进步青年学生参加编辑的最早的文艺期刊，共出刊9期(一卷1～6期，二卷1～3期)。

1923年1月，《胶澳公报》创刊于青岛，胶澳商埠督办公署秘书处编纂股编。该刊是政府公报性质，是古代“邸报”的传承，面向机关、单位发行。主要刊登政府机关的正式文告，也刊登代表政府的新闻，栏目有“命令”“公牍”“布告”“批示”“广告”等。1928年7月出至第531期停刊。

第三节　北洋政府时期山东其他地区创办的报刊

一、报纸

民国前期山东其他地区创办的报纸也很多，烟台、临沂、威海和日照在北洋政府统治时期也创办了一些报纸，临沂有《东鲁时报》《沂州舆报》《沂州民报》《临沂日报》《鲁光日报》《琅琊日报》等，烟台有《芝罘每日新闻》《新芝罘报》《新报》《小新报》《爱国报》等，威海创办了《威海新报》和《威海午报》，日照国民党党部创办了《新日照》。下面具体介绍一下这些报纸。

《东鲁日报》

袁世凯死后，1916 年 8 月，国民党员胡冠臣创办《东鲁日报》。这个报是承继“辛亥革命”“讨袁护法”之役以后，在临沂以革新的姿态出现的。主办人为李淑九、刘敢陈，二人都是临沂县人。李淑九是同盟会员，住临沂城内喇叭巷路北，他是李澄之先生的伯父，早年参加“滦州起义”，失败后回临沂。刘敢陈是临沂西南乡卞庄区（现划归苍山县）人，二人在当时都是革命人物。关于《东鲁日报》的创办经过，查阅《续临沂志党务篇》所载：“七月李淑九、刘敢陈创办《东鲁日报》宣扬三民主义。”①

《沂州舆报》

1923 年 11 月，临沂县教育界人士刘可大（字子绶）创办《沂州舆报》。这是一种小型报纸，每日一张，自编自撰，由印刷局石印，报馆地址设于城北门里以东北城墙根之刘可大私宅。报纸内容着重地方新闻及副刊，国内外及本省新闻皆系转载其他大报上的。该报直至 1924 年9月自动停刊。

《晨钟报》

1924 年夏，临沂《晨钟报》创刊。社址设于北门里大街南面路西（1949 年以后，该宅曾做过文化街、劳动街的办事处多年）。创办人为吴荫曾，字镜荪。属前清末科秀才，临沂的大士绅，当时的山东省议员，在临沂地方上自成一派势力，在当时都称为“吴派”。因为吴的势力雄厚，手下的人员又多，当时韩得一、解芹堂、尤汇东、崔梅平、吴荫曾的儿子吴养龄（当时在北京大学上学，因放暑假回家）等人都在报社，分别担任编辑、采访、校对等项工作。吴镜荪自任社长兼总编辑，一切稿件都经过其本人审核或修改后才能刊登。吴的出身本系秀才，民初又在高等法政学堂毕业。因此，他对新学旧学，都能博通，笔下写作俱佳，为人精明强干，口才流利。但是，吴的办报目的完全为借报纸舆论的力量扩大自己在地方上的派系势力，巩固其士绅的地位。该报在同年 12 月自动停刊。

《沂州民报》

1928 年 6 月，《沂州民报》创刊，主办人韩德一、夏侯少芳、王少衡、韩筱泉等。社址设于当时的启民小学内（现在的老专署前院东南角）。该报以地方新闻、社论为主。社论执笔人为夏侯少芳，济南一师毕业，笔锋流

---

① 山东省临沂市委员会编：《临沂文史资料》第六辑，1987 年，第 147 页。

利，气势雄浑，豪放有力，对地方时政敢论敢评，地方上的知识阶层、商店铺户、街道居民，无不欢迎订阅，销路颇广。于当年11月停刊。

《琅琊日报》

1928年秋，临沂教育界人士王聘之会同临沂的知名人士陈春台（字熙如）创办《琅琊日报》。社址设于北大街颜市巷口北边路东小红庙内。该报内容平凡，副刊多系古典诗词，不受欢迎，不到两月便停刊。

《临沂日报》

1928年秋末，临沂五中学生王钦铭、孔昭寰二人所主办的《临沂日报》发行。该报出版日期更短，不到两月便停刊。

《鲁光日报》

1928年10月，西北军杨虎城部队调来临沂驻防，他的番号当时是"国民革命军第十军"，由军部政治部所主办的《鲁光日报》发行。该报是以地方报纸的姿态出现的，报头上并未标出军方的名衔。报馆地址设于城内北大街节孝祠内。报的内容以地方新闻及社论为主，所发表的社论文章颇能代表民意，主持正义，成为民众的喉舌。例如当时国民党地方政府设立"货物税局"，遍设关卡，征收商人货物的税款，一般商民运输货物遭受严重的剥削，于是引起商民反对。郯城一带，商民罢市，抵制货物税。而《鲁光日报》除新闻报道外，还发表社论，力主取消货物税。因此，该报深受地方民众的欢迎与称赞。至1929年夏，杨部调防河南老河口，当时军政治部的负责人不想把创办起来的《鲁光日报》停刊，曾与当时临沂五中校长徐眉生商酌，拟将该报交由他继续发行出刊，被徐校长婉拒。后由国民党临沂县党部接收，派当时的执行委员兼宣传部部长张云川（临沂城内西门里人）为社长，内中人事大加改动。杨部调离临沂时，对该报曾留下卜编辑（陕西人，姓名失记），但该报被县党部接收后，这个编辑也是有职无权了。而县党部的常务委员彭菁山（临沂北十里堡人），时常到报社亲临指导，一切稿件经他审阅修改。报的内容，以宣传国民党的党义为主。《鲁光日报》从此变质，信誉日下，于1929年年底停刊。

《东海公益报》

《东海公益报》1913年6月16日创刊于烟台。周一至周六每天出版，周日休刊。办刊宗旨是"信奉超然，不涉宗派、政党"。《东海公益报》第一、二、三版为综合版，第四版为广告。一般来说，民国时期的报纸，头版大都登载各类广告，以为盈利。可能《东海公益报》是因有"公益"之忌讳，所以在头版没有大幅广告出现，而是随题订制有“论说”“专件”“政令”“文苑”等栏目。刊载读者喜欢的文章，这在当时的报纸来说是比较少见的。

《东海公益报》(第5号)，出版于民国二年(1913)6月21日，对开4版，新闻纸，铅印。报头右侧刊有“中华民国邮政局特准挂号认为新闻纸类”；报头左侧刊有“总发行所位于烟台鳌局街一百二十七号门牌”；报头下边刊有“星期停刊”“本报每日四页”。本期报纸第一版刊有“本社招聘访员广告”：“本社招聘访员，无论本埠外埠有愿充斯者请先寄稿，三日如合本报宗旨即为聘订，酬金格外从优，倘有热心报界甘尽义务者，本社尤所欢迎。一、本社纯取超然主义。凡来稿无关于政治，无关于社会者，或以个人而牵及党派者及系个人诉讼或讦他人之私泄、一己之愤者，盖不登载。二、本社访员均用暗访，倘有对于各界自己声称为本社访员者，必非本社真实访员。”①访员，即现在的外勤记者或通讯员。这些信息说明：第一，《东海公益报》是一份获得政府批准、公开出版发行的报纸。周一至周六每天出版，周日休刊。第二，该报的办刊宗旨是“信奉超然，不涉宗派、政党”。在该版显要处，还连载有《东益银行招股简章》。东益银行，全名“东海公益银行”，其创办目的是为招募股东融资发展，扩大公益活动。第二版设“公电”“紧要新闻”“国际新闻”“各省新闻”等栏目。第三版设“本省新闻”“本部新闻”“时评”专栏。其中“公电”刊发的两则电文十分醒目：一是《丁义华劝孙中山电》；二是《孙文致丁义华电》。丁义华是美国基督教北长老会的牧师，1887年来华传教，1910年在天津与张伯苓等发起组织了北洋万国改良会。这条洋洋洒洒500言的电文，即是他以北洋万国改良会名义发给孙中山的。电文极力游说敦促孙中山应不分党派，力谋团结，“我公与袁公和则国福，分则国危，稍具眼光者，无不以全国治乱视”。袁公即袁世凯，说白了这就是一纸劝降书。当然，孙中山先生很明白这位道貌岸然的传教士的“良苦用心”，在复电中寥寥几句便把其打发了：“万国改良会丁先生鉴，来电悉。余现在不愿闻政事，政治良否系政府责成。余嗣后专办铁路，其他非余所愿闻也。”②名义上孙中山是这样敷衍丁义华，或者说是稳住袁世凯当局，而实际此时身在上海的他正在积极组织各地力量，酝酿发动史上著名的“第二次讨袁革命”。第三版设“本省新闻”“本

① 滕长富：《近代烟台报纸五种》，载《烟台文史》2017年第2期。

② 滕长富：《近代烟台报纸五种》，载《烟台文史》2017年第2期。

部新闻”及“时评”专栏。“本省新闻”中载有《阅报社发起之缘由》以及创社成员名单。发起人系烟台《钟声报》社长丁训初(诸城人,同盟会员,国民党执委。抗战爆发后,丁南下避祸不知所终)。另外,在该版左下角的“时评”中,还载有署名“遁僧”的人就现实律法撰写的短论,指出“现在之刑律条件繁多,皆为民而设也,官则不妨逍遥于刑律之外”①。此文虽是一百多年前所写,但至今仍有积极意义。

《东海公益报》虽然在主张上秉持“超然主义”,不涉及政治、政党,但从本期所载内容看,也不失为一张关注民生、针砭时弊的正义报纸。同时,它也是到目前为止,发现在山东出版最早的一份公益性报纸。《东海公益报》创刊于何时,史料中找不到相关记载。但是,通过本期报纸所刊载的出版日期“民国二年六月二十一日”与总期数“第五号”,我们可以确定《东海公益报》创刊的时间为:1913 年 6 月 16 日。

《新芝罘报》(《胶东新报》《烟台健报》)

《新芝罘报》创刊于 1917 年,一年后更名为《胶东新报》,创办人郑千里。该报曾因转载对奉军不利的津沪报纸战讯,一度被查封。复刊后与美国人韦维廉合办,韦任经理,郑千里任总编辑。日出两张半。停刊于 1924 年。《胶东新报》还附设《烟台健报》。1924 年两报同时停刊。

据《烟台报业志》记载,《新芝罘报》创刊于 1915 年,1916 年更名为《胶东新报》。但据 1917 年 5 月 27 日出版的《顺天时报》第三版中《新芝罘报出版披露》一文记载,该报计划“准阳历六月一日出版 送阅三天”,可推测该报出版时间为 1917 年。另据日本外务省外交史料馆披露的于 1919 年发布的《中国报纸和信息相关的调查》,明确记载该报创刊时间为 1917 年,与推测吻合,因此《新芝罘报》的创刊时间应为 1917 年。另据《烟台报业志》记载,该报停刊于 1924 年。“新芝罘报出版披露”是新芝罘报社 1917 年5 月 27 日发表于《顺天时报》上的一份创刊启示,上面记载了该报的创刊背景与创刊宗旨。该报报头位于头版正中最上方,书“新芝罘”三字,下有英文报名 *THE NEW CHEFOO PRESS*,报头下方依次为报社电话、出刊时间、刊号等。报头右方为本报价目表,左方为告白刊例表及报社地址。《新芝罘报》社址位于山东烟台棋盘街瑞成巷,棋盘街位于现烟台市胜利路北首。根据日本外务省外交史料馆披露的分别发布于

① 滕长富:《近代烟台报纸五种》,载《烟台文史》2017 年第 2 期。

1919 年、1922 年、1925 年的《关于报纸杂志的调查杂记》显示，《新芝罘报》在 1919 年已更名为《胶东新报》，当时的发行量为 350 多份，1922 年因财政困难被迫停刊，之后与《芝罘每日新闻》(*Chefoo Daily News*)合办，于 1923 年春复刊。1925 年的调查报告显示，发行量约为 200 份，可见《新芝罘报》发行量较小，经营状况并不理想。

根据新闻来源和报道形式的不同，《新芝罘报》的新闻类栏目分为新闻报道和电报信函两类。其中新闻报道类包括"专记""国内纪闻""本省纪闻"和"本埠新闻"等栏目，电报信函则包括"重要译电""本馆专电""各地通信"等栏目。

《新芝罘报》创刊于"外交紧急，内讧时兴"的社会背景下，并将"政治改良，民权伸张"作为办报宗旨，以期达到"监督政府，改良社会，振兴工商，提倡教育"的目的，因此对国内政治、军事时局的关注成为该报最重要的报道方向。该报首先将中国与邻国的外交动态及其对国内的影响作为报道重点。从社会新闻栏目的缺失可见，该报更倾向于报道严肃性的时政类新闻，对于消遣性、趣味性新闻关注不足，这与报纸本身"伸张民权"的定位有关，也从侧面反映出其读者定位并非市井人家，而是关心时政、热心教育、在当时具有一定社会影响力的人。内容的严肃，受众定位的高端，也必在一定程度上影响报纸的销路。

《芝罘商报》

该报为创刊于 1914 年 11 月 5 日的中文日报，发行量 700 份。广告对报纸创办的初衷、宗旨、内容、社址、报资、广告、人事等内容皆作了详细介绍。该报主编郑千里，是烟台的文化名人，他编著了烟台第一部历史方志《烟台要览》，也是烟台《新芝罘报》的主编。广告的内容、行文风格皆与 1917 年刊发的《新芝罘报》创刊广告极为相似，有些语句甚至完全一致，考虑到两报的主编皆为郑千里，可以推测两则广告或许都出自郑之笔。

从广告来看，该报创立于中国内忧外患之时，因此其创办宗旨"以指导民生，尊重民权，涵育民彝，伸张民气为本"，希望起到"监督政府，改良社会，奖励工商，振兴实业，代表民意，宣达民情，促进文明，提倡教育"的作用。广告还附有该报出版内容及出版简章，根据出版简章所写，该报馆位于烟台安仁街，计划于当年的 11 月 16 日出版，日出两大张，星期不停刊出一大张。

从这些栏目的设置及其所刊发的新闻来看，《芝罘商报》所刊登的商业、金融类信息远多于同时期烟台的其他报纸，这对当地读者及时了解全国及本地的金融状况，了解商业动态，把握商品价格变化起到了积极作用，也凸显《芝罘商报》的商业特色以及与《芝罘日报》进行差异化竞争的明确定位。《烟台报业志》中记载该报或停刊于1923年，但根据现存原件，该报至少持续出版至1925年12月23日以后。

《芝罘每日新闻》

《芝罘每日新闻》(*Chefoo Daily News*)由英商仁德商行创办。英文版创刊于1917年2月16日。夏天出16版，冬天10版。售价每份每月大洋2元。仁德商行的经理马茂兰任报社负责人，还兼任路透社驻烟台记者。仁德商行设有电台，收取路透社电讯，并向路透社发稿。《芝罘每日新闻》的主笔曾由马茂兰的三弟担任，后又先后由美国人慕雷、韦维廉担任，营业主任是克拉克。《芝罘每日新闻》初为铅字活印，"九一八"事变前后进口打字铸字机(Cing type)，开始铸版印刷。该报主要为商业服务，刊登国际商情、外汇牌价等，发行不过2000份。当时烟台的外侨(包括外交官)即有1000多人，读者对象就是他们。洋行中懂英文的中国职员派订该报，每月收费五六角。

《新报》(《小新报》)

《新报》于1919年创刊于烟台，日刊，1张。附设《小新报》，专登社会琐闻。两报都于1923年以后停刊。主办人娄子周，天津人，原系《钟声报》记者。

《爱国报》

该报1919年8月创刊于烟台，距离1919年5月五四爱国运动爆发仅过去3个月，从创办时间上看，这场爱国运动的爆发，很可能为《爱国报》创办的重要背景。五四运动的爆发地虽然在北京，但其焦点问题如收回位于青岛的德国租界、收回胶济铁路主权等却都事关山东，烟台地区的爱国人士因地域的相近对此作出积极响应，实属合情合理。《爱国报》初期的报道内容，也证明了这一点。该报曾积极报道全国各地学生爱国运动以及烟台各界为反对日本灭亡中国的"二十一条"而举行的各种活动。宣传爱国主义思想和提倡国货运动，在当时起了积极的进步作用。从报道内容的贴近性，也可推断五四爱国运动的爆发与报纸的创办直接相关。据《烟台报业志》记载，该报停刊于1932年。从1921年1月14日《爱国报》5～8版原件中，可见该报栏目设置较为丰富，包括"紧要新闻""本省新闻"

“本埠新闻”“本埠琐记”“时评”“文苑”“喷饭录”“小说”等。

报社最初由刘云涛创立，不久由褚文郁接办，牟又尼、仲绍文先后任总编辑，丁冷香、朱二五、周介眉、茹春浦、萧空生、孙伯涛、丁紫屏、刘慧伦等任编辑。《爱国报》社长褚文郁(1890～1957)，字宗周，山东省海阳县西坊坞村人，毕业于北平朝阳大学法律系，后任山东省法院福山厅辖区律师，曾先后在惠通船行、新陆商行、泰生东颜料行等商号任常年律师，颇为著名。烟台律师公会曾在《芝罘日报》撰文赞扬说：“褚文郁系我埠著名律师，精通法典，深受法界敬重。”《爱国报》社址位于烟台塘子街，这条街因洗澡堂子众多而得名，位于芝罘区北部，西起民主街，东至胜利路。《爱国报》的副刊性文字主要有诗歌、小说、幽默笑话及漫画等。

《威海新报》

1923 年 8 月，傅廷遇、苗我民等 17 人以“提倡教育，开导民智”为宗旨创办了威海新报馆，并出版了威海卫历史上第一份中文报纸《威海新报》。但因宣扬民族解放思想，出版不久即被殖民当局查封。

《东海报》

《东海报》1926 年 12 月 24 日创刊于烟台，日报，4 开 8 版(周一出 4 版)。主编是郭愧庵。第一、四、五、八版基本是通版广告，第三、六版为各地及省内新闻。为达推广和宣传之目的，该报在创办之初前三期为免费赠阅。《东海报》的副刊，名曰《海客谈》，分载“谈话”“笑话”“谐著”“小说”等栏目。《东海报》印刷得非常漂亮，字体硕大，用纸考究，印刷精良，版式整洁。《东海报》于 1927 年 4 月 28 日还在出版，后来何时停刊，今无资料可考。

《威海午报》

《威海午报》的创刊绝非偶然，它是时代的产物。《威海午报》创办于 1927 年，时值大革命失败，以蒋介石为首的国民党政权取得了统治地位，利用其统治权力，扩展国民党的新闻事业。在 20 世纪 20 年代末 30 年代初，形成了一个全国性的国民党新闻事业网络，如《安庆国民日报》《南宁国民日报》《宁波国民日报》等。随着国民党在山东的统治逐步建立，为了推行“党治”，控制舆论，国民党在山东创办了不少官方报纸，如《山东民国日报》(山东省党部机关报)、《山东日报》(山东省政府机关报)、《青岛民国日报》(青岛市党部机关报)、《东海日报》(烟台党部机关报)。此外，许多县的县党部也出版了机关报。《威海午报》正是在这种背景下创办的，其创办人孙汉川系威海孙家滩村人,“自幼外出少游他邦,新闻界少有经验”①,曾在俄国留学三年,曾经担任《露报》经理,后又担任《松北市报》及《三当益报》经理兼编辑长。关于孙汉川可查证的资料有限,《威海午报》第135号曾刊登过“孙汉川陈乾翼启事”,从这则启事中我们可以推测孙汉川的身份。孙汉川在创办《威海午报》时,曾递交华务司一份报告书。在这份报告书中,孙汉川提到了《威海午报》的办报宗旨,“开通民气,振兴商业”,为国民党统一全国提供舆论支持。大致可以推测报纸的发行量在300份左右。

“威海午报”的新闻栏目有“电讯”“要闻”“紧要新闻”“本埠新闻”“本埠琐闻”。《威海午报》上刊登社会新闻的栏目主要是“本埠新闻”和“本埠琐闻”。作为一份地方性报纸,“本埠新闻”和“本埠琐闻”是由《威海午报》访员采写、直接反映威海生活的栏目,贴近威海民众。从某种意义上说,社会新闻在《威海午报》中有着举足轻重的地位。《威海午报》的社会新闻,不仅是研究这份报纸的重要参考内容,而且对于重构英租时期威海社会风貌有重大的史料价值。

《威海午报》评论文章涉及社会、经济、民生、文化以及新闻业本身等诸多方面,并与当时社会形势紧密结合,形成了大量有理有据、针砭时弊的精彩评论文章。《威海午报》受英国政府的保护,也受英国政府相关的限制,所以报纸表现出明显的亲英倾向,对殖民统治极尽赞美之词,而对当时轰轰烈烈的社会革命却颇有微词。

《威海午报》作为威海历史上第一份有影响力的报纸,虽然创办于英属殖民地,但威海不像其他殖民地或通商口岸那样优越。报纸作为一种文化产品,是与一定的社会经济条件及文化条件密切相关的,威海卫在1898年就成为英国的租界(与中国香港新界的时间、条件都差不多),但是在英国32年的殖民统治下,英国政府并没有建立起完善的制度,相反,在“以最小的成本统治威海卫”的思想指导下,英国殖民政府反而借助中国原有的统治制度依靠儒家思想来进行统治。他们的统治目标是使威海安定,而不是将威海卫发展成为一个像中国香港那样的贸易港口。

---

① 董文娜:《英租时期威海卫报纸研究(1898～1930)》,2011年山东大学硕士学位论文。

《新日照》

该报创刊于1928年，前身为《日照党声》报，国民党日照县党部办，负责编辑为卜班候，4开，周刊，1935年停刊。

二、期刊

北洋政府统治时期山东其他地区创办期刊的情况如下：

1916年，《教育杂志》创刊于临沂，创办人为夏侯先，字秋野，临沂城人，清末民初师范学堂毕业，是民国以来临沂教育界先驱之一。1915年(民国四年)秋，夏侯先担任了“临沂县劝学所所长”(等于现在县教育局局长)。在他任所长不到一年的时间里，扩充办起中、小学将近50多处，并于1916年(民国五年)创办了《教育杂志》，专以宣传教育救国的理论、发展中小学的重要性，并谈论些教学法。杂志的稿件，大部分都是夏侯先的亲笔，帮着他撰稿的有刘子绶、王聘之(教界人士)等人，1918年夏侯先因病逝世。

20世纪20年代，文艺周刊《喊客来》创刊于烟台，主编朱二五(原名朱永杰，江苏扬州人)。据《烟台文化志》记载，该刊物32开本，铅印。文章形式多样，包括旧体诗、词、歌、赋、小说、散文、小品、随笔等。文言、白话兼而有之。小说题材多涉及言情、侠义，随笔则抨击社会弊端。刊物出版共10期，持续半年后因经费不济而夭折。但根据朱二五老乡所说，《喊客来》应该就是当年朱二五在烟台创办半年便惹来缧绁之灾的报刊，停刊原因不仅有经济上的，更重要的或为朱二五激进的言论惹恼了当时军阀。

1920年7月，《新黄县》创刊于黄县，该刊为时事新闻刊物。社长赵竹容(同盟会会员，黄县中学校长)，总编辑牟爽斋(同盟会会员)。系周刊，16开小册子。主要刊登国内要闻及地方新闻、公文等，也刊有文艺小说、经济消息等内容。每期均有劝学调查报告和基督教浸信会教务丛谈的连载文章。辟有“选论”“公牍”“要闻”“地方新闻”“专件”等栏目。

第四节　中国共产党早期创办的报刊

山东是中国最早成立共产主义小组的省份之一。五四新文化运动揭开了山东报刊史新的一页，催生了一大批新文化报刊。这些报刊扩大了党在群众中的影响，促进了党领导下的山东工农运动的发展，沉重打击了反动军阀势力。

五四时期，王尽美、邓恩铭等在成立马克思学说研究会的同时组织了励新学会。1920年秋酝酿，10月31日公布简章、宣言，11月21日在济南商埠公园大厅召开成立大会。该会以研究学理、促进文化为宗旨。邓恩铭任庶务，总管会务。会员以王尽美所在的济南一师和邓恩铭所在的济南一中的进步学生为主体。最初的会员除王尽美、邓恩铭外，还有于其惠、李法田、靳鸿训、王象午、王志坚、李祚周、王克捷等近20人，后增至60余人。学会邀请进步教师郭绍虞作指导。主要活动是发行报纸杂志，举办学术讲坛。王尽美、邓恩铭等马克思主义者通过学会广泛联络和团结青年，宣传马克思主义。1920年12月15日，学会出版会刊《励新》(半月刊)。该刊以宣传新思想，介绍新文化，揭露社会黑暗，主张社会改革，倡导民众教育为宗旨。王尽美是该刊两编辑主任之一。王尽美、邓恩铭等以《励新》(半月刊)为阵地，发表文章，用马克思主义学说分析社会现象，抨击封建主义，号召进行社会改革。1921年暑假后，因会员有的毕业，有的转学，人数减少，学会活动受到影响；同时，《励新》在反动当局禁止宣传新思潮的高压下被迫停刊，共出6期。学会内部开始分化，活动遂告终止。励新学会是比马克思学说研究会复杂的一个具有新文化运动统一战线性质的团体，对于推动济南地区有志青年走上革命道路，起了积极的作用。

1921年年初，王尽美与邓恩铭等人创建山东共产党早期组织，5月，王尽美、王翔千、王复元等创办了劳动周刊社，创办《济南劳动周刊》，5月1日在《大东日报》副刊上正式出版《济南劳动周刊》。同年7月，出席中国共产党第一次全国代表大会。其后王尽美任中国共产党山东支部书记。《济南劳动周刊》创刊号发表了出版宣言，说明创办周刊的目的是"促进一般劳动者的觉悟，好向光明的路上去寻人的生活"，以增进劳动者的知识、提高劳动者的地位、改造劳动者的生活为办刊方针。该刊创刊后，发行量不断扩大，产生了较大影响。登载了大量济南及其他地区工人运动的消息和新思想、新知识，用通俗的语言和生动的事例，向工人宣传"劳工神圣"的思想。除在社会上公开发行外，还直接送给大槐树机厂、溥益糖厂、鲁丰纱厂及小清河码头的工人及淄博等地工人阅读。1921年10月，由于担任《大东日报》印刷车间工长的王复元因领导工人斗争而被辞退，该刊也就不能印刷而被迫停刊。1922年中国劳动组合书记部山东支部将原来停刊的《济南劳动周刊》易名为《山东劳动周刊》，独立出版，王尽美、王翔千等任编辑。该刊声明："本刊是专为工友们说话的机关。"其宗旨为：增进劳动者的知识，提高劳动者的地位，改造劳动者的生活。该刊第一号设立了"康米尼斯特丛书""列宁全集"等专栏，刊登了《共产党宣言》《资本论入门》《列宁传》《共产党的计划》《俄国共产党党纲》《共产党月刊》《国际劳动运动之重要问题》等15种马列著作的新书广告。该刊对工人运动的开展、马克思主义的宣传起了重要作用。该刊在共产党人、社长王尽美和总编辑王翔千主持下，大量报道了各地组织起来的工人与帝国主义、封建军阀和中外资本家及其走狗的英勇斗争，揭露了帝国主义、封建军阀和资本家对工人的残酷剥削与压榨，号召工人阶级团结起来，为争取解放而斗争。另外，《山东劳动周刊》辟有"传单""劳动消息""外埠消息"等栏目，内容包括该刊宣言、王尽美写的《中国劳动组合书记部山东分部宣言》、各地工会情况的报道、中国劳动组合书记部北方分部的"来件"、山东分部关于"为《上海劳动周刊》被封及李启汉君下狱事告全国劳动朋友书"及中国劳动组合书记部北方分部为李启汉被捕事件发表的《告北方工人书》等。1923年被迫停刊。

《山东劳动周刊》的诞生，标志着山东工人阶级开始成为一支独立的政治力量登上历史舞台。此后，一批由共产党地方组织和共产党人创办的无产阶级报刊先后在全省各地出版，山东党组织在报刊的创办方面取得了突出成绩。以王尽美、邓恩铭为代表的先进分子，还创办了《晨钟报》《现代青年》《齐鲁青年》《济南工人》等，对宣传马克思主义，指导革命斗争起了积极作用。1921年7月，山东学生联合总会在济南创办刊物《新山东》，大量刊载宣传马克思主义和改造社会的言论。此时，马克思主义在山东的传播由一般性内容介绍开始向系统的理论宣传和研究过渡。1924年4月，济南团地委通过省立一中和正谊中学等校的团员，以学生自治会的名义创办了《一中旬刊》《正谊周刊》《革命青年》等刊物。1924年6月，由国民党山东省临时党部出资，济南团地委筹备，在济南创办《现代青年》周刊。该刊由济南团地委负责编辑出版和发行工作，出至12期，下半年被迫停刊。同年，中共济南地方执行委员会创办《现代周刊》。1925年3月，中共山东地方执行委员会成立后，为加强对工人运动的领导，创办了《山东工人》。该刊共出版13期，1925年9月被迫停刊。这个时期出版的革命进步刊物还有《励新》《工人周刊》《铁路工人》《革命青年》等，这些报刊都是在白色恐怖的环境下创办的，发行范围小，存在时间短，但却像黑夜中的火炬，照亮了人们前进的道路。

1923 年 8 月 2 日，济南电话局泺口领班汝仲文在中共济南支部的推动下，创办《晨钟报》。王翔千、王尽美、王用章等共产党人支持并参与该报工作，使该报带有鲜明的革命性，成为济南革命宣传的又一阵地。《晨钟报》是一个 4 开 4 版的小报，创刊词有一句话是："济南替人民说话的报出来了"。该报公开出版，日发行量达到 600 份。开始时，报社工作由李荣甫主持，但由于困难重重，两个月后，李荣甫主动让贤，由汝仲文任社长。该报大量报道工人和各界群众开展革命斗争的情况，积极进行反帝反封建的宣传。不久又创办了星期日副刊《钟声》，王尽美写的许多社论和重要文章都在这个副刊上发表。《晨钟报》的《钟声》果如其名，它响彻齐鲁大地，唤醒了许许多多青年工人、学生、知识分子和其他劳动人民，促进了他们思想的觉悟，使更多的人走上了革命道路。山东封建军阀张宗昌督鲁后，对《晨钟报》在人民群众中的影响非常畏惧，多次派军警到报社寻衅，逼得报社三次迁址搬家，最终在 1925 年8月15 日停刊。

1925 年 8 月，为配合张宗昌对革命群众运动的镇压，省教育厅厅长王寿彭严令禁止学生参加一切社会活动，解散学生组织，致使济南学生联合会等学生团体被迫解散，学生运动转入低潮。9 月，由于张宗昌的残酷镇压，中共山东地委创办的《山东工人》及团济南地委通过济南学联和各校团员创办的《济南学生周刊》《济南学生日刊》《正谊周刊》《一中旬刊》等进步刊物均被迫停刊。其间，《山东工人》共出版 13 期；《济南学生周刊》共出版 16 期；《济南学生日刊》共出版 20 余期；《一中旬刊》和《正谊周刊》分别出版约 80 期。12 月上旬，在团济南地执委的组织下，重新建立济南学生联合会，在省立一师设立了办事机构；同时复刊了《济南学生周刊》，连续出版了《反奉特刊》和《非基特刊》。这时期除了宣传统一战线与国民革命的报刊外，工农报刊也得到了迅猛发展。工农报刊大都通俗易懂、生动活泼，将反帝反军阀的宣传从城市扩大到农村，成为这一时期广大农民向地主阶级进行斗争的重要武器。

山东党组织围绕土地革命斗争现实需要，不断提升马克思主义理论宣传的实际效果，发行、出版积极传播马克思主义革命理论和党的政策方针，宣传革命文化的报刊，由五四时期进步社团主办完全过渡到土地革命时期基本由中共山东党组织创办发行。山东党组织的报刊宣传一直坚持不断，逐渐获得发展。中共山东省委（含临时省委），1925年创办《山东工人》，11月创办《省委通讯》（主办人王复元、吴芳）。1928年年初，共青团山东省委利用《济南日报》开办《晓风》周刊，以宣传马克思主义文化理论和革命思想为主。6月，中共山东省委出版《老百姓》，后改名为《平民周刊》。1928年7～8月创办党刊《政治通讯》，同年10～11月创办《红旗》及《红星周刊》，主办人都是丁君羊。同年创办的还有《时事简报》《教育杂志》《斧镰周刊》。山东地方党组织也相继创办发行各种刊物，分别创办了《济南工人》《小工友》《青岛工人》《胶东农民》《胶路工报》《青岛工报》《淄川工人》等刊物。这些刊物推动了马克思主义理论的深入传播和党的政策方针的有效宣传。

此时中国共产党创办的地下报纸共有9份：《工人日报》（1925）、《红旗》（1925）、《铁路工人》（1925）、《纺纱工人》（1925）、《罢工日报》（1925）、《青岛工报》（1927）、《青岛工人》（1928）、《青岛日报》（1928）、《红旗》（1928）。因共产党报纸并未得到发行批准，多数报纸以传单的形式存在且没有史料保存下来。

1928年9月，山东省执委决定编《教育杂志》等党的刊物，停办《政治通讯》周刊及《省委通讯》不定期期刊，《教育杂志》为党内阅读刊物。《教育杂志》第一期内容是：(1)无产阶级的领导作用；(2)谁应当做现在革命的领导者；(3)党的组织和群众组织；(4)斗争与组织；(5)深入青年群众中去，向青年和群众开门；(6)罢工技术问题；(7)支部讨论大纲八、九、十号；(8)转发了中央的各种通告。对外教育宣传工作方面，印发了反帝告民众书、贫民会布告、辛亥革命纪念日宣言、济南维持会改组宣言、中央宣言等。

据不完全统计，从1920年至1937年“七七事变”前夕，这类报刊就有40多家。其中，既有中国共产党山东省委创办的《山东红旗》《红旗周报》等，也有济南、青岛、烟台、寿光、昌邑、梁山等地方党组织创办的报刊。这些报刊如黑夜火种，给人民群众以启示、希望和力量。与此同时，一些进步团体和爱国民主人士创办的报刊，在共产党的影响和推动下，也成了强有力的舆论宣传阵地，通过各种方式，传播民主、爱国思想，进行反帝、反封建斗争。

第四章　国民政府时期的山东报刊

1928～1937年，山东处于国民党统治之下。地方当局血腥屠杀共产党人，残酷镇压工人运动，疯狂查禁进步书刊，但同时也实行了一些发展工商、文教事业的措施，因此出版业的发展比较迅速。这一时期，图书出版已完成了刊刻出版业向现代出版业的过渡，采用雕版印刷术，以翻刻、翻印古代典籍为主的刻坊已基本淘汰，多采用石印、铅印技术，以出版现代读物为主的书店、书局已占据统治地位，一批在全省乃至在全国都有影响的出版单位相继出现，其中有东方书社、乡村书店、山东省立民众教育馆、山东省立图书馆等。编、印、发的分工进一步发展，专门经销图书的书店、书局发展很快，10年间达207家，是1912～1927年的两倍，图书发行已成为出版业中独立的部门。各书店、书局进货来源扩大，与上海、北平、天津的著名书店、书局建立了密切的联系。发行的图书品种大大增加，竞相经销与新文学运动、新文化运动有关的书籍。这一时期，共产党人开始重视利用书店作为开展革命工作的根基，1928年邓恩铭开办的青岛书店开业；1933年，共青团员孙乐文等还在青岛办了荒岛书店。期刊发展非常迅速，新创办的期刊达380家，是1912～1927年的4～5倍，这些刊物绝大部分在政治上倾向于国民党。这一时期创办的进步刊物有《青潮》《蔷薇》《流砥》《避暑录话》等。中国共产党各级组织办的刊物已查到的有18家，这些刊物都是在白色恐怖的环境中创办的，平均期销售量不过两三千份，有的只有几百份。发行范围小，存在时间短，但却像暗夜中此起彼伏的火炬，照亮了人们前进的道路。

国民党统治前期，特别是韩复榘主鲁时期，竭力控制新闻报纸，查禁进步报刊，加强对新闻舆论的控制。山东在执行国民党中央制定的《出版法》等法规的同时，又颁布了一系列地方性法规来确保《出版法》等法令法规得以贯彻，进而使山东的新闻舆论置于国民党省政府的控制之下。为了禁锢民众的思想，进一步控制新闻出版业，韩复榘在任期间还颁布了《重要都市新闻检查办法》，其中规定，各报社须到省府登记领证备案方可创刊，否则概不准出版。此外，山东国民政府还成立专门的检查机构，查禁不利于国民党统治的报刊书籍。

国民党山东省政府一方面加强对新闻、舆论机关的钳制，严查、取缔进步报刊，另一方面又大力支持和资助有利于他们统治的报刊。他们深知宣传舆论的作用，将一些报纸进行改组，作为自己的舆论工具，为自己的统治服务。在国统区出版的报纸中，有国民党及其政府各机关主办的，也有各种商办民营的。国民党系统的报纸，比较重要的大都隶属于国民党省党部和各市县党部。

第一节　国民政府时期济南地区创办的报刊

一、报纸

作为山东省的省会，济南的报业随着中国政治局势的风云跌宕而潮起潮落。以1928年国民党在山东的统治确立为标志，在此之前，济南的报业发展随着各种政治势力的更迭而进退；在此之后，济南报业的国民党党化色彩严重，尽管有民营报纸的存在，但终究是国民党新闻统制制度下新闻事业的点缀。这个阶段是新闻事业阵线分明、斗争激烈的历史时期，主要表现就是国民党和共产党的新闻事业的对垒。从1928年开始，国民党在山东的统治逐步确立。为了推行“党治”，控制社会舆论，国民党当局在济南创办了不少官方报纸，著名的有国民党山东省党部机关报《山东民国日报》和山东省政府机关报《国民新闻》等。

《山东民国日报》

该报原名《国民新闻》，1928年创刊于泰安，社长李江秋，总编辑王育民、王建今，发行人孙进先，是国民党山东省党部机关报。该报在韩复榘统治山东时，是韩的御用报纸，所刊内容除各通讯社电稿外，大都是省府例会、要人行止。1929年6月该报迁往济南出版，社址在济南城内东华街

9号。1937年11月休刊,1940年一度在沂水东里店复刊,1945年3月10日在安徽阜阳复刊,后又迁回济南出版。1946年6月30日停刊,次日改名为《大华日报》。

《山东民报》

该报1928年创刊于泰安,社址泰安万字街,后迁到济南。1929年5月19日发表"本报预备迁济,自明日起暂行停刊",是国民党右派报纸。社长是国民党山东省党部监察委员赵季勋,后又为国民党山东省党部负责人张苇村所控制。

《国民新闻》

该报1929年创刊于济南,1930年6月停刊。系国民党山东省主席陈调元时期的省政府机关报。社长龚张斧。为日刊,对开4版,发行1300份。

《国民日报》

该报1929年创刊于济南,其前身是《历下新闻》,1935年终刊。该报是国民党历城县党部机关报,对开4版,两张。社长郝家骅。其中副刊《燕语》的编辑有马吉峰(笔名马峰)、张春桥。该报报名由戴传贤题,附有英文名 *The People Daily News* 和出版地英文名 *Tsinan ShanTuong*。一版、二版刊登征订信息、本市影讯等生活广告;三版、四版刊登国际国内重大新闻;五版、六版刊登国内、本省、本市新闻、通知、布告、指示和领导人的文章、讲话,省会广播电台节目单;七版主要刊登文学、小说连载及文学专栏,如《圆圆》周刊、《儿童》周刊等;八版刊登本市生活、经济信息,物价表等。《国民日报》是当时济南百姓了解国际国内新闻,掌握生活讯息的报纸之一。

1930年之后,国民党在山东的统治相对稳定,城市工商业畸形繁荣,济南的报纸数量也有明显增长,1932年有17种报纸,到1937年已达20家。尤其引人注目的是此间出现了大量民营报纸。新创办的报纸有《山东日报》《华北新闻》《晨光报》《大晚报》《济南晚报》《济南晨报》《市民晚报》《东鲁日报》《诚报》和《中报》等。这些报纸更加注重自身的公共性、大众性和商业性,由过去单纯的关注政令、政情的传达,转向更多地关注知识娱乐、商情民情、社会问题及公益事业。国民党虽然允许民营报纸的存在,但对报纸的管制非常严格,当局常常无端干涉报馆报务。由于言论自由没有保障,报纸只好回避政治,主要靠娱乐性、休闲性和刺激性的东西来吸引读者。当时各报都很注重社会新闻，在这方面竞争很激烈。如《华北新闻》，大量刊登商业广告，新闻栏目有“国际新闻”“本省新闻”“周事述评”和“舆论选择”等。由于没有明确而正确的编辑方针，一些民营报纸走向堕落，有的报纸还利用新闻报道之名而行敲竹杠之实，报格沦丧。如济南的几家晚报曾举行过妓女的花选，将选票印在报上，社会轰动，报馆发财。

《山东日报》

该报1929年创刊于济南，总社在济南城内西门大街8号，分社在商埠升平街乙字1号。社长冉揆仲，总编辑牟宜之。冉和牟均为当时济南教育界的进步人士。该报曾宣传抗日，反对妥协。1936年《大公报》公开为察绥方面的日本特务开脱罪责。《山东日报》于同年10月17日在《光明》专刊上发表《对〈大公报〉言论需要特别留意》一文，提醒读者“不要被中日交涉的希望，掩盖了日本侵略的事实”①。该报还曾比较客观地转载过日文杂志《社会评论》上关于苏联工人生活的介绍。但它也发表过反共文章。副刊精彩是该报一大特色，除由赵则诚主编的副刊发表诗歌、小品、短篇小说、短剧、杂感、文坛消息外，还有青年文化社主编的《光明》；春草文艺社主编的《春草》；济南新医学社主编的《新医周刊》；博文学会主编的《时代文艺》；闫哲吾主编的《戏剧周刊》；文登人于云若主编、梁漱溟题刊头字的《明衣》双周刊；还有王铁民主编的《小品文学》；介绍影星、影片，披露影界消息的《电影圈》等。1937年因日军侵入济南而停刊。

《华北新闻》

1930年创刊于济南，4开4版，创刊初期，社址在魏家庄中间路西，后迁该街东首路北24号。社长赵自强，总编辑方奈何和董子安。1937年12月27日因日军侵占济南休刊。

该报名曰“民营”，其实是社长赵自强接受广饶同乡李延年、李玉堂的资助创办。抗战期间，该报曾出版过西安版、重庆版。该报创设的栏目有“国际琐闻”“社会曲线新闻”“周事述评”和“舆论选粹”“商业新闻”“工商消息”“妇女”等栏目。副刊《大观园》登载杂文、诗歌、游记、小说连载、作家轶事等。同时，还辟有“各地风光”“科学”“儿童”“社会服务”等栏目。1945年8月抗日战争胜利，10月正式在济南复刊，改为4开4版，日发行

① 济南市志编纂委员会编：《济南市志资料》（第二辑），1981年，第37页。

量在 1.2 万份左右。1948 年 9 月中国人民解放军解放济南时停刊。

《济南晚报》

该报 1930 年创刊于济南，社长郭仲泉，社址在济南经六路纬四路，4 开 8 版，该报是商业性的民办报纸，刊登国内外新闻及省内新闻，广告较多，商业气息浓厚。1936 年 9 月改名为《济南晨报》。

《诚报》

该报 1931 年 6 月 2 日创刊于济南，社长朱经易，总编辑王伯珊。创刊初期为对开 8 版，复刊后改出 4 开 4 版。1937 年 12 月底被日军查封，一度休刊，1947 年 9 月 3 日复刊，社址在济南经二路纬四路 63 号。1948 年 8 月因中国人民解放军解放济南而停刊。该报除报道国内国际新闻外，还辟有“各地与社会”“经济”(分“上海行情”和“本市行情”)、“市情赘语”等栏目。

《东鲁日报》

该报 1932 年 4 月创刊于济南，社址在济南普利门外乾成街路北门牌 5 号，1933 年停刊。社长丛孝缜(律师)，总编辑毕学箴。该报为日刊，先后出版对开 4 版和 8 版。该报在刊登国内新闻的同时，大量刊登广告。

《大晚报》

该报 1933 年 9 月创刊于济南，主编孙松一，发行人韩笑鹏，社址在济南经二路纬三路 58 号。1934 年设《戏剧周刊》。1937 年春休刊，1945 年日本投降后复刊，1948 年停刊。

《晓报》

该报 1936 年创刊于济南，社址在商埠三大马路瑞源里，负责人李植生。该报一版为国际新闻及社论，二版、三版是国内及省内新闻，四版是综合版，有“社会与各地”“故乡风土谈”“不算新闻”等栏目。

《济南晨报》

1936 年 9 月，《济南晨报》由《济南晚报》改名而来，张衣萍主编，社址在济南经六路纬四路，4 开 8 版。郭仲泉、郭泊泉、郭叔泉三兄弟主办，是商业性民办报纸。报纸内容新闻设“专电”，言论设“社评”，副刊不征稿。该报 1/4以上的版面用于刊登广告。日发行量 3000 份左右。《济南晨报》副刊《晨光》，报头固定在右上角，主编是罗伯仲，阎少显发稿后，改为阎罗主编。

《中报》

该报 1936 年 12 月 1 日创刊于济南，是一张 4 开 4 版的小报，社址在济南经四路小纬三路。1937 年 12 月 27 日出至第 360 期开始休刊，又于 1946 年 2 月 1 日复刊，刊期延续。董事长何冰如，社长韩笑鹏，总编辑孙松一。复刊后，由杨伟士主编副刊，后副刊由寒梅主编，二版逐渐侧重文艺方面，辟有“名言”“珍闻”“影讯”等栏目。《中报》副刊中较有特色的是赵弥华主编的《星期画刊》，每周一期，每期一版，以画为主，以文为辅，主要发表水彩画、国画、书法、篆刻、木刻等作品。

《新报》

1937 年创刊于济南，又名《济南新报》。该报由杜振东自筹经费创办，社址设在商埠通惠街。黄色小报，4 开 4 版，发行 1000 份左右。1937 年 11 月报社停办，报纸停刊。该报是当时济南一家比较进步的报纸，以宣传抗日救国、反对不抵抗主义为主要内容。其社论和文章经常被国民党新闻检察机关删除，报纸版面有时“开天窗”，有时刊登“出路一条”四个大字，以示抗议，同时设有“新春秋”文学专栏。全国各界救国联合会负责人李公朴到济南视察时，曾特意拜访《济南新报》的编辑人员，并给予较高评价。

二、期刊

国民党山东省政府统治时期，除报纸之外，济南期刊发展迅速，门类日臻齐全，不仅有综合性刊物，而且还有文学期刊和专业性期刊，另有国民党山东省政府各厅处创办的公报，用于刊载厅处条例、规则、章程。以下按创办时间顺序作一简介。

1928 年 8 月，《山东省政府公报》创刊。该刊是国民党山东省政府机关刊物。刊有中央法规、中央命令、该省指令、命令、委任状、训令，省政府公函、电文、指令批示、布告、会议记录等，国民党山东省政府制定的各项法规条例、规章制度、办事章程、吏治政务、机构沿革、调令任免、人事奖惩等党政信息。1937 年 8 月停刊，共出 450 期，1946 年 5 月复刊，期数另起，出至第 120 期停刊。

1928 年 9 月 1 日，《山东教育行政周报》创刊于济南。该刊是国民党教育行政刊物，主要包括教育部、省政府教育厅各种政策法规、教育统计表、各校学生履历表、各级教育机关工作概况等内容。1936 年 4 月 18 日出至第 390 期停刊。

1928 年 10 月，《山东农矿公报》创刊于济南。该刊是国民党政府山东农矿厅机关刊物，主要刊登中央与本省厅命令、法规、公文与农矿事业之概况，从第2卷起改为《山东农矿厅公报》。出至第2卷第9期改为《山东实业公报》。

1928年10月，《山东河务特刊》创刊于济南，年刊。刊登中央、山东省及山东河务局有关黄河治理问题的政令、法规、公函、计划、各种统计图表以及学术论著等，并有少量文学作品。有扈工特刊一册。共出8期。

1929年，《鲁铎》创刊于济南。该刊为宗教刊物，由济南齐鲁神学院师生合办，刊登内容多为宗教、教会及神学研究文章、译著等，尤以基督教文化的研究文章居多，主要包括论说、研究、讲坛、祷文、诗歌、小说以及宗教戏剧、教会新闻、读物介绍等。栏目有"书评""校闻""言论""研究""译述""文艺""消息"等。该刊原为半年刊，自1931年10月4卷1期起改为季刊。4卷后曾停刊，1933年复刊，改为年刊，卷期续前。

1929年1月，《训练旬刊》创刊于济南，是国民党对党员进行党化教育的内部刊物，由国民党山东省指导委员会训练部印行，辟有"政治问答"等栏目。共出3期，后改为《训练月刊》。创刊宗旨是对党员进行党化教育，对非党团体则根据中央规定、民众训练方案指导训练。内容主要分《论著》《转载》《部务》三部分，刊登有关阐扬国民党主义政纲政策的论文、关于党员训练的理论与实施的研究、关于民众团体训练的理论与实施的研究、关于革命的著作。

1929年2月23日，《山东建设行政周报》创刊于济南，刊登国民党中央及山东省政府有关政治、经济、工农业生产、商业、金融、教育、官吏制度等各方面的法规、法令。共出26期。

1929年7月15日，《山东民政公报》创刊于济南，周刊。该刊为山东省政府民政厅主办的机关刊物。主要刊登有关的法规、政令、议案和函电，报告民政设施计划及其实施状况等。1931年改为旬刊，1936年3月20日出至第258期停刊。

1929年8月，《山东财政公报》创刊于济南。该刊刊登中央和本省有关财政方面的命令、法规、函电、布告、会议记录、统计、预算决算案等。自1935年4月起，凡有关例行公文时间性较缓者刊登在该刊，时间性较急者载于《山东财政旬刊》。出版至第6卷第7期（1935年3月）改卷期标识，期数另起，1935年4月出版"第1期"。

1929年9月，《济南市市政月刊》创刊于济南。该刊除刊有少量市政建设和管理方面的政论外，主要公布市政府、各部门颁行的有关法规、章程及该市各项工作的调查统计资料，并刊登社会、财政、教育、卫生、公安、土地等方面的行政公牍文件和政府机关的咨呈、函电、市政会议记录等。1934 年 1 月出至 7 卷 6 期改为《济南市政府市政月刊》，1937 年 5 月出至第 11 卷第 5 期停刊。

1929 年 10 月，《山东建设月刊》创刊于济南。该刊刊登有关建设厅及所属各机关建设进行之状况及关于建设事业学理研究的文章，主要是介绍山东省的建设情况，如航运、水利、电力、运输、法规、省财政情况等。栏目有"图画""论著""法规""公牍""计划""提案""专载""命令""统计""要闻""转载""附录"等。1930 年 3 月出至第 6 期停刊。

1929 年 10 月 6 日，《山东建设公报》创刊于济南，是国民党政府山东省建设厅机关刊。以汇集中央与地方法规、命令及山东省经济建设情况为主。栏目有"法规""命令""公牍""工作报告"等。1936 年 3 月 25 日出至第 286 期停刊。

1930 年 1 月，《济南市公安局公安月刊》创刊。该刊以提高警察知识，讨论警察生活，研究警务学术为主旨。刊登内容主要为报告该局施政状况、征集市民意见、讨论公安各项问题、研究公安问题、公布各项法规等，并附有省主席、市长、公安局局长等照片。栏目有"插图""论著""法规""命令""布告""呈文""报告""纪录""图表""市民意见""警士喉舌"等。1935 年出至第 5 卷第 12 期停刊。

1930 年 1 月，《民众教育月刊》创刊于济南。该刊以研究民众教育的理论，探讨民众教育的方法为己任，是研究社会教育理论、探讨社会教育方法、传播社会教育消息的专业刊物。由梁荣若担任编辑部主编，出版 4 期停刊。1931 年 8 月，在建馆两周年纪念之日复刊，刊期标注为第 2 卷第1 期。从 1933 年第 4 卷第 1 期起更名为《山东民众教育月刊》。出版过专刊，如"本馆二周年纪念专号""山东社会教育概况专号"等。

1930 年 10 月，《齐大月刊》创刊于济南。该刊以发表该校的学术研究、文艺创作和校事报告为主要内容。老舍为编辑委员和编辑部主任，具体负责编务。他为此撰写了《发刊词》，并发表了《论创作》《论文学的形式》，散文《一些印象》，译文《但丁》《维廉·韦子唯慈》等作品。1932 年 6 月出至第 2 卷第 8 期停刊。

1930 年 11 月，《一实月刊》创刊于济南。该刊社址在济南城内贡院墙根街，济南世界书局、济南中山书店代售，一年出8期，1月、2月、7月、8月四个月停刊。主要编辑有陈剑恒、左绍儒、刘德瑞等。刊物发到山东各县，与外省（如浙江）的实验小学刊物交换。1933年2月出至第2卷第16期停刊。

1930年12月22日，《民众周刊》创刊于济南。该刊为民众教育刊物，内容包括社会重大事件报道和评论、民众教育知识的普及等。每遇纪念日或是社会有重要事件发生可作教育资料时，则出专号，如："年俗展览会专号""造林运动专号""陋俗专号""乡村教师的生活专号""开学准备中心专号"等。该刊的读者主要是各地小学教师和中等学校学生。1935年经馆务会议决定，更名为《小学与社会》，卷期另起。

1931年3月，《山东省立图书馆季刊》创刊于济南。该刊是在20世纪初中国"新图书馆运动"影响下诞生的山东省唯一一家图书馆学专业刊物。其宗旨是保存、整理中华民族之文化遗产；搜集乡邦文献文物，弘扬齐鲁文化；宣传西方图书馆学理论，寻找适合中国图书馆发展的理论和方法。内容主要为古籍、乡邦文献的整理与研究，图书馆学理论研究以及本馆各项工作总结。该刊共出两期，第一期555页，第二期149页，16开本，用当时最高级画报纸铅印。第一期辟有"图像""论著""校勘""目录""记载"等5个栏目，载文20篇。1936年为纪念奎虚书藏落成，出版第二期《奎虚书藏落成纪念专集》，该集包括一篇专载《奎虚书藏营建始末记》和9篇纪念论文。1970年3月中国台湾学生书局将两期合为一册影印出版。

1931年4月30日，《财政旬刊》创刊于济南。该刊以报表形式公布该省各行业的财务税收状况、报道经济纠纷案例等。栏目有"讲演""译著""最近重要工作情形""金融""统计""本厅新闻"等。1935年3月31日出至第12卷第10期改为《山东财政旬刊》。

1932年，《历师月刊》创刊于济南。该刊是师范教育刊物，张贺元题写刊名，社址在历城县学街。栏目有"教育论文""教育实施""教育消息""书报介绍""文艺"等。1935年5月15日出至第4卷第5期停刊。

1932年1月，《山东合作》月刊创刊于济南。该刊为合作学会会刊。宗旨是宣扬合作精神，提倡以合作事业作为救国良策，反抗日本帝国主义侵略中国。设有"论述""合作座谈""合作消息""转载"等栏目。主要内容包括研究合作理论，介绍各地合作社的经验方法，刊登经济调查报告资料、发表本会工作报告等。第3卷第10～12期为合作学会首届年会专号。

1932 年 12 月,《警声月刊》创刊于济南。该刊内容除载有论著、学术文章外,还有各类法律、法规、各类统计表、国外警察教育介绍等。栏目有“论著”“学术”“专载”“译述”“法规”“文艺”“杂俎”“调查”“统计”“介绍”等。

1932 年 12 月,《齐大季刊》创刊于济南,替代《齐大月刊》半年刊,共出 8 期。该刊为齐鲁大学文、理、医及国学研究刊物,每期所收文章有一半以上均来自国学研究所,刊登有关中国历史、哲学、法制、文学、考古、宗教等方面的论著与译述,有文化、外交与名人研究的文章,其第 3～5 合期以国学研究所收集到的“青铜十字专号”编辑出版,此外,有少量自然科学方面的文章。该刊由《齐大月刊》更名后,老舍由编辑部主任改任普通编辑,并在上面继续连载他的译著《文学批评》第 2、3、4 章和《文学与作家》《语言课理智的价值》《文学中道德的价值》等作品。

1933 年,《山东民众教育月刊》创刊于济南。该刊为教育刊物,先后由梁荣若、萧迪忱、朱智贤担任主编。主要刊登中国各地民众教育、社会教育、乡村教育、职业教育的论述、译述,另不定期出版专号,如“民众戏剧专号”等。1937 年 6 月出至第 8 卷第 6 期停刊。

1933 年 3 月,《齐中月刊》创刊于济南。该刊是综合性刊物,多为齐鲁中学学生写的文章。内容有评论及小说、散文、剧作、翻译作品、杂谈等,也有对齐鲁中学的情况、活动的记述。栏目有“论著”“文艺”“杂著”“校闻”等。1937 年 6 月出至第 5 卷第 4 期停刊。

1933 年 5 月,《小学问题》创刊于济南。该刊社址在济南经五路纬三路市立第一中正小学。主要编辑有孔德址、张元笙、马淑贞、陈剑恒、陈子雷等。该刊为小学教育工作研究刊物。办刊宗旨为“讨论小学实际问题,介绍具体参考资料”,内容涉及小学教育阶段实际问题的讨论研究,包括儿童身体、心理、健康等方面,并有全省小学主要课程教学情况介绍和本地教育界活动报道,还刊登结合抗日宣传而选定的非常时期国语教材。1937 年 4 月出至第 4 卷第 30 期停刊,1948 年春季复刊,1948 年夏季出至第 2 期停刊。

1933 年 8 月,《道德月刊》创刊于济南。该刊为山东省政府主席韩复榘所办的道德学会会刊,社址在济南林祥南街 54 号。社长段凌辰、张敬民分别兼任总编辑,董绶青改兼副总编辑。该刊刊登有道慈要旨、研经论说、讲演丛载等,研究儒家、法家以及中外政治家、宗教家、科学家与哲学家等有关道德之文字，以述本社发扬道德精神，唤起人类互助互爱之宗旨。栏目有“道慈要旨”“研经”“论说”“讲演”“道慈实录”“丛载”等。1937 年 8 月出至第 24 期停刊。

1934 年 5 月 31 日，《乡村教育》创刊于济南。该刊为乡村教育刊物，何思源题写刊名，并题《发刊词》。其使命是：推动全省教育界人士向着上述的途径切实奋进；切实讨论研究各项实行的办法；传达各处实验工作的状况和结果。主要刊登有关小学教育和农民业余教育、乡村教育调查、乡村教育实验区和乡村教育研究会会议记录等内容。其中载有何思源、梁漱溟讲话。1935 年 10 月出至第 35 期停刊。

1935 年 1 月 8 日，《小学与社会》创刊于济南。其前身为《民众周刊》，为适应需要，刊物内容逐渐集中到教育方面，1935 年更名为《小学与社会》，1935 年 1 月 8 日出版创刊号，1937 年终刊，共出 3 卷 130 期。该刊为小学教育刊物。内容包括乡村教育理论、教学法、实验报告、时事分析、世界知识、名著介绍、生活常识等。

1935 年 3 月 1 日，《济师校刊》创刊于济南。该刊是山东省立济南师范学校的校刊，任务是把学校办理的情形公诸教育界，用大家的批评作为改进的指南针；刊登学校消息，使同仁及同学明了一切；介绍师生之间讨论疑难、研究问题，把研究所得通过校刊公诸全体同学等。内容主要分为“学术论著”和“文艺创作”两个部分。“学术论著”包括各种论文，涉及教育、文学、社会科学、自然科学、历史、地理、哲学、艺术等各个学科；“文艺创作”包括各种文艺作品，如诗歌、戏剧、小说、小品、散文等。

1935 年 3 月 1 日，《舞台艺术》创刊于济南。该刊社址在济南城内贡院墙根街。偏重戏剧理论与舞台艺术研究，刊登一些戏剧动态。有刘开渠的《论中国戏剧的前途》与《一九三四年中国戏剧运动的回顾》、王泊生的《中国戏剧之演变与新歌剧之创造》、李朴园的《戏剧革命论》等文章。此外，还刊登了法国沙塞的《戏剧的美学》、犹理斯·柏甫的《演剧社会学》等外国艺术理论之作。共出版 5 期。

1935 年 8 月，《进德月刊》创刊于济南，以挽救颓风、改造社会、宣扬进德修业为宗旨，是山东省进德会为宣扬旧道德、旧文化，普及会员文艺创作而创办。由进德会总干事郭清甫兼任社长，文书股主任董绥青兼任总编辑，从第 2 卷起调建设厅秘书股段凌辰、张敬民分别兼任总编辑、编辑，董绥青改兼副总编辑。该刊内容涉及戏剧、大事记、漫画等，发表伦理、政治、宗教、哲学、文学、艺术等诸多方面文章，其中尤以戏剧方面的理论文章最具影响力。自第1卷第7期设山东各县专号，介绍历城、章丘、泰安、邹平、曲阜各县的概况。1937年8月出至第2卷第12期停刊。

1935年11月，《基础教育》创刊于济南，替代《乡村教育》。该刊宗旨是“国民教育的播音台，小学教师的问题箱”，旨在进行各区基础教育设施的观摩、意思的沟通和教育方法的交流。刊登有国民基础教育方面的论著，教师的经验、体会和心得以及常识资料、教师信箱、国内教育纪事等。自1936年7月1日（第1卷第9期）起改由教育厅秘书处编译股负责编辑。

1936年，《鲁论》创刊于济南。该刊内容以刊登关于政治、经济、文化、教育以及各种文艺作品为主。1937年9月出至第2卷第8期停刊。

1936年3月，《山东合作事业指导月刊》创刊于济南。该刊是由国民党山东省政府建设厅主办。报道本省合作事业及农村经济的发展情况，刊登关于合作事业的研究文章，农业经济、产品生产等的调查报告等。

1936年4月30日，《医药杂志》创刊于济南。该刊创办人段子涵，社址在济南舜庙街。辟有“医学论文”“医学研究”“药学研究”“临症经验”“医林笔记”“医药界新闻”“杂件”等栏目。

1936年5月25日，《时代青年》月刊创刊于济南。该刊以文艺为主，兼有时事述评、文艺漫谈、史学考证、社会现象分析等。栏目有“时代现象”“研究批评介绍”“文艺”“青年生活”等。1937年4月30日出至第2卷第6期停刊。

1936年6月，《学行月刊》创刊于济南。该刊是社会科学刊物，刊名由著名教育家蔡元培题写，意在体现“知行合一”的教育理念，引导学生学以致用，既要注重书本知识的学习，又要关心社会时事政治。主要发表有关中外政治制度、国际关系、外交政策、经济、教育、文化等方面的论著、述评、调查报告、史料考证等，并载有少量诗词、小说、笔记等。栏目有“特载”“时事”“专载”“专著”“文艺”“调查”“大事日志”“史料”“研究”等。共出3期。

1936年10月10日，《山东工商月报》创刊于济南。该刊是山东工商业行业专刊。主要刊登关于工商实业及经济方面的评论、新闻、调查和统计等，并有部分文艺作品。栏目有“撰述”“经济”“评论”“工业”“商业”“农业”“本省新闻”“国事新闻”“国际新闻”“长篇滑稽漫画”“红字漫画”“调查”“工商法规”“文艺”“小说”“中华新闻学校”“组字插画”等。

1937 年 1 月，《教师与农民》创刊于济南，半月刊。主要反映乡村教育与教师问题，报告农村情形，介绍农业技术，描写个人生活实感；同时也刊登时事评论、时事纪要、教育动态及法律及医药常识问答。共出 11 期。

1937 年 4 月 5 日，《乡村运动周刊》创刊于邹平。该刊是乡村建设派主办的综合性刊物之一。前 13 期在邹平县出刊，同年 7 月 1 日第 14 期起迁往济南出版，共出 24 期，同年 9 月停刊，16 开本。辟有“小言（杂谈）”“修养与服务”“时事述要”“论著”“世界展望”“乡运论坛”“学术讲座”“乡运消息”“书报介绍”“乡村文艺”“工作讨论”“乡村问题”“乡运史料”“译著”等栏目，曾出版《抗议战特刊》。

第二节　国民政府时期青岛地区创办的报刊

一、报纸

20 世纪 20 年代末至 30 年代中期，是青岛报业相对发展繁荣的时期。据不完全统计，青岛所拥有的报纸先后有 20 多种，仅次于北京、上海、天津等大城市。在这些报纸中，因报社经济实力强弱、办报理念和报纸在社会上影响力的不同，各家报纸的日发行量也各不相同。小报日发行量一般在几百份徘徊，颇具规模和影响力的报纸日发行量一般稳定在几千份。当然也不乏日发行量超过 1 万份的报纸，如《正报》的办报方针是招募股资以盈利为目的，没有政治背景和后台，不接受来自社会各方面的津贴补助；该报社社长吴炳宸很敬业、很勤奋。当时，他针对很多报纸经营中出现的内容不好、销路不畅、招揽广告有困难等诸多问题，及时调整《正报》经营策略，变法图强，特别注重争取读者，以扩展报纸销路。他从社会上招聘了 3 名外勤记者，增加青岛本地区社会新闻的报道量。他为了提高报纸副刊对广大读者的吸引力，用高稿酬向社会征集高质量的文艺作品，取得了很好的效果。吴炳宸这些举措和苦心经营，使《正报》在青岛的社会影响力日渐增大，报纸销量直线上升。至 1934 年，《正报》的日发行量已突破了 1 万份，在青岛报界令人刮目相看。这一时期的青岛民族报纸主要有《青岛民报》《晨报》《正报》《民国日报》《工商新报》《青岛快报》等。

1933年国民党中央通过了修正新闻检查法，在全国各主要大城市设立了新闻检查所，规定各个报社在出版报纸前都要向新闻检查所送检报纸小样，凡认为不合格的，就扣留或删改，不服者给予处罚。在此背景下，当时的杭州市新闻记者公会在1935年8月23日召开的第五届全体会员大会上，率先向全国新闻界发出通电，要求言论自由，力争撤除新闻检查制度；同时倡议"九一"为记者节，以资纪念。杭州新闻记者公会这一通电倡议很快得到全国各地报社及新闻记者公会的积极响应。经过全国新闻界此次团结和奋起反抗，国民党设置的新闻检查所得以撤销。随即，在同年的9月1日，北京、太原、厦门、长沙、南昌、青岛等地新闻界都举行了庆祝活动。同时，在1935年9月1日庆祝首届记者节之际，在杭州举办了一次声势盛大的全国报纸展览会，即杭州报纸展览会。

此次杭州全国报纸展览会不收门票公开展出，会期一周，不但吸引全国各地新闻报业人员及新闻学家纷至沓来，而且市民群众及爱好读报者也络绎不绝。杭州全国报纸展览会陈列展示了那一时期全国早近期报纸期刊约1500种，其中除近期日报、晚报、期刊、画报、影剧报、文艺小报、号外及特刊外，还有报刊合订本、新闻学书籍及全国各报与新闻记者公会送展的图表等。当时青岛的《大中日报》《青岛时报》(1935年在山东潍县发行)、《青岛时报潍县版》(1937年12月，青岛、潍县两地同时休刊)、《东海日报》《新青岛报》等大小报纸参加了此次杭州全国报纸展览会。在参加杭州全国报纸展览会的青岛这几家报纸中，于1930年12月创刊的《大中日报》，报社地址在老青岛胶州路121号，日发行量1000份，社长胡博泉，1926年曾在当时的青岛《平民白话报》任营业主任，后来脱离该报，自己创办《大中日报》。《新青岛报》于1931年8月14日创刊，4开小报，社址在老青岛河南路71号，1937年12月底停刊。1935年9月3日出版的《大中日报》头版以新闻标题"九一记者节各地热烈庆祝、新闻副题杭州报展会举行开幕典礼，一致主张请求修正出版法"①报道了记者节和杭州全国报纸展览会的举办情况。

在中国报业发展史上，杭州全国报纸展览会的首次举办和老青岛几家报纸的参展，相对于青岛仅有40多万的人口统计而言(1934年4月

① 青岛市政协文史资料委员会编：《青岛文史资料》第15辑，中国海洋大学出版社2006年版，第205页。

26 日青岛全市户口统计：全市有 445895 人口，共 87707 户），当时青岛所拥有的报纸达 20 余种之多的统计数字，都彰显了那时青岛城市的一种人文内涵。

青岛沦陷之前，报纸是舆论宣传的主要工具，青岛大大小小的报纸可谓琳琅满目，在全国称得上是一座报业繁荣的城市。沦陷之后，由于日军的严密控制，青岛的报纸纷纷停刊，报业一片萧条。中国人办的报纸只有《胶澳日报》勉强维持了几天，社长陈无我见风使舵，将报名改为《大东亚报》，宣传“大东亚共荣圈”，成为青岛第一份汉奸报纸。然而，即使这样奴颜婢膝，《大东亚报》的寿命也很短，只办了 15 天即被日本占领军勒令停刊。

国民政府时期青岛地区创办的报纸主要有：

《正报》

该报 1927 年创办于青岛，社长吴炳宸。办报方针是招募股资以盈利为目的，没有政治背景和后台，不接受来自社会各方面的津贴补助。从版面来看，《正报》版面设计合理，书写顺序以竖体与横体相结合，竖体为主、横体为辅的模式，广告与文字性内容错落有致，广告多伴有插图，文体以白话文为主，但仍带有一些文言文的痕迹。在内容上，《正报》注意关注与百姓生活密切相关的新闻，如“叶楚伧，斥钟点教育，谓其贻误青年”①，及时发布国际、国内重大新闻事件，如“国联政院昨日讨论意国是否为侵略国，引用盟约十六条殆已不可免，即将召开大会决定制裁步骤”②。吴炳宸特别重视《正报》广告业务，为争取更多国内客户，《正报》在设计广告语时，多以提倡国货、爱国等角度切入，显示出鲜明的民族报业特征。吴炳宸这些举措和苦心经营，使《正报》在青岛的社会影响力日渐增大，报纸销量直线上升。至 1934 年，《正报》的日发行量已突破了 1 万份，在青岛报界令人刮目相看。

从影响来看，《正报》作为青岛近代民族报业最繁荣时期的杰出代表，在一定程度上冲击了外国背景的报纸对舆论的控制，它的广告经营、版面设计等诸多方面为后来青岛民族报业提供了一定的经验；同时，《正报》促进了各类信息的快速传播，尤其是广告的快速传播，其积极提倡国货，为

---

① 1934 年 12 月 4 日《正报》。

② 1935 年 10 月 6 日《正报》。

近代青岛民族工商业的发展也做出了有益的贡献。

《民国日报》

该报 1929 年 6 月 1 日创刊，4 开 8 版，社长杨兴勤，国民党党员，主管青岛市党部宣传工作，社址在中山路 58 号。本报在国民党整合之前叫《胶东新报》，由日本创办，国民党统治青岛后，由市党部牵头在《胶东新报》基础上加以扩充完善而创办，作为青岛市国民党党部机关报。由于其本身就是政党主办，政治色彩浓厚，报纸舆论导向以宣传孙中山三民主义与攻击共产党为主，每天的发行量约 3500 份，1932 年 2 月停刊。

《工商新报》

该报 1929 年 7 月 5 日在太平路 4 号创刊，社长酆洗元，报纸主要内容与工商密切相关，主要介绍全国各地尤其是青岛的商业行情及工业动态。由于受众相对单一，故发行量不大，每天发行数量约 800 份，1937 年全面抗战爆发后，该报因战乱停刊。

《青岛快报》

该报 1929 年 8 月创刊，4 开，不定期，免费送阅。发行数量为 800 份（1931 年）。

《青岛民报》

1930 年 2 月 1 日，《青岛民报》创刊，是属于国民党系统的一家报纸，1937 年因抗战而停刊。社址最初在芝罘路 40 号，后迁至福建路 38 号。《青岛民报》初创时社长为杨兴勤，是当时国民党青岛市党部宣传部部长，后来转由王景西担任社长，王景西则是国民党改组派的成员。《青岛民报》是一份受国民党青岛市政府资助的报纸，是蒋介石、汪精卫合作时期的国民党青岛市党部机关报。《青岛民报》的办报宗旨为“发扬文化，启迪民智”，这条宗旨可以看作对五四以来推动现代文明、传播办报风气的继承。在出版的近 8 年时间里，《青岛民报》不断做大做强，业务覆盖范围一直在扩大，不仅仅影响到了当时青岛从西到东的区域，甚至还把业务扩展到了外省市，比如济南和上海。

《青岛民报》在整个 8 年的出版过程中一共经历过 3 次扩版。最初发行时，《青岛民报》日发行 2 大张，共 4 个版面。其中一版为广告版面，二版为国内要闻版，三版为国际要闻，四、五版为广告版，六版为新闻版，七版为通讯版面，主要刊载各种奇闻轶事，八版为副刊。1933 年 5 月3 日，《青岛民报》扩版至两大张半，增加了 2 个版面。增加的版面中，添加九版为副刊，从这时开始，《青岛民报》固定每天出版两份副刊。第十版则为封底广告版面。1933 年 7 月 10 日，再次增加两个版面扩大至三大张。扩版后原先的一至七版的内容维持不变，第八版和第九版为广告版面，第十版和第十一版为副刊版面，第十二版仍为广告版面。1933 年 12 月 1 日，《青岛民报》最终扩大至三大张半。但在此之后，《青岛民报》的版面数量并没有完全固定下来，时常因为时局的动荡和经济情况的不稳定而出现减少版面的情况，但是总的来说，《青岛民报》的总版面数维持在 12～14 个版面之间。抗战全面爆发之前，《青岛民报》在国民党放弃山东之时停刊。作为一份半官方报纸，《青岛民报》各个时期的新闻报道都在紧密配合国民政府宣传，对新生活运动、提倡国货、禁绝烟毒等各项运动都大力进行宣传推广。作为一份实质上的私人报纸，《青岛民报》同时注重吸引读者，情感伦理、官司纠纷、凶杀和灾难等内容因此常常见诸报端。《青岛民报》最大的特点还是体现在副刊上，丰富的副刊从多个方面对报纸的内容进行了补充。大量左翼作家和共产党员暗中加入报社，为报纸带了新鲜血液和昂扬的激情。《青岛民报》副刊《新地》后来渐由进步作家主编，于黑丁、蔡天心、孟超等先后担任主编。1935 年 7 月辟《避暑录话》周刊，发表过老舍、洪深、王统照、吴伯箫、臧克家等著名作家的诗文。该周刊共出刊 10 期，由老舍发表《完了》一文后，宣布停刊。另外，1935 年，诗人蒲克由日本回到青岛，也曾与王亚平合办过《诗歌周刊》，附于《青岛民报》。另外，《青岛民报》也出版过许多的特刊，专注刊登一些突发事件或者是有重要纪念意义的日期，如《鲁迅先生追悼会特刊》等。大量文人作品的涌现也促进了青岛地区文学的传播，对于年轻作家起到了积极的影响。这也使得《青岛民报》的副刊在文学史上具有一定的影响力和研究价值。

《大中日报》

1930 年 12 月创刊于青岛。社长胡博泉，总编辑王效古。胡系亲日分子，故该报的政治倾向也是亲日。抗战开始后，青岛市市长沈鸿烈下令枪决了胡博泉，报纸随之停刊。

《青岛晨报》

1932 年 6 月创刊，社长王景西，副社长杨恩厚，主编陈迈迁，其中陈迈迁的真实身份是中共地下党员。社址在青岛芝罘路 75 号，对开 8 版，其性质是国民党改组派机关报，初名为《青风报》，不久即改名为《青岛晨报》。一版主要刊登重要的启事通告，二版、六版刊登国内外新闻，辟有“社论”

专栏，四版、五版是文艺版，七版、八版是综合版，辟有“社会风光”专栏，九版是教育与体育版，十版是经济新闻版。设有《公园》和《文艺周刊》两种副刊，肖军、黄宗江、李普等人都曾在文艺副刊上发表文章。1936年出至第1136期停刊，原因已经不可考。

《公言报》

1936年创刊于青岛，对开4版，抗日战争期间休刊。社长王子美，抗战期间当了汉奸；1945年10月10日复刊，王子美再任社长，占用了在平路13号一处日本房产。《公言报》副刊为《黎明》，寓意抗战胜利迎来黎明，以发表文学作品为主，编辑石玺。1947年王子美当选为国民党青岛市参议员后，报纸于1947年3月2日停刊。

二、期刊

这一时期，青岛除了报纸的繁荣发展外，创办的期刊也很多，下面按创办的时间顺序予以介绍。

1929年9月1日，文学期刊《青潮》在青岛创刊，社址在青岛市博山路。王统照主编，该刊为青岛历史上的第一个文学期刊，以翻译作品、平民文学和儿童文学为侧重点。在创刊词《我们的意思》中说：“我们想借助文艺的力量来表达思想，在天风海水的洗荡中迸跃出这无力的一线青潮，亦或是颇有兴致的事吧……在这大时代中奋跃着、挣扎着，呻吟着他们未来的命运。”①共出版2期，第2期于1930年1月出版。《青潮》表现出强烈的革命思想，刊登的文学作品反映社会基层的农民和小知识分子生活与状态。刊载了王统照的短篇小说《刀柄》《火城》，杜宇的诗歌《约会》，李同愈的短篇小说《父子》，姜宏翻译的长篇童话《小彼得》等。

1930年9月，《青岛市政府市政公报》创刊，主要刊登青岛市政府的各项命令、法规、文电、训令、指令、布告、要录、统计、附录等内容。栏目有“法规”“公牍”“训令”“专载”等。

1930年10月，《青岛市港务月报》创刊，主要刊登青岛各码头进出港轮船及货物吨数、铁路运输吨位、旅客进出统计以及各路航标识别介绍等港口的业务活动。分为“码头之部”“港务之部”“行政纪要”三个部分。1936年8月出至第7卷停刊。

---

① 鲁海：《青岛老报故事》，青岛出版社2016年版，第213页。

1930 年 12 月 25 日,《前导月刊》创刊于青岛,社址在青岛太平路8 号。内容有文、史、哲、经、党义等各方面的理论研究文章;文学作品形式有小说、译文、诗歌、歌剧、童话、散文等。共出 6 期。

1931 年,《港政纪要》创刊于青岛,年刊,该刊主要刊登港务局各类(总务、海务、业务、工务、运输)档案文牍材料、当年工作计划、事迹报告等。栏目有"插图""公牍""计划""报告"。该刊共出 4 期。

1931 年 1 月,《胶济铁路月刊》创刊于青岛,主要刊登胶济铁路的各种规章制度。1937 年 4 月出至第 7 卷第 4 期停刊。

1931 年 1 月,《警务周刊》创刊于青岛。该刊是民国警察行业的研究专刊,面向全国公安系统发行,主要刊登与警务工作有关的政令、法规等。栏目有"论著""法规""特件""训令""榜示""公告"等。1933 年 6 月出至第 130 期停刊。

1931 年 1 月 6 日,《胶济日刊》创刊于青岛。该刊除星期日例假日外按日发行。主要刊登铁道部下发的局令。1937 年 7 月 12 日出至第 1991 期停刊。

1933 年 3 月,《平民月报》创刊于青岛。该刊社长张乐古,总编辑王子美,编辑韩致远等。主要刊登时事新闻、内政外交政策、中外时局发展综述、学术笔记等内容。对经济问题尤为关注,曾设有"华社经济研讨"专栏,并发表马寅初《怎样利用外资问题》一文。1935 年 4 月出至第 3 卷第 3 期停刊。

1933 年 5 月,《青岛教育》创刊,该刊是教育刊物,旨在宣传推行政府教育法令,研究教育理论,介绍教育方法,报告教育实况,以促进教育的发展。栏目有"专载""论著""文艺""杂俎""介绍"等。1937 年 3 月出至第 4 卷第 9 期停刊。1947 年复刊,期数另起。

1933 年 12 月,综合性杂志《励学》创刊于青岛,是山东大学主办的。励学社最初是一个由 4 个学生组成的学术团体,刊载本校师生的文章,而以学生论著为主,鼓励不同思想的争鸣。社会科学方面的研究成果主要以古典文学与训诂学等研究为主;自然科学方面包括植物水产等文章。每期二三百页,铅印横排 16 开。《励学》出版周期为半年,其内容以文史为主,以自然科学为辅,在国内各大书局均代售。现在来看,第一代《励学》的影响力是完全可以与同期在山大出版的科学丛刊《文史丛刊》《刁斗》《二五年刊》等刊物相比肩的。栏目有"文史"和"科学"。共出版 7 期。

1933 年 12 月，《青岛工商季刊》创刊。该刊是工商业行业专刊，主要内容为报道青岛市及国内的工商业状况，兼有介绍工商业法规、调查统计资料以及该会会务报告等内容。栏目有“撰述”“调查”“工商法规”“青岛市工商状况”“国内工商状况”“国际工商状况”“工商业统计”“工商专件”“本会会务”“附录”等。1936 年 12 月出至第 4 卷第 4 期停刊。

1934 年 1 月，《检验季刊》创刊于青岛。该刊原名为《工商部青岛商品检验局检验月刊》，自第 6 卷起改为本名。原以期计算，至 1934 年第 30 期后改为6 卷1 期计算。曾停刊，1936 年复刊，期数另起；又停刊，1938 年复刊，1943 年 4 月停刊。栏目有“论著”“检验成绩”“调查”“统计”“附表”“附录”等。

1934 年 1 月，文学季刊《刁斗》在青岛创办，系山东大学学生在进步作家的影响下，自发创办的文学刊物。1934～1935 年刊行，主要刊登抒发青年学生爱国情怀的诗歌、散文、小说等文学作品。因受经费限制，出刊第 2 卷第 6 期后即宣告停刊。

1935 年，山东大学学生在作家老舍、王统照、洪深等人的鼓励下，自发创办油印文艺刊物《励志》，主要发表爱国青年反对国民党黑暗统治，要求自由、民主的诗歌、散文等，因经费匮乏，出版几期后即停刊。

1935 年，青岛《时报》创办文学副刊《诗歌周刊》，沈旭、袁勃等人主编，共出刊 10 期。所刊作品多为劳动人民呼号，宣传争民主、要自由的主张，深受各界欢迎。

1935 年 4 月 21 日，《都市与农村》创刊于青岛，主编金慕陶。该刊主要研究中国经济问题，探讨城市发展与农村发展的相互关系。《发刊词》中说：“复兴农村运动是挽救国民经济的治本办法。”①创刊号载有唐渭滨的文章《中国农村问题之分析》，第 11 期是《胶济专号》。1937 年 4 月 5 日出至第 23 期停刊。

1935 年 7 月 14 号，《避暑录话》在青岛《民报》上开辟周刊，周刊定名《避暑录话》，系借自前人笔记的称谓。同年 9 月 15 日停刊。由王余杞、王统照、王亚平、老舍、杜宇、李同愈、吴伯箫、孟超、洪深、赵少候、臧克家、刘西蒙 12 人编辑。共出刊 10 期，发表了诗歌、散文、故事、杂文等 67 篇，深受读者欢迎，四川、香港等地皆有读者函购。

---

① 金慕陶：《都市与农村》创刊号（1935 年第 1 期）。

1935年10月,《礼贤周刊》创刊于青岛,该刊由礼贤中学学生自治会出版发行,是中学生会刊,注重提高学生的知识水平尤其是外语水平。栏目有"读书指导""文艺""书评""外国语""校闻"等。

1936年元旦,《综合》文艺副刊在青岛《民报》上创刊。孟超当时在青岛《民报》任副刊编辑,将3个副刊合编成一个每天出版的副刊《综合》。创刊号上孟超写了《时序的交替——1936年的开幕词》,发表了王亚平的诗《元旦献词》及洪深的文章《伟大的希腊戏剧》等。孟超从此用"小糊涂"笔名开辟了"小糊涂胡扯"杂文专栏,连续发表了《博士胡适》《拥护旧历年》《贞观之治》《武言与乐器》等,一年多时间共发表《小糊涂胡扯》杂文70余篇。

1937年4月30日,《警察月刊》创刊于青岛,青岛市警察局编辑室主编,社址设在湖北路16号。该刊主要刊登该局发布的各种法令和法规、本年度各时期的业务统计与年度报告以及有关警务工作等方面的文章。栏目有"法规""训令""论著""特载""榜示""公告""统计"等。

第三节　国民政府时期威海地区创办的报刊

1930年10月1日,中国收回威海卫,结束英租殖民历史。国民政府将英国租占区域连同威海卫城划为威海卫行政区,设威海卫管理公署,隶于国民政府行政院。英国殖民统治32年之久的威海卫收回,开始国民政府直辖历史。当时的威海地区作为国民政府直辖地,拥有较高的行政地位。威海卫自回归国民政府,成为13个直辖市之一,文化事业百废待兴,国民政府相继创办《黄海潮报》(1931)、《党务周刊》(1932)、《醒华日报》(1933)、《新生日报》(1935)、《新日报》,加之原本的《威海日报》,形成威海报业史上的一个办报高潮,其中影响力最大的是《威海日报》《黄海潮报》和《新生日报》,其他几种报刊因各种原因,很短时间便停办,影响不大。国民政府时期威海地区创办的报纸主要有:

《威海日报》

1930年1月,《威海日报》创刊,距离威海结束英租历史还有近9个月,当时的威海地区仍为英国租借地。因此,《威海日报》报社的创办必须经过英国当局允许。根据《威海市志》记载,1930年1月,许振江(广东人)

创办《威海日报》，1935 年停刊，具体日期不详。日本外务省外交史料馆一份资料中显示了《威海日报》的一些基本情况。“威海日报社组织简章”第一条提及《威海日报》的办报宗旨，即“以灌输欧亚文明开通平民知识为宗旨”，办报宗旨与《威海日报》创办背景有着直接关系。威海卫收复后，宣传三民主义，启迪民智逐渐成为《威海日报》的办报宗旨，《威海日报》在栏目设置、新闻内容和评论内容方面都进行了转变。

《威海日报》由私人创办，在国民党收复威海卫之后，《威海日报》鲜明地摆明了自己的政治立场，支持国民政府当局，宣传三民主义成为其办报宗旨。《威海日报》表明立场的方式除了新闻报道内容的选择和评论类文章之外，还在每版报纸的边空处印刷上宣传三民主义和正确人生观等的文字，字号比报纸中的正文大出两倍左右，并且都为加黑字体。内容有“三民主义是救国救民的主义”“纪念总理逝世，不要忘了努力训政工作”①等。

《威海日报》共改版了 3 次。栏目设置大体可分为 4 类，分别为：①新闻报道，包括本埠新闻和外埠新闻，其中还包括外媒转载新闻和从各地获得的通讯。1933 年之后资料显示“本埠新闻”已经改为“本市新闻”主要报道威海卫本地区的新闻，内容多为时政新闻、社会新闻、经济新闻和体育娱乐新闻等。外埠新闻多是通过电报获得的国内其他地区的重大新闻。②评论，包括社论、短评和副刊中的评论性文章等。③副刊，包括主笔的评论性文章、戏曲、小说连载等。④广告，其在《威海日报》上占了很大的版面，初期甚至占到了一半，后期也几乎留出两个整版来刊登广告。

《黄海潮报》

1931 年 8 月 1 日创办于威海，是英国政府交还威海卫后，国民党当局主办的报纸。该报历经近 7 年，详细记载了此间的国事民情，形式包括消息、通讯、评论等，兼有文艺副刊。《黄海潮报》对国民政府收复威海后在本地的建设、宣传和知识普及等工作起了重要作用。主编为赵少全(笔名冷闲)，米义山任社长。从 1931 年 8 月 1 日创刊到 1938 年 3 月，存办近 7 年，是威海发行时间最久的一份本地官方报纸。

《黄海潮报》的新闻版块包括要闻、本市新闻和各地通讯三个部分。

---

① 殷洪英：《国民政府直辖期间威海地区报业研究(1930～1938)》，2014 年山东大学硕士学位论文。

同其他政党报刊一样，《黄海潮报》是政党的斗争工具，其要闻版的所有新闻体现的是国民党的意志，维护的是国民党的利益，该版显示出的政治性也是最强的。它一方面承担着向威海民众公布本市各项政治决策、文件通知以及城乡规划与建设进展的任务；另一方面，也成为威海城市发展历史的观察者和记录者。本市新闻版的新闻集中突出地体现了这两项功能。《黄海潮声》是《黄海潮报》唯一的固定副刊，主要刊登文艺作品、评论及小故事、趣味知识等。作品来源大多是投稿。

《黄海潮报》各个时期的办报思想和报道内容是紧密配合国民政府宣传的，无论是对新生活运动、提倡国货、禁绝烟毒等各项全民运动，还是对于普及教育和童子军建设，都作出大量报道，并占据重要版面位置。《黄海潮报》既作为当地国民党官方报纸来贯彻党内各项方针政策，刊载严肃新闻，又不能把报纸格调定位过高，脱离读者层次，于是即使在要闻版报道过大小战事之后，本市新闻版和《黄海潮声》里仍可以读到本地趣闻和一些休闲娱乐性质的散文随笔，这种矛盾也是《黄海潮报》对内容的调和，求得政治性和社会性的统一，毕竟其需要遵从国民党的管控，又由于营业性质，必须迎合大众口味，扩大销路。

1938年日军入侵威海，并于当年3月中旬利用《黄海潮报》的人员和设备出版《威海卫新民报》，日本人板桥重雄为社长，社址在潍县街50号(后迁15号)，主要宣传日本军国主义的侵略政策。《黄海潮报》因而被迫停刊。

《新生日报》

1935年8月1日，《新生日报》创刊于威海，对开4版，社址在新大路53号(后迁至福州街4号)。前身系《威海日报》，1935年7月5日，国民党威海卫区党部胡建民将《威海日报》改组为《新生日报》，并任经理兼社长，刘植敬为主笔。《新生日报》的创办受到了国民党政界人士的广泛关注。创刊后由孙科题字，后来报头改由陈立夫题签。

《新生日报》的政治立场为拥护国民党当局统治，宣传三民主义。《新生日报》的《发刊词》中，胡建民提出《新生日报》“不外是提倡新生活、发扬旧道德、启迪民众智识、代表民众喉舌、阐扬三民主义、襄助国家行政，这些都是本报先天的使命、唯一不变的宗旨”①。

---

① 1935年8月1日《新生日报》。

《新生日报》的新闻报道除本市新闻外，大都来自电报或转载，报纸上未见标有记者署名。国内新闻报道多为来自上海、南京、福州和青岛等地的电报，国际新闻报道多为来自伦敦、华盛顿和日内瓦等地的电报。由于威海相对闭塞，加上《新生日报》记者较少，本市新闻所占比重一直相对较小。新闻报道水平方面，《新生日报》的新闻报道面较为广泛，能够关注国内国际重大新闻，同时能够进行及时的连续全面报道。《新生日报》中对于社会弊端和市民不良行为的报道显示了其社会责任感，发挥了大众媒体的舆论监督作用，有利于启迪民智，促进社会发展。1938 年 3 月 7 日，威海被日本军队占领，《新生日报》于同年停刊，具体日期不详。

第四节　国民政府时期山东其他地区创办的报刊

一、报纸

国民党山东省政府统治时期，山东除了济南、青岛、威海外，其他地区如烟台、临沂、泰安等地也相继创办了一些报刊，且在当地产生过很大影响。国民政府时期山东其他地区创办的主要报纸有：

《东海日报》

该报 1930 年 7 月创刊于烟台，对开两大张，发行 2000 余份。1937 年停刊。《东海日报》为驻烟军阀刘珍年所创。主持人为刘珍年部队的参议刘素如。《东海日报》的报头为于右任题写。蒋介石为笼络刘珍年，曾为《东海日报》周年纪念题写过《泰岱晨钟》的贺词。1932 年下半年刘珍年被蒋介石调往南方，《东海日报》由国民党福山县党部（当时烟台的国民党党务由福山县党部管辖）负责人林鸣九等 16 人接兑，总编辑为冀蔚怀（中华人民共和国成立后，在济南任中学教员，1987 年仍健在，78 岁）。冀是脱离组织的共产党员，山东益都人。他任总编辑兼副刊编辑，主编《小灯塔》副刊，发表过一些宣传抗日救国的杂文。1933 年夏，冀蔚怀离职他去。安祥亭任总编辑，安曾就读于山东省立第四师范。1934 年《东海日报》又由律师出身的曲声铮接手，接手后，由国民党山东省党部负责人张苇村任名誉社长，福山县党部负责人林鸣九任社长，曲声铮任副社长兼总编辑。1935 年，曲声铮病故，由牟又尼任社长，总编辑为许召南。牟曾在《胶东卍报》任编辑。《东海日报》"九一八"事变后宣传过抗日救国，但也刊载国民党地方党部为蒋介石不抵抗主义辩护的言论，既宣传"剿匪"，有污蔑共产党"杀人熬油"的报道，但副刊上又刊登过介绍《苏联红军之全貌》的文章。

《东海日报》辟有"各县新闻"专栏，报道福山、牟平、蓬莱、威海、龙口、潍县等地的消息。其发行范围大体相当于清末"登莱青道"辖区的范围。1933 年 1 月发表征求胶东各县分销处的启事，其征求范围包括平度、昌邑、昌乐、潍县、青州、高密、胶州、即墨、青岛等地。《东海日报》的副刊多为社外团体编辑。7 年间出刊过的副刊近 20 个，多数为文艺副刊，也有介绍文化科学知识的专刊，如介绍科学知识的《无线电》，发表和转载学术性文章的《东海学府》，介绍国际知识的《潮声》，报道教育工作的《现代教育》等。《东海日报》对文艺创作持进步的观点。1935 年 2 月 10 日发表的《论报纸副刊》一文，认为"报纸副刊必须排泄去毒的、足以伤害我们国家、民族、同胞的质素……成为一尊射向攫夺我们的国土、阴谋瓜分我们的山河的帝国主义和社会进化障碍物的炮弹"①。文艺副刊之一的《原草》，为山东省立八中（设于烟台）的进步学生温建平、吕其恩等所创。当时撰稿的学生，许多成为中国共产党党员。

《党声报》

该报 1931 年春创刊于临沂。它是一个周报，一星期出刊一张。由国民党临沂县党部主办。这个时期临沂县党部已经大加改组，以前的执行委员会取消，当时改称为"国民党临沂县党务整理委员会"。所换的这些整理委员，都是国民党的极右派，当时的措施是解散地方上的各民众团体，取消民众运动。《党声报》就是在临沂的这个黑暗时期出现的。该报负责人是整理委员兼宣传部部长张荩臣。报的内容贫乏不堪，不受欢迎，该报直至韩复榘下令取消县党部时才停刊。

《黄县周报》

该报 1931 年 2 月 18 日创刊，系国民党黄县县政府主办。停刊时间不详。主要刊载国际国内新闻、地方要闻、县政府训令等。

《胶县民报》

1931 年 9 月创刊于胶县，社址在胶县县党部，8 开 4 版。

---

① 刘少白：《烟台报业志》，科学普及出版社 1993 年版，第 9 页。

《芝罘日报》

《芝罘日报》创刊于1908年。20世纪30年代的《芝罘日报》为对开两大张，一、四、五、八版为广告，二、三版为要闻，六版为本埠新闻，七版为副刊。20世纪30年代的《芝罘日报》宣传抗日。如1933年日军侵占热河时，《芝罘日报》及时报道抗日军队的英勇抵抗；1934年以后频繁刊载国联成员国对日本的抨击文章。在日本侵略中国时，该报态度明朗，发表过一些抨击日本侵略者的文章，但因王宗儒等都是国民党员，所以该报又坚持反共立场。

《胶东卍报》

该报创刊于1932年，停刊于1937年。创办人曹承虔、褚宗周。烟台于1926年成立民间慈善团体"红卍字会"，律师出身的褚宗周任该会副会长。1932年9月《爱国报》由红卍字会接兑，更名为《胶东卍报》，为烟台红卍会机关报，曹承虔(红卍字会的责任副会长)、褚宗周任社长，仲绍文任总编辑。该报还曾于1935年附设晚报《铎报》，每天一小张，由曹承虔、褚宗周兼任社长，总编辑刘云楼。《胶东卍报》为日刊，对开两张，每期发行800～1200份，皆赠阅。一版和四、五版是广告，二版是"国事电讯"，三版是"本埠新闻"，六版有"慈务""教育""国际"等专栏，"慈务"记述各地红卍字会和慈善活动，"教育"刊登贫民教育方面的内容，七版是副刊，有"道化世界"和"星月乐园"专栏，"道化世界"内有"短评""格言"等栏目，用评论和记事等形式宣扬"善有善报，恶有恶报"和"为人当知足，为人当明道，为人当信命"的宿命论思想，宣扬妇女"从一而终"的封建伦理道德，"星月乐园"专栏多登载小品文章和剧谈影话。二版和六版的"国际"，既宣传抗日爱国，又刊登反共文章，反共文章比当时的其他报刊要少。该报较注重经济方面的报道。当时农村经济破产，社会购买力弱，再加捐税日重，洋货涌入，东北三省的市场又被日人封锁，对这种情况，《胶东卍报》多有披露。如署名精一的《烟埠商业调查》，连载了20多篇调查报告，对烟台的纸业、医药业、酱业等行业的产品滞销积压的原因作了分析，对出路作了探讨，要求减轻税捐负担，提高国货与外货的竞争能力，同时要求商业本身要努力，缩小组织，节制经费，物货诚实，薄利而销，反对不察社会需要而盲目生产，反对同行业相互挤压、争相折扣出售、造成内耗等。

《鲁南日报》

1933年8月，《鲁南日报》创刊发行，主办人为宋砾如(临沂城内人)、虞松如(临沂城内茶棚街人)、陶哉矫(临沂西南乡陶家屯现划归苍山县人)。不久宋、虞二人离开报社,由陶哉矫一人负责,任经理兼总编辑。报馆地址设于南大街财神巷口路西。《鲁南日报》为铅印,是临沂地方报纸铅印的首创。该报内容以地方新闻及广告启事为主。但其报的作风不正,失去办报的宗旨与意义。陶哉矫主持总编辑事宜,他的出身系北洋军阀部队的下级军官,本人笔下流利,才思敏捷,编写稿件,下笔成章,兼以处世经验丰富,交际方面,手眼灵活,因此,《鲁南日报》在他的主持下发行活跃一时。但是,陶本人,旧社会的恶习太深,以办报为名,利用报纸对地方上的军政长官,不分好坏,阿谀献媚,逢迎讨好。地方新闻栏内,因采访不慎,将有关住户的私事纠纷失误错登,同时在地方新闻栏内专设"小消息"一栏,专登男女色情关系以及当时临沂妓女的趣闻,因此,《鲁南日报》在地方上的声誉是"毁誉参半"。"七七事变"后,于临沂沦陷前停刊,该报发行时间长达 4 年,是临沂出版时间最长的一份报刊。

《前锋日报》

1935 年 12 月 31 日创刊,系国民党黄县县党部机关报。4 开 4 版,周四刊,版面竖排铅印。社长赵紫荆,国民党黄县县党部委员。总编辑葛剑璞(又名葛长安,黄县文基乡葛家村人,中华人民共和国成立后被镇压),复兴社黄县负责人。编辑杜明甫、张辑民。社址在县城大十字口南,东西街路北。《前锋日报》实行股份经营制。1935 年 7 月由丁岑浦、赵寅生、林君蓁、张梯青等 21 人充当发起人募集股金,成立《前锋日报》社股份有限公司,负责该报的经营。该报为综合性地方报纸,登载国际国内新闻,辟有地方消息专栏,同时发表知识小品、图画、照片等。该报附页多,有《空城》《戏剧》《风声》等专刊。《风声》创刊于 1936 年西安事变后,曾发表主张抗日的文学作品。约于 1937 年停办。

《渤海新报》

该报创刊于龙口,创刊、停刊时间不详。1935 年一度暂时停刊,同年 6 月 28 日复刊。每日出版一大张。

二、期刊

这一时期烟台、临沂、泰安等地创办的期刊也不少,按创办时间顺序介绍如下。

1931 年 2 月,马少波组织爱国学生成立社团"天外社",担任社长,创办文学周刊《天外》作为社刊进行爱国宣传，发表大量忧国忧民的爱国文章，如《莱州城的炮声》《海上风涛》《芙蓉岛》等。《天外》文学周刊最初石印出版，每周一期，4 开大张单面。1932 年 1 月，《天外》文学周刊改为《天外》文学半月刊，24 开本铅印公开发行。《天外》以文学艺术为主，以宣传反帝、民主、进步为宗旨，提倡多种文学形式，内容有抗日通讯、小说、散文、杂文、诗歌、对联、哑谜、谐语、格言、漫画等。刊物由于内容新颖，语言简洁，群众语汇丰富，生动活泼，受到校内外人士欢迎。但是，《天外》文学周刊矛头直指国民党军的不作为，并进行深刻揭露和批判，出版 22 期后即遭国民党查封而停刊，此后再未复刊。

1931 年 10 月，《乡村建设》创刊于邹平，该刊是以梁漱溟为代表的乡村建设派创办的刊物，是宣传乡村建设理论、介绍实践经验的主要阵地。主要报道邹平的实验情况，介绍邹平的乡村建设经验，如先后出版了“乡农学校专号”“邹平乡师专号”和两期“邹平合作事业专号”，详细介绍了梁漱溟在邹平的实验动态。该刊在扩大梁漱溟乡村建设影响、推广邹平乡村建设经验上起了极其重要的作用。曾先后发表梁漱溟的多篇关于乡村建设的重要论文，如《乡农学校的办法及其意义》《乡村建设理论提纲》《中国合作运动之路向》《政教合一》《中国民众的组织问题》《村学乡学之具体办法》等。该刊还分 9 次连载了梁漱溟《乡村建设理论》一书的重要章节。1937 年出至第 7 卷第 6 期停刊。

1932 年 1 月，《黄县教育行政月刊》创刊于黄县。该刊为教育专业月刊，每期主要内容须送呈省厅鉴核。刊登国民党各级政府关于教育方面的训令、指令、黄县教育问题讨论、教学指导等内容，介绍该县民众教育馆工作概况和有关部门视察学校的报告，该县小学教员考核的项目和试题。栏目有“教育厅令”“本府命令”“讨论”“法规”“公牍”“专载”“报告”等。

1932 年 3 月，文艺半月刊《蔷薇》在泰安创刊，由泰安师范讲习所学生会主办。它以中小学师生为读者对象，泰安大陆书社印，第 1 期印行 200 份。6 月出第 4 期后，被国民党泰安县党支部以“言辞过激，宣传赤化”为由查封。社员有燕遇明、鲁宝瑛、武冠英、庞盛文等。

1932 年 12 月 10 日，《黄县民友》创刊于黄县，该刊由黄县教育局所属教育馆主办，铅印竖排版面，全年 50 期，徐桐华任主编，王适溪（王修）任出版部主任兼编辑。该刊以普及科学文化教育为宗旨，刊登科普常识、教育动态、地方民俗、文史知识、人物传记等。后来国民党黄县政府指令开辟专栏，刊登国民党中央社电讯。经常转载国内其他报刊上宣传抗日的评论和消息。1937 年 8 月 9 日出至第 5 卷第 31 期停刊。

1933 年 5 月，《山东九中月刊》创刊于掖县（莱州），该刊为中学校刊。主要载有文学、政治、经济、科学常识等方面的文章，此外还辟有“学校校务”“学生园地”等栏目。1934 年 10 月改为《山东（省立）掖中月刊》，刊期延续。

1934 年 3 月 26 日，《惠中校刊》创刊于惠民。该刊最早为创刊于 1931 年9 月 26 日的《山东省立第四中学校刊》，1934 年随该校更名，改刊名为《山东省立惠民中学校刊》，后又改为《惠中校刊》，该刊发表中国古代学术研究论文，评论国际国内政局，并报道该校校闻。共出 37 期。

1934 年 11 月，《进德会月刊》创刊于临沂，由临沂县进德会创办，主编郭郁林。该刊的宗旨是结合当时的“新生活运动”宣传四维、八德（四维是礼、义、廉、耻，八德是忠、孝、节、义、智、仁、勇、信）为主要目的。执笔撰稿者有李静斋、庞子栋等人，这些人的文章大都是文言文，一般读者理解起来有难度，加以内容是宣传封建旧道德的，也不合社会发展的潮流，所以出刊以后，在社会上很不受欢迎，销路不畅，于 1935 年 3 月停刊。

1935 年 10 月 10 日，《凌汉峯》创刊于泰安。该刊是山东泰安萃英中学校刊，内容有散文、游记、回忆文章、暑期杂感、诗歌等。共出 2 期。

1936 年春，《民众周刊》发行。该刊由当时的临沂县民众教育馆主办，每星期一张。主持编撰人为范持久（临沂城喇叭巷人，当时是馆员）、刘少千（临沂西乡塘林人，当时任馆员）。内容主要偏重于“民众教育”及“民众文化娱乐活动”，在放足、剪发、禁赌、禁烟，提倡高尚文化娱乐方面大力宣传，对地方影响颇为良好。半年后停刊。

1936 年 5 月，《民力月刊》创刊于益都（今青州市），山东省立第二民众辅导区编辑委员会主编。该刊以“培养民力，再造民族”为宗旨。刊登内容主要为专论民众教育理论及实施方法，报道各地民众教育实际活动，介绍各地民众教育实施经验，讨论民众教育现状，调查统计民众教育情况及介绍民众教育书报、其他民教理论和实施方法等。栏目有“小言”“专论”“介绍与批评”“民教谈薮”“民教讯”“编辑园地”等。

1936 年 8 月，《莱阳中学月刊》创刊于莱阳，莱阳县立中学学生自治会主编，该刊为中学校刊。主要刊登文艺小品、诗歌、校园动态及师生撰写的论文。该刊有脱期现象，在第 3 期编辑对脱期原因有所说明：“既不是因为稿子的缺乏，也不是为了经济的困难，而是因为莱阳县仅有的昌阳印局的工作繁忙，无暇来印我们这不关紧要的月刊……”①共出4期。

第五节　中国共产党创办的报刊

中国共产党自成立之日起就极为重视报刊在发动、组织群众，壮大自己力量，开展政治和武装斗争中的作用。党创立初期、北洋政府统治时期和国民政府统治时期都曾办过大型的报纸刊物。1922年7月，山东共产党人创办《山东劳动周刊》，1923年8月又出版《晨钟报》，1925年创办《山东工人》。共产党早期报纸的报道内容主要以传播马克思主义与共产党的思想为主，创办者都是共产党的早期领导人，他们既借鉴了列宁办报思想与苏联的办报经验，也有其鲜明的自身特点和优良作风，为日后中国共产党报刊的发展奠定了坚实基础。这些报刊扩大了党在群众中的影响，促进了党领导下的山东工农运动的发展，沉重打击了反动军阀势力。据不完全统计，从1920～1937年抗日战争全面爆发，由山东共产党员先后创办的报刊共有40多种。

1927年，中共中央为进一步加强宣传工作专门指出：“政治宣传和鼓动，乃是党调动群众、领导群众兼以训练党员之必需条件。”②随着革命事业的逐步壮大及领导经验的不断丰富，党对党报的重要作用有了更加深刻的认识。1930年，《红旗》刊发《提高我们党报的作用》一文，指出：“扩大党报不仅是我们党的经常工作之一，而且还是我们党在目前革命形势中一个重要的革命斗争。这个斗争不仅要反抗帝国主义及一切统治阶级对于我们党报的压迫，而且还要反对我们党内之一般忽视党报作用的倾向。”③

1927年之后，以蒋介石为首的国民党统治阶级在全国确立新闻检查制度，对社会舆论的钳制更加严厉。但是，山东共产党报人在艰苦的环境

---

① 《莱阳中学月刊》1936年第3期。

② 梁家贵：《抗日战争时期山东党报的发展与历史作用》，载《中共党史研究》2006年第2期。

③ 阳振乐：《中央苏区时期的党报党刊与党的建设——以〈红色中华〉〈斗争〉为例》，载《苏区研究》2016年第1期。

下创立了各种报刊，党的报业仍然蓬勃发展。1930 年，创办党刊《我们的教训》《山东红旗报》（省委机关报，发行 200 份，三日刊，出至 26 期）和《火车头》（铁委出版，发行 300 份，周刊，出至 3 期）。1931 年，创办党刊《布尔什维克》（省委出版，发行 50 份，半月刊，只出一期）、《党的生活》（省委出版，发行 50 份，半月刊，只出一期）、《山东群众报》《士兵出路》（军委出版，发行 100 份，半月刊，只出一期），另有烟台市委出版的对外刊物《烟台红旗》（发行 80 份，周刊，出至 12 期）。1932 年，创办《斗争》小报，经过党团领导的学生的公开对外刊物有济南的《柔锋》，1933 年创办《工农》。1936 年7 月，创办党刊《齐鲁文化》（即《团结》刊物）。其他报纸还有《青岛工报》《群众报》《淄川工人》《青岛日报》（青岛市执委主办）《民声报》《青年报》《真理报》等。

1931 年 7 月，中共山东省委在青岛秘密发行《山东群众报》。山东地方党组织也先后创办发行《济南工人》《青岛工人》以及《胶东农民》等刊物。地方比较有影响力的还有中共烟台支部于 1929 年秋创刊的《胶东日报》（又称《胶东新闻》）、济南乡师党支部于 1931 年秋创刊的《前冲》（后改为《柔锋》）等，这些报刊向各界群众广泛宣传革命文化思想和党的抗日救亡主张。但是，在山东国民政府对新闻界的严格控制下，许多宣传进步思想的报纸都被迫停刊，如济南的《红旗》《五三日报》《民权导报》《济南妇女日报》等在出版当年即停刊。虽然存在的时间都不长，但都以大力宣传共产党的主张，坚决抵抗日本帝国主义的侵略，支持学生抗日救亡运动，宣传抗日爱国思想为宗旨，在提高广大党员和人民群众的理论政治水平和思想觉悟方面起了极大作用。

抗战前夕，山东报界也发生了一些变化，团结抗日、共同御辱的呼声日益高涨，出现了国共两党党员联合创办宣传抗日救国的报刊这一现象。如 1935 年 1 月，共产党员李竹如联合国民党党员杨沛如等人在济南创办了《新亚日报》，报纸直接揭露和抨击国民党的反动统治，宣传团结抗日及中共抗日救国纲领；12 月 9 日，省立第四乡师的广大师生在中共党组织的指导下，编写《抗敌快报》《冲锋号》《农民的话》等刊物进行抗日宣传；1936 年年底，以张学良的“抗日同志会”为背景的《衡报》也在济南创刊；1937 年“七七事变”后，在山东省政训处主持政训班的共产党员黄松龄、齐燕铭等，在济南创办了《救国导报》等。

几种比较有影响力的报纸有：

《青岛工报》

该报由青岛共产党组织于 1927 年下半年创办，8 开单面油印小报。主要内容是宣传劳动者在整个社会中的重要地位及其受苦遭难的情况，以启发工人阶级的政治觉悟，揭露蒋介石叛变革命、屠杀工农的罪恶行径，并号召工人阶级树立必胜信心，团结一致，与之进行坚持不懈的斗争。

《胶东日报》(《胶东新闻》)

该报创刊于 1929 年，是当时中共烟台市特支出版的报纸，是烟台市第一份由中共地方组织公开出版的地方报纸。1929 年，烟台已有徐明礼(约之)、许端云(祥五)、陈恒荣等人参加的中共地下组织，负责人是许端云。当时正当大革命失败不久，蒋介石大肆屠杀共产党人；军阀刘珍年盘踞烟台，其胞弟刘锡九为共产党员。一部分从宁、汉等地脱险的共产党员，辗转来烟，到刘珍年处栖身，从事党的地下工作。中共中央派胡克波来烟台指导工作，建立了军队、地方、公安三个支部。地方支部创办了一张 4 开 4 版的日报，定名为《胶东日报》。社址在现虹口路北端的一所楼房(现为国家海洋研究所烟台站的驻地)里。当时烟台的公安局局长王静涵是共产党员，《胶东日报》的发行登记得到他的认可，经费靠募集和广告收入。报纸印刷和新闻电讯稿的来源依靠仁德洋行。当时的英商仁德洋行，除搞进出口贸易外，还设有印刷部，承印英文《芝罘每日新闻》(*CHEFOO DAILY NEWS*)。该部负责人栾礼亭原与许端云的父亲是老同事，经洽商肯予协助印报。所印刷的《胶东日报》，全部用五号字，这在烟台当时报界属首创(其他各报都用四号字)。又经同仁德洋行协商使用《芝罘每日新闻》的英文电讯稿，译为中文发表。当时英"路透社烟台分社"就驻在仁德洋行内，收发报设备完备，消息来源丰富、快速，因之《胶东日报》的时事消息也较快速。

这份中共地下组织的报纸，编辑上避免色彩过分鲜明，但也不含糊其词。一般报纸称共产党的军队为"赤匪"，《胶东日报》则称"红军"；对孙中山先生的三大政策，国民党的御用报纸用"容共"字样来篡改"联共"，《胶东日报》则称"联共"。《胶东日报》每星期六第四版为"野火社"编辑的《野火》文艺专刊。"野火社"是烟台地方党组织领导下的以在校进步青年学生为主的一个文艺团体，它是以白居易"野火烧不尽，春风吹又生"的诗意命名的。该团体定期发表青年学生所写的进步文艺作品，还登载一些进步青年关于讨论怎样"救国""拯民"的政论文章。《野火》的主编是陈恒荣。经常撰稿人有徐约之、杨荫樵、柳永宏、蔡树辉、王绍杰、许端云等。当时益文商专、省立八中等校的青年学生在新文艺思潮影响下,阅读各种进步书籍的风气很盛。许多青年学生在学校组织起读书会,并定期或不定期地将自己的写作发表于校园墙壁之上,称"墙报"或"壁报"。《野火》专刊有时还从各校园墙报上选登一些好的文稿,对青年的阅读和写作起了促进作用。

《胶东日报》发行问世后,由于电讯消息敏捷,各版内容丰富,并创用五号字,版面新颖,发行数额逐日增加。《胶东日报》办了几个月,因地方当局施加压力,暂时停刊。不久,改称《胶东新闻》,出版了几十期,又宣告停刊。前后共出刊3个多月。

《血花报》

1929年春,《血花报》创刊于费县,是土地革命初期党在费县开展农民运动办的一份报纸。张希舟、袁时若主办,8开,红字印刷,每期200份,同年8月因张希舟被通缉而停刊,共出刊6期。

《山东红旗》

油印的中共山东省委机关报《山东红旗》原为中共青岛市委机关报《青岛红旗》,1930年12月中共山东省委员会决定改为省委机关报,后迁至济南,1931年4月因被敌人破坏而停刊。版面16开、32开、8开不定,共出32期。主要宣传国内革命斗争形势及国际形势,报道红军作战胜利的消息,揭露国民党反动派反共反人民的罪恶阴谋,号召人民群众组织起来"反对国民党进攻红军""反对国民党军阀屠杀民众的白色恐怖""拥护红军""拥护全国第一次苏维埃代表大会"。出版时间虽短,却起到了宣传群众、组织群众的作用。

《山东群众报》

该报1931年7月7日在青岛创刊,中共山东省委创办的秘密报纸,不定期,8开,油印,仅出2期,每期发行250份。一、二期主要内容是:连续报道济南铁路工人的斗争情况;揭露国民党反动派的黑暗统治和反革命行径;向广大群众宣传苏区红军胜利的消息;反对国民党的围剿。1931年7月31日停刊。

《斗争》

该报1932年创刊于日照,同年停刊,中共地下党组织创办,不定期,32开小报,油印党内刊物。

《前哨》

该报1932年创刊于费县,后改为《燎原》报,由费县师范讲习所进步学生王宗一、崔晓东主编(后都是共产党员),当时以校刊名义出版。

《红色鲁南报》

该报1932年创刊于临沂,临郯县委办,地点在今临沂市茶山,党内刊物。

《济南妇女日报》

该报1932年6月创刊于济南,刘又贞主编,社址在普利门内凤凰街中段路西,日发行量300份。社长李淑梅(女)、刘又贞(男,抗战期间曾任汉奸县长)。一版刊登反映妇女特点的启事广告,例如儿童教育、照相、百货等。二版辟有"国事新闻"专栏,三版辟有"本省新闻"专栏,四版为副刊,刊登反映妇女生活特点的作品。该报出版不久,因内部纠纷而停刊。

《新亚日报》

1935年元旦在济南创刊,社长杨沛如(国民党员)、李竹如(字世华,抗战前,曾在平原乡师教书,抗日战争时期曾任山东《大众日报》社长,在鲁西牺牲)。系日刊,对开4版,发行500～1000份。该报宣传抗日,1936年西安事变后,发表社论,主张政治解决,呼吁团结抗日。"七七事变"后,曾刊登中国共产党的抗日救国十大纲领。1937年国民党撤出济南时停刊。

《救国导报》

1937年8月,在共产党人的推动下,韩复榘在第三集团军建立了政训处,并在济南举办了政治工作人员训练班。山东党组织为了掌握政训班的领导权,特派赵伊坪和共产党员张友渔、黄柏龄、许德瑗等到训练班工作。当时,日军逼近济南,形势十分危急,中共山东省委决定由赵伊坪以第三集团军政训处的名义接管《国民日报》,并会同齐燕铭等共同创办《救国导报》,宣传中国共产党的抗日主张,宣传抗日民族统一战线政策。

另外,由于国民党山东省政府对社会舆论的控制,很多共产党员在报纸的副刊上宣传革命思想,如《青岛民报》是属于国民党系统的一家报纸,1930年2月1日创刊于芝罘路,社长是王景西,报纸版面不大,对开3张,每天的发行量在3000份以内。曾经有中共党员姜天铎(化名姜宏)以及进步学生郭锡英、周浩然等在该报以主办《汽笛》副刊的名义,秘密组织汽笛文艺社,发表短文,抨击当局黑暗统治,宣传革命思想,支持工人、学生运动。抗日战争爆发后,青岛很快受到波及,报社已经没有正常发行报纸的条件,在国难当头、全民族抗战的情况下,报社职工大部分参加了抗日游击队，最终在山东解放区的《胶东大众》报继续发挥自己的专长，宣传抗日。另有1933年5月创刊的《鲁南日报》，该报副刊《笔端》于1936年发表多篇宣传抗日救国的文章，受到进步人士和师生的关注。1937年8月停刊。还有1935年创刊于济南的《衡报》，该报在政治上依靠张学良的抗日同志会，宣传抗日，反对妥协。进步学生翟向东（后参加中国共产党）曾在该报办过《火芽》副刊，刊登进步作品。

此时，中国共产党还创办了一些有影响力的期刊，按创办时间顺序介绍如下。

1932年1月《柔锋》创刊于济南，潘复生、张宏凡、张得放先后担任该刊社长。其前身是1931年以读书会名义编辑出版的《前冲》，1932年1月更名为《柔锋》，卷期另起。同年因被敌人破坏停刊。该刊宣传中国共产党的抗日主张，揭露国民党政府对日本侵略者的不抵抗政策，号召广大学生“转换方向”“到工农中去”，组织发动工农群众参加救亡活动。中共淄川县委第一任书记孟金山分别用“金山”“锦山”等笔名，在刊物上发表了多篇宣传抗日救国文章，此刊物在乡师及济南地区其他学校进步学生中颇有影响。

1937年10月1日，青岛大学党支部以反日救国会的名义，出版了《青大校刊》，宣传抗日救国的主张。

综上所述，共产党自诞生之日起，对于党报党刊的舆论宣传作用异常重视，这些报刊的诞生离不开中国共产党的扶持，它们记载了从马克思主义最初传入中国到中国共产党成立并领导全国人民取得新民主主义革命的胜利，共产党是如何从最开始只有几十人的小团体成长到如今拥有几千万党员的组织，这些珍贵的史料记录了中国共产党的成长历史。党报党刊的创办经验与理念，丰富了共产党的新闻思想，为以后党报党刊的发展奠定了基础。

第五章　抗日战争时期的山东报刊

抗战前夕，山东拥有15.3万多平方公里的土地，3800余万人口。山东人民勤劳勇敢，具有悠久的御外侮、抗强暴的光荣传统。抗日战争时期是“非常时期”，山东版图被划分为三部分：国统区、中共领导的抗日根据地和敌伪统治的沦陷区。在这三个区域中，除国统区外，都有数量较多的报刊出版。

抗战全面爆发后，由于国民党山东省政府主席兼第三集团军总司令韩复榘不战而溃，山东迅速沦陷，报业比较集中的济南、青岛、烟台等地相继为日军侵占，原国民党当局控制的报纸除少数内迁外，大部分停刊。抗战前山东原有报纸27家，通讯社31家，抗战后许多报刊被关闭，而通讯社几乎全部不复存在，新闻出版业遭受重创。

全面抗战期间，由于共产党、八路军创建的抗日民主根据地的不断发展和壮大，报业有了较大发展，一大批宣传抗日救亡的报纸应运而生。报纸的出版地也由中心城市向各县区转移，使报纸的创办遍布全省各地。中共山东地方组织积极响应中央北方局提出的“每个优秀的共产党员脱下长衫，到游击队去”①的号召，结合山东的实际情况，抓住日军入侵后立足未稳、国民党军政系统瘫痪的时机，发动了各地的抗日武装起义，建立了统一指挥的八路军山东纵队，创建了数个抗日根据地，组建了各级人民政权。在全省广大地区，形成多层次和多种类型的报纸宣传网络：既有全省综合性报纸《大众日报》，又有各地的区县一级的地方报纸以及军队和

---

① 陈荣勋、杨勤为、袁之舜：《略论山东抗日武装起义的特点》，载《理论学刊》1985年第4期。

人民团体办的专门报纸，还有画报和以农民群众为对象的通俗化报纸。1937 年 10 月，鲁西聊城的《抗战日报》率先创刊，成为在山东敌后出现的第一份由中国共产党创办的报纸。此后《大众报》《大众日报》《鲁南日报》《鲁西日报》《鲁中日报》《滨海时报》《渤海日报》等一大批报纸先后在全省各县区出版发行。山东抗日根据地还办有《民声》《战地文化》《海涛》《山东文化》《胶东大众》《文化防线》等综合性或文艺报刊。至 1940 年夏，党建立了以省区为主体的山东抗日根据地，山东党组织开始由过去秘密的地下活动转为公开的武装斗争，报纸在宣传政治主张、主导舆论导向、发动组织群众诸方面的作用更加凸显。

因面临着日伪和顽固派的军事进攻与经济封锁，这些党报党刊在共产党的领导下联系实际、发动群众，在指导各个抗日根据地的建设与宣传党的方针、政策方面起到了重要作用。

抗战时期的山东除了中国共产党的报纸外，还有国民党和日伪的报纸。然而，它们最终的命运以及所发挥的作用是有明显差别的。抗战时期山东的日伪势力将文化新闻业置于其法西斯军事管制之下，实行极为严厉的文化新闻统制政策，所发行的报纸为日本帝国主义侵华行为诋毁、攻击中国的抗战事业，宣扬腐朽没落的文化思想，成为日本帝国主义文化侵略的工具。日伪报纸因为其反动的民族立场和言论，必然遭到了人民群众的唾弃。到抗战后期，伴随着日军在战场上的节节失败，加上经费困难，日伪报纸陷入全面危机。1944 年 3 月，伪《新民报》被迫停刊，日本宣布投降后，山东日伪报纸也纷纷停闭。

第一节　国统区创办的报刊

抗日战争时期，在鲁西北及鲁南等地，有些国民党控制的游击区，由国民党的军队、政府或群众外围组织主办过一些报纸。比如临清的《力报》《建国日报》《抗战简报》，东阿的《山东公报》《战斗日报》《巡回日报》，恩县的《奋斗报》《战地周报》，冠县、馆陶一带的《冲锋日报》《抗战周报》，堂邑的《抗战先锋》，寿张的《抗战日报》，聊城的《战地新闻》，阳谷的《群众周报》，清平的《荡寇日报》，朝城的《群众周刊》，夏津的《动员日报》，以及鲁南的《正报》等。这些报纸绝大部分都是为国民党对日政策服务的，在宣传动员民众抗战中也起过一定作用。有的报纸是共产党员主办的，如共产党员邹鲁风、吴仟曾分别担任过《巡回日报》的社长和总编辑，共产党员杨沛曾担任过聊城《战地新闻》的社长。抗战胜利后，有的报纸随国民党接收要员进入城市，成为国民党的官方报纸。这一时期山东国民政府统治区的报刊出版情况变化较大，前后经历了几个不同的阶段，报刊的出版地也随着国民政府山东省政府驻地的变化而变化。

日军大举进攻山东后，山东大部分地区沦陷，部分地区国民政府的地方政权机构尚比较完整。在津浦路、陇海路被日军切断以后，聊城地区成为联系华北与华中的通道，以聊城为中心的鲁西北地区在抗战初期遂成为山东政治文化的中心。原来文化事业落后的聊城，一时间成为报纸比较集中的地区，出版有《抗战日报》《一周刊》《战地生活》(半月刊)，《山东公报》也曾在东阿县城继续出版。

聊城沦陷后，惠民又成为宣传抗战文化的中心。惠民是山东省五专区所在地，专署政治部出版《动员日报》，山东省党部政治部出版《抗战建国半月刊》，山东省政府在利津出版《巡回日报》。另外还出版有《鲁北日报》《每日新闻》和一些书报，但印数都比较少。

1939 年山东省政府移到鲁南，鲁南的环境比较平静，文化事业因此有所恢复和发展。在这里出版的铅印《山东公报》和石印的《山东民国日报》，是当时山东国民政府统治区最具代表性的两份报纸。以后成立的抗战文化社还出版了《抗战文艺》《战斗》，山东省党部政治部出版了《抗战旬刊》，三青团山东支团部出版铅印的《正报》《青年通讯》，以青年为对象，有独特作风。1941 年 3 月 15 日《山东省政府公报》在鲁南复刊，山东省党部宣传委员会出版《鲁声》(半月刊)，第四师政治部出版《荡寇》(半月刊)，同时还重印一些后方出版的书籍。另外，鲁苏战区总部奉中央命令，设置政治部及党政分会，分会下设党务处、宣传委员会及党政总队，均努力于宣传工作，在沂水出版《阵中日报》《鲁苏》(半月刊)、《政工通讯》等报刊。1941 年，日军侵占沂水，这些报刊也被迫停刊，而新出的《青年日报》则成为主要刊物；1943 年，《青年日报》也被迫停刊。至此，山东省政府统治区的报刊仅剩《山东公报》一家。后期以昌乐最有成绩，曾先后出刊《战地新闻》与《昌乐日报》，前者为油印，后者为石印，《昌乐日报》可能是抗战后期山东境内唯一一份宣传抗战国策的报纸。

山东省政府驻鲁南期间，还成立过鲁光通讯社，主要转发来自重庆中央社的消息，并向一些报刊提供新闻。当时山东省政府统治区出版的报刊，一方面宣传抗日言论，但另一方面又大肆攻讦中共及其领导的抗日武装。

国民党是非常重视报纸等新闻媒体的作用的，鼓吹"宣传重于作战"，并将之称为"纸弹""精神上制胜的堡垒"。这些刊物和书局执行的都是消极抗日、积极反共的政策，寿命短暂。随着1943年7月国民党山东军、政中心都被迫迁到安徽阜阳，依此为背景的国民党报纸也随之纷纷消失；除了继续出版《山东公报》外，又出版了《民声日报》等几种报纸，到国军反攻前夕，又重新出版《山东民国日报》。难怪国民党有关人士发出如此感慨："八年来，山东的文化事业是够可怜了！"①这种包括报纸在内的山东国民党文化事业的结局之所以最终形成，是国民党山东军政力量的衰弱所导致，根本原因却是国民党一贯推行消极抗日、积极反共的反动政策，和片面强调政府抗战、忽视民众力量，甚至对民众政治上压制、经济上盘剥、文化上封锁的政策使然。下面就国统区出版时间较长的几种报刊作一介绍。

《山东公报》

该报1938年6月创刊于国民党游击区东阿，何思源题写报头。其主要内容是登载山东省政府的通令、训令以及省级机关的公牍等。1945年日本投降后，何思源来济南接收了日伪报纸《山东新民报》，原《山东新民报》的地盘和部分人员归随何迁济的《山东公报》。这时的《山东公报》成为山东省政府机关报。日刊，铅印，4开4版。社址在济南经三路小纬六路西115号。社长由何思源的亲信李同伟担任，何的侄婿王砥如任经理。后来何思源调往北平，王耀武派秘书汪镇华接办《山东公报》，共出2958期，并于1947年1月1日改名为《山东新报》。

《山东青年》

1940年9月18日创刊于鲁南，创刊初期为周刊，1944年开始，改为不

① 梁家贵:《抗日战争时期山东党报的发展与历史作用》，载《中共党史研究》2006年第2期。

定期小册；1945 年秋，恢复《山东青年》原来版式，同时在鲁东、鲁南、鲁中、鲁西南四个地区出版；1945 年 12 月，鲁南版改为复员版，随着山东青年本部来到济南，转为在济南出版，社址在济南县前街路北。该刊为国民党三民主义青年团刊物，主要刊登时事政治及与青年问题有关的文章。抗战时期文章内容多为鼓舞青年从军，介绍世界反法西斯时局。战后出版的内容多带有较浓的反共色彩。辟有“专载”“论著”“转载”“青年问题”“青年生活”“青年动态”“文艺”“青年园地”等栏目。

《山东省政府公报》

该报 1941 年 3 月 15 日在鲁南复刊，1942 年 6 月 1 日停刊，共出版 8 期。在全民族抗战的紧要关头，国民党政府顺应历史潮流，调动全民族统一抗战，这一时期《山东省政府公报》刊载的内容就体现了这一特点，如刊载了《国家总动员法》(1942)、《战地公务员任用条例实施细则》《山东省省会各机关新生活劳动服务团组织通则》《山东省抗战人员家属保障与救济办法》《山东省战时禁烟实施办法》《新县制视察员服务通则》《国民兵教育纲要》《非常时期工矿业奖助暂行条例》《非常时期难民移垦条例》《山东省征收契税暂行章程》和《山东省预防饥荒办法》等。

该刊专载部分还刊有《鲁苏战区鲁东游击区总指挥部倡导扩大造林运动办法》《鲁南各县食粮运销合作社实施办法》《整顿临朐蚕业计划》《山东蚕业团体代办制造蚕种暂行办法》和《改正西南少数民族命名表》等内容。

第二节　抗日根据地创办的报刊

一、报纸

抗日战争爆发后，中共山东省委根据中共中央的指示，组织各种抗日救亡团体，开展了抗日救亡运动。日本侵入山东后，省委便发动了全省性的抗日武装起义，组成了若干支抗日武装，开辟了一些活动基地。八路军一一五师和一二九师一部相继入鲁后，与山东纵队一起，逐步创建了以一个省区为基础的山东抗日根据地。1941 年 7 月，冀鲁豫、鲁西两区合并，为冀鲁豫边区(原属鲁西区的湖西地委仍归山东分局领导,至1942年10月划归冀鲁豫边区)。到抗日战争胜利结束时,山东抗日根据地辖有鲁中、鲁南、滨海、渤海、胶东5个战略区,控制了12.5万平方公里的土地,拥有2400万人口。山东抗日根据地的成长和巩固经历了艰难、曲折的斗争。毛泽东在《抗日游击战争的战略问题》一文中指出:"一切游击战争的根据地,只有在建立了抗日的武装部队、战胜了敌人、发动了民众这三个基本的条件逐渐地具备之后,才能真正地建立起来。"①

山东抗日根据地是在中共中央的正确路线、方针指引下,在中共山东党组织的具体领导和八路军一部分主力部队的帮助下,逐步建立起来的一个重要的敌后抗日战略基地。它是华中抗日根据地同太行山的八路军总部以至中共中央所在地陕北的联系通道。山东抗日根据地东濒大海,南接陇海铁路,津浦、胶济两铁路线纵横其间,是控制南北和东西交通以及袭扰敌海上运输的要地。境内地形复杂,有泰山、鲁山、沂山、蒙山、天宝山、昆嵛山等山区,西部和北部处于黄河下游冲积平原,运河贯通南北。对于山东抗日根据地的创建,中共中央和领导人毛泽东一再指出,山东抗日游击战争战略意义重大,要建立巩固的山东抗日根据地,使之成为八路军在敌后的重要战略基地。

全面抗战时期的中共山东各级党政机构始终贯穿了中央关于重视和加强党报工作的指示,凡他们战斗工作的地方莫不充分使用报刊这一宣传工具。山东抗日革命根据地的报刊,要面对的是国民党军事上的步步围剿和经济上的重重封锁以及交通闭塞、设备简陋和人员缺乏等诸多困难。但与受到国民党直接查禁和迫害的中国共产党白区报刊相比,在武装起来的共产党政权下毕竟有了一个相对安宁的环境。摆脱了国统区独裁政权的政治压迫和报刊业资本家追逐利润的经济束缚而获得了"自由之身",中国共产党作为执政党独立创办报刊事业也由此发端。同时,中国共产党报刊面临着政权建设、经济建设、人民生活等诸多新课题,与过去大不相同,也正是这一时期革命根据地报刊业的基本特征。尤其是在取得对国民党的第四次反"围剿"斗争胜利后,中央和其他苏区的经济建

① 孟红兵:《山东抗日民主根据地群众工作的历史经验及启示》,载《孔子研究》2015年第4期。

设和文化事业都得到较好、较快的发展。土地革命使广大农民分到了田地，农业生产和农民生活水平比革命前都有所提高，农村文化活动也相应开展得非常活跃。这一切无疑为革命根据地报刊事业的迅速发展提供了有利条件，规模也超过了大革命时期。

在共产党创建的抗日民主根据地，一大批宣传抗日救亡的报纸也应运而生。1937 年 10 月，鲁西《抗战日报》在聊城率先创刊，成为在敌人后方最早出现的由中国共产党创办的报纸。1938 年 8 月，由中国共产党胶东区委创办的《大众报》，在黄县创刊。在此期间，昌邑、诸城、梁山、寿光、东平、济宁、蓬莱、掖县、沂水、莱芜、菏泽、陵县、宁津、桓台、曹县、临清等地，也都先后出版了小型油印报纸。这些报纸，在各自地区宣传了中国共产党和八路军的抗日救国政治主张，宣传发动群众抗日，揭露和打击日本帝国主义的侵略暴行，并为推动各地抗日救亡运动和抗日民主根据地的建设做出贡献。1944 年 3 月 22 日，毛泽东在陕甘宁边区文化教育座谈会上发表谈话，在谈到报纸时，就特别强调指出："办报是党的一种重要工作方式，报纸是指导工作，教育群众的重要武器。"因此，在山东的五大根据地都创办了多种报纸，这些报纸在战争年代充分发挥了党的喉舌作用，在宣传党中央政策、教育群众方面起了巨大的作用。

当时，中共山东分局出版有机关报《大众日报》，区委、地委、县委也大都出版发行自己的机关报，各地、县部队都设有通讯员。中共山东各级领导同志对党报给予高度重视，除指导日常工作外，还经常为报纸撰稿，如冀南行署主任宋任穷、八路军挺进纵队司令员兼政委肖华都曾多次为《冀鲁日报》(《渤海日报》前身)撰稿，边区文救总会主任吕器更是该报的主要撰稿人，山东的党报在各个抗日根据地如雨后春笋般地发展起来。

胶东根据地建立以后，新闻宣传是胶东抗日根据地的重点工作之一。这一时期胶东根据地的新闻出版事业发展也较为繁荣，主要包括《大众报》《群力报》《北海时报》《西海导报》《南海时报》《昆仑报》《抗战报》《昆嵛报》《南海日报》《每日快报》《战时儿童》《前线报》《军人周报》等，其中《大众报》《群力报》《前线报》并称"胶东区三大报刊"。下面按创刊时间分别介绍抗战时期党在山东创办的报纸(见表 5-1)。

表 5-1　　抗战时期党在山东创办发行的报纸一览表

报纸	刊行时间	所属机构	附注
《抗战日报》	1937 年～不详	鲁西北特委	在敌人后方最早出现的党办报纸
《大众报》	1938～1950 年	胶东区党委	1948 年改名为《胶东日报》
《烽火报》	1938～1942 年	冀鲁边区委员会	1942 年《烽火报》改为《冀鲁日报》，1944 年与《群众报》合并
《大众日报》	1938 年至今	山东分局	山东出版时间最长的党报
《群众报》	1939～1944 年	清河区特委	1944 年与《冀鲁日报》合并
《前线报》	1939～1951 年	胶东军区	两次改为旬刊，第 185 期起改为 5 日刊
《鲁南时报》	1940～1941 年	中共鲁南区委员会	两次因环境恶化停刊
《北海时报》	1941～1942 年	胶东区北海地委	
《泰山时报》	1942～1944 年	泰山地委	唯一的一份由中共地区级组织创办的党报
《沂蒙导报》	1942～1943 年	鲁中区党委	1943 年秋改名为《鲁中日报》
《民兵》	1943～1948 年	滨海军区	两次停刊、两次复刊
《鲁中大众》	1944～1945 年	鲁中抗联	1945 年因与《鲁中日报》合并而停刊
《渤海日报》	1944～1950 年	渤海区委	前身为《烽火报》和《群众报》
《群力报》	1945～1949 年	胶东区各救会	胶东地区创办的一份通俗化报纸
《滨海农村》	1945～1948 年	滨海区委	通俗化、群众化是主要特点和风格

《抗战日报》

1937 年 10 月，鲁西的《抗战日报》率先在聊城创办，成为在敌人后方最早出现的由中国共产党创办的报纸。该报登过不少重要文章，如在保卫大武汉时，登过叶剑英的《论目前时局——注意敌人沿江跃进》、徐向前的《论开展河北的游击战争》等。《抗战日报》创刊后，积极宣传中国共产党关于团结抗战的主张，不断报道范筑先领导鲁西北军民进行抗战的事迹，同时揭露敌人到处烧杀奸掠的残暴行为。该报共出了 210 多期，宣传了共产党的主张，鼓舞和发动了群众，揭露和打击了日本侵略军，在推动创建鲁西北根据地的过程中起了重要作用。

《抗战日报》报头是齐燕铭同志写的正楷字，下面还用罗马字母排成汉语拼音“抗战日报”四个字。报纸共分 4 版，第一版是国内要闻版，主要刊登国民党中央社发的有关全国抗战形势和各战场情况的新闻以及其他重要新闻。第二版是鲁西北新闻版，报道各地区领导机关和团体以及各县各武装部队发动群众，对敌斗争的情况。第三版是文艺副刊版和专刊版，最初的副刊名字是《万花筒》，不久改为《鲁西北》。专刊有《妇女园地》《儿童周刊》《军事周刊》《自修大学》等，适逢重要纪念日和重大事件时，还编发专页。第四版是国际新闻版，大多是国民党中央社发的电讯、社论，一些专论也刊登这版上。《抗战日报》的编辑方针就是"建设抗战文化，肃清汉奸言论"。同时在《发刊词》"建立游击区文化中心"一文中又一步阐述："我们主张坚持抗战，坚持精诚团结，动员广大人民参加抗日，巩固与扩大鲁西北游击区抗战根据地，坚持平原游击战争，以争取中华民族解放真正的最后胜利！"①又因为《抗战日报》是中共鲁西北特委的机关报纸，更具体表明"我们愿作鲁西北千百万同胞的代言人，我们愿以本报号召与团结鲁西北的文化战士，以建立游击区抗战文化的中心"②，"我们拥护坚决抗战的范筑先司令！我们忠诚地负责记录鲁西北的抗日战史"③的忠实立场。

《大众报》

《大众报》是山东抗日根据地最早出版的区级以上党报。抗日战争全面爆发后，青岛、烟台、威海等港口和胶济铁路沿线城市先后被日寇占领。在国难当头的关键时刻，中共山东省胶东特委为了宣传、组织、发动群众抗日救国，于1938年8月13日在黄县姜家店村创办《大众报》。同年年底，胶东特委改为胶东区党委，《大众报》逐渐成为胶东区党委机关报。1948年12月1日，为了突出报纸的地方特色，同时也为了区别于山东分局机关报《大众日报》，改名为《胶东日报》，1950年4月20日随着胶东区党委的撤销而停刊，共出2869期。

《大众报》作为抗日根据地创办的最早的党报之一，面向800万胶东人民，发挥了巨大的组织和宣传鼓动作用。该刊在抗日战争初期，宣传中国

① 高焕杰：《〈抗战日报〉：真实记录范筑先与鲁西北抗战》，载《山东档案》2015年第2期。

② 高焕杰：《〈抗战日报〉：真实记录范筑先与鲁西北抗战》，载《山东档案》2015年第2期。

③ 高焕杰：《〈抗战日报〉：真实记录范筑先与鲁西北抗战》，载《山东档案》2015年第2期。

共产党的统一战线政策、宣传团结抗战和工、农、青、妇群众运动等内容。1940 年后，大力宣传反“扫荡”、反顽斗争、减租减息、参军支前、大生产、互助合作运动及国际上的反法西斯斗争的内容，解放战争时期又及时报道了解放战争的伟大胜利，受到了胶东区人民的喜爱。

1939 年入冬以来，日寇以铁路、公路为支柱，对各抗日根据地进行频繁“扫荡”。为此，八路军总部决定发动交通总攻击战，即百团大战。《大众报》有力地报道了百团大战及胶东的配合行动。1941 年，在粉碎了国民党顽固派的第二次反共高潮后，东海区根据地蓬勃发展，胶东区的 4 个专区已连成一片，根据地大力开展了经济、政治、军事、文化等各项建设。《大众报》配合各方面工作作了全面报道。这时期报纸上的专页、专刊多了起来，如胶东联合办事处成立、胶东文教委员会成立、职工运动、妇女运动、冬学运动、军民警运动等。另外，还配合农民春种、秋收、冬耕等刊发社论予以指导。1942 年，根据地掀起了轰轰烈烈的减租减息运动，《大众报》根据区党委的部署及时进行了跟踪报道，推动了这一运动的开展。1943 年，胶东临时参议会举行一届二次全体会议，《大众报》对此作了详细报道，同时还发表了 4 篇社论。1944 年 7 月 24 日以《纳粹内部大分化的开始　法西斯匪首希特勒被刺》为题，出版了 32 开版面大小的“号外”一张。1945 年 4～5 月份，配合苏军攻克柏林，该报作了声势浩大的宣传。1944 年，日寇已成强弩之末，胶东八路军开始发动秋季攻势，扩大了抗日根据地，一个月的时间里攻克据点 124 处，毙伤俘敌伪达千余人。《大众报》及时跟进报道，有力地反映了八路军的英雄业绩。1945 年初，《大众报》报道了胶东八路军把盘踞莱阳 7 年的顽固派赵保原赶出万第老巢的战役，又以大量版面刊登揭露赵保原罪恶、发起讨赵战役的文告和稿件。5 月 5 日和 6 月 21 日，分别在第一版头条报道了中共七大的召开和闭幕，以及选出以毛泽东为首的党中央等消息，并刊载《论联合政府》报告摘要，刊登毛泽东照片。这些消息都以特大字做标题，庄严、醒目。8 月 15 日日本宣布投降后，报纸迅速传达胶东区党委的意图，引导军民投入大反攻。随着抗日战争胜利的到来，中共中央发表了《对于目前时局的宣言》，一方面在于庆祝抗战胜利，另一方面更重要的在于表达我党在抗战胜利后的政治主张。《大众报》迅速于 8 月 31 日全文刊登了这个宣言，并配发了中共胶东区委宣传部关于深入学习贯彻这个宣言的通知。这份报纸 8 开 2 版，为第 1214 期，头版头条全文刊发了《中国共产党中央委员会对于目前时局的宣言》。在头版的下半版，还刊载了《解放日报》社论《新时期的路标——论中共中央关于时局宣言》。社论既对抗日战争及世界反法西斯战争作了简要总结，又全面系统地论述了中共中央对时局宣言的重大意义。这份报纸在下半版刊出了一条重要消息：《为商讨团结建国大计 毛主席飞渝谈判》。消息中还配发了毛泽东很少见的一张二寸照片。

《烽火报》

《烽火报》是中共冀鲁边区委员会的机关报，1938 年秋在宁津创刊。冀鲁边区横跨山东、河北两省，处于一个非常重要的战略位置，因此是日寇的主要侵略对象。日寇在此处烧杀抢掠，无恶不作，曾将根据地层层包围，企图将冀鲁边区的军民困死在这里。那时候因为日军的层层封锁，根据地的军民想要看到一张宣传抗日道理、传播抗日讯息的报纸尤为艰难。而《烽火报》就是在如此险恶的环境下创办起来的，当时的社长兼总编辑是著名革命家傅国光。1942 年，因区党委考虑到《烽火报》是冀鲁边区党委的机关报，于是在 12 月 16 日，《烽火报》改为《冀鲁日报》，由原来的 4 开 4 版改为了对开 4 版。改名之后，《冀鲁日报》继续宣传抗日救国和武装斗争，坚定群众革命必胜的信念，鼓舞着冀鲁边区的军民继续斗争下去。1944 年 2 月，《冀鲁日报》与《群众报》合并，成立《渤海日报》社，并于 7 月 1 日正式出版《渤海日报》，成为新建立的渤海区党委机关报。虽然《烽火报》与《冀鲁日报》的名称不同，但是它们却有着相同使命和信念，自从它们诞生之日起，就一直承担着冀鲁边区抗战消息主要来源的责任，是冀鲁边区军民重要的精神食粮，这份报纸的革命宣传使得八路军在冀鲁边区受到军民的拥戴，粉碎了日军一次次的“扫荡”。在《冀鲁日报》与《群众报》合并之后，《渤海日报》接过它们的大旗，在渤海解放区的抗战史上留下了深深的印记。

《大众日报》

山东抗日根据地的《大众日报》，于 1939 年 1 月 1 日在山东沂水县王庄创刊。初为苏鲁豫皖边区党委机关报，后为中国共产党中央山东分局机关报。1945 年冬又成为中国共产党中央华东局机关报。该报创刊时为油印，4 开，3 日刊，后改铅印，对开，日刊。首任社长刘导生，首任总编辑匡亚明。

《大众日报》的《发刊词》称它要“为大众服务，成为他们精神上的必要因素之一，成为他们自己的喉舌，成为他们所支持的最公正的舆论机关之一”①。《大众日报》在抗日战争和解放战争时期艰苦的环境中曾辗转多处，报社社址多次迁移。先后在沂蒙山区的沂南、莒南、临朐等县的村镇出版，甚至被迫短期停刊。该报由山东战时邮政管理局及其分支机构负责发行，在长达8500多公里的3条主要交通线上，《大众日报》南可到上海、杭州，西可到延安，北可达胶东半岛。在抗战期间日寇“扫荡”时，报社工作人员组成游击队，一手拿枪，一手执笔，在战斗间隙编写、排印，有时出不了铅印报，就坚持出版油印报，报社先后有近500人献出了宝贵的生命。1949年4月1日从农村迁至济南，改为中国共产党山东省委机关报继续出版至今。

《大众日报》从诞生之日起，就高举抗战、团结、进步的旗帜，积极宣传中国共产党的抗日民族统一战线主张，坚持抗战、反对投降，坚持团结、反对分裂，坚持进步、反对倒退，随时揭露日本侵略者的政治诱降和国民党顽固派破坏团结的阴谋活动。如1939年1月4日的《大众日报》，就及时报道了国民党中央常委会召开临时会议，决议将投敌叛国的大汉奸汪精卫永远开除党籍，并撤销其一切职务的消息，并就此事件发表社论。

该报创刊之际，正是日寇开始对抗日根据地进行重点进攻之时。特别是1940年以后，日本侵略军加强了对山东的控制，集中兵力对各个根据地不断进行大规模轮番“扫荡”，推行所谓“治安强化运动”和“大东亚共荣圈新国民建设运动”，实行灭绝人性的烧光、杀光、抢光的“三光政策”，因此，粉碎敌人的“扫荡”就成了山东抗日根据地军民对敌斗争的主要形式。《大众日报》根据中共中央的指示，将报纸宣传报道的重点集中到动员党政军民如何坚持斗争，粉碎敌人的“扫荡”和进攻方面。如1940年6月10日的第156期《大众日报》，在头版头条就发表了《抗日民主政权应如何领导反“扫荡”》的社论。

《大众日报》对山东抗日根据地的抗日民主政权建设给予了重点关注，对山东各抗日根据地的民主宪政促进运动，广大群众行使国民权利，民主选举县、区、乡、村各级政府情况进行了广泛的报道。1940年7月26日至8月26日，山东省国民代表大会代表复选大会，山东省临时参议会成立大会，山东省全省民众总动员委员会成立大会和山东省工、农、育、

① 娄和军：《“为大众服务”》，载《青年记者》2016年第19期。

妇、文化界代表大会以及山东省各界抗日救国联合总会成立大会在沂水县青驼寺镇召开联合大会。这是山东人民团结抗战和民主政权建设上的空前盛举。从8月16日至9月10日，在近1个月内，《大众日报》用8期报纸的大部分篇幅报道了大会的议程和各项报告决议。1942年5月1日，当山东各地减租减息运动尚处于刚刚动员和部署的时期，《大众日报》就在第一版发表社论，并先后在报上发表社论18篇，以及消息、通讯、短评、特写、读者来信、农救会负责人谈话、政策问答、经验介绍等各种报道上千篇，从不同角度全面系统地反映了这一运动的深度和广度。

在度过敌后抗日根据地最困难的时期后，从1943年起，随着世界反法西斯战争形势的重大变化，整个抗日根据地军民不仅继续粉碎与遏止了敌人的"扫荡"与"蚕食"进攻，而且还主动出击，发动了攻势作战。在此基础上，我抗日军民又以更加高昂的姿态迎来了对敌寇的战略大反攻，最终取得了抗日战争的伟大胜利。这一时期，《大众日报》在宣传报道上，对世界反法西斯战争与国内对日大反攻的进程作了及时跟进报道。1944年6月6日，《大众日报》出版了创刊以来的第一张"号外"，向根据地及时报告了一个振奋人心的好消息：盟军在法国北海岸诺曼底成功登陆，欧洲反法西斯战争第二战场胜利开辟。1945年8月11日凌晨，从延安新华社的广播中传来了苏联政府对日宣战，苏联红军攻入伪满洲国，日本政府宣布无条件投降的消息。当天的《大众日报》已经出版，报社为及时迅速将这一重大的振奋人心的消息发布出去，连夜加班加点增出了"号外"。这是一份见证日本无条件投降、具有历史文物价值的"号外"。

《群众报》

1939年8月1日创刊于清河地区（临淄县苇子河、大夫店等村），在清河区特委所属各县、区和乡村支部及八路军内部发行。该报开始是油印小报，随着形势的发展和环境条件的改善，从第38期（1940年3月6日）起，《群众报》改为石印，4开4版，后改为铅印。刊期由开始时的不定期出版，逐步改为周刊、三日刊，发行3000份。出至第505期与《冀鲁日报》合并，成立渤海日报社。1944年7月1日，《渤海日报》继承出版。

历任社长刘洪轩、杜振东，历任总编辑张逢元、崔戌、陈叔俊、戴夫。该报是中共清河区特委机关报，是中国共产党领导下的解放区报纸之一。清河特委书记景晓村为该报撰写了《发刊词》。该报主要刊登国内外重大新闻，反映抗日军民的英勇事迹。敌张店旅团司令部参谋三浦梧楼曾仿效《群众报》的样式，出版伪《群众报》，企图破坏《群众报》威信。为此，《群众报》于1943年1月12日发表声明，揭露敌人阴谋。当年秋，敌人调集兵力进行“扫荡”，报社有30多人被俘，5人牺牲。在敌人“扫荡”中，报社撤离垦利驻地，出版过油印的《群众快讯》。

《前线报》

《前线报》是1939年9月八路军山东第三军区建立后创办的军区机关报。初建时报名为《胶东前线》，1940年第三军区改番为五支队兼管军区工作后，《胶东前线》更名为《前线报》。当时，胶东的野战部队为五旅。五旅的机关报为《军人周报》。到1943年春，五旅与五支队合编为胶东军区后，撤销了五旅的《军人周报》，《前线报》作为胶东军区的机关报，直至1951年10月随着胶东军区的撤销而停刊。

《前线报》初建时为油印报，读者对象为干部、战士。1943年以后改为铅印，32开本，刊期半月，后为旬刊，页码40～60页不等，每期刊稿3万字左右，读者对象为排以上干部。1944年又由32开本改为报纸型，8开4版，一版为新闻，二、三版为工作经验介绍、通讯，四版为副刊《战士园地》。从第185期起，《前线报》由旬刊改为5日刊。

《鲁南时报》

1940年7月1日创刊于费南县，作为中共鲁南区委员会机关报，两次因环境恶化停刊，后于1941年11月复刊，前后共出版702期。初为8开4版，后为4开2版、4开4版；由油印、石印发展为铅印；刊期由周刊改为3日刊。报头为八路军一一五师政委罗荣桓题写，第一任社长由区党委宣传部部长林乎加兼任，总编辑白刃。其办报宗旨是：及时传播中共中央声音，鼓舞和指导鲁南人民的革命斗争。该报曾出版“号外”，专题报道了除掉大汉奸、大土匪刘桂棠。该报在鼓舞群众斗志上做出了重大贡献。该报强调大众化、通讯化。编辑记者无论写评论、消息、通讯，都注意通俗化、口语化，力求使粗通文字的能念通，不识字的能听懂。

《北海时报》

《北海时报》创刊于1941年1月，是中共胶东区北海地委机关报，初为周刊，后改3日刊，8开2版或4版，油印或石印，发行份数三四千份，分送到根据地县、区、村的机关、组织、学校等。社长陈晓东，编辑部长孙泽夫。报纸在北海区的“大东印刷厂”印刷，厂长张韩廷，职工有三四十人，设备有4台石印机。1942年7月停刊。

《泰山时报》

1942年4月，由于日寇对泰山地区的拉网式扫荡，茶业区地处莱芜、章丘、淄博三地交界处，群山环绕，山林密布，故泰山地委与军分区机关进驻茶业区办公，在此可进可退，便于机动。自此，时任泰山地委宣传部部长的高启云同志，在茶业区度过了1000多个日日夜夜。除搞好党的抗日工作宣传，发动群众参加抗日外，最主要的任务是指导和创办《泰山时报》。中共山东省委的机关报《大众日报》创刊于1939年1月1日。但是由于抗日根据地处在日寇据点和伪顽军队的分割包围之中，省委与各地区之间的交通十分不便，尤其是泰莱地区很难看到《大众日报》。因此，《泰山时报》应时应运而生。《泰山时报》为3日刊，4开4版的石印小报，每版可容纳3000字左右。一版主要刊登国内要闻和社论；二版刊载本地区新闻，特别是抗日斗争要闻；三版是国际新闻及世界动态；四版为文艺专论等。当时报头上印有"定价每月3角"的价格，但实际上全部免费。第一期报纸印发1000余份，通过战时邮局逐级分送到本地区各县委机关、区、乡、村的党组织以及抗日武装团体。

《泰山时报》报社分为编辑部、经理部、印刷部。编辑部负责稿件的采写。经理部负责经费的筹措、采购出版用的机械和纸张、油墨，接送稿件，还承担着战时邮局的工作。在当时险恶的环境下，经理部的工作难度最大。为此，战时邮局配有7匹战马，确保两日内将出版的报纸送往所辖7县各处。印刷部负责排版、印刷以及印刷厂的安全保卫工作。三个部门各设一名主任，报社社长则由地委委员、宣传部部长高启云同志兼任，由此可见当时的工作难度和危险性是相当大的。

1944年，山东根据地的抗战形势逐渐好转，敌人对根据地的封锁愈显乏力。省委与各地区的交通开始顺畅起来。在泰莱地区可以看到三日前出版的《大众日报》了。在这种情况下，泰山地委报上级批准，要求停办《泰山时报》。这份在山东抗日根据地内唯一的一份由中共地区级组织创办的党报，在历经5年艰苦卓绝的刊行岁月之后，于1944年7月印出了自己的《终结号》，完成了其光荣的历史使命。

《沂蒙导报》(《鲁中日报》)

1942年2月20日创刊于沂南县，由1941年在沂蒙山区出版的鲁中二地委机关报《反扫荡报》改名而来。《沂蒙导报》的主要任务是：对各级干部和人民群众进行国际国内形势教育，树立抗战必胜的信心；进行党的传统教育和文化知识教育;宣传党的路线、方针、政策;交流建党、建军、建设根据地的先进经验;表扬英雄模范人物,推进各项工作的顺利开展。

该报创刊初期为5开4版,石印,5日刊。一版为社论及地方新闻,二版、三版一般是综合性论述文章,宣传教育提纲、讲话、报告和资料等,四版是副刊。鲁中二地委有了印刷厂之后,报纸改为4开4版,铅印,三日刊。1943年秋,中共鲁中区党委决定出刊机关报《鲁中日报》,全部人员调去《鲁中日报》社工作。

《民兵》

1943年5月20日创刊,社长万里云,是滨海军区政治部的机关报(1947年起属滨海军分区),始为6开2版油印周刊,出版6期改为铅印。同年6月底奉命和八路军一一五师办的《战士报》合并;8月14日,《战士报》停刊,又恢复《民兵》。1944年1月,改为4开4版,5日刊,报头先是由罗荣桓题写,后为舒同题写。该报的主要发行对象是驻滨海军区内一一五师所属部队及滨海区地方武装,期发三四千份。1946年夏,《民兵》停刊。1947年1月1日,《民兵》复刊,至1948年1月15日停刊。该报两次停刊,两次复刊。

该报通讯员1000多名,工农子弟兵的大量来稿占70%以上,受到中共中央山东分局、山东军区的表彰。

《鲁中大众》

该报1944年3月或4月创刊于鲁中地区,1945年因与《鲁中日报》合并而停刊,为鲁中抗联创办。社长王夷黎,总编辑陈先、王伯萍。8开小报。

《渤海日报》

《渤海日报》是中共渤海区党委机关报,其前身是《群众报》和《烽火报》。1944年7月1日在惠民创刊,4开4版,日报,发行5000~10000份。1950年,随着渤海区党委的撤销而停刊。

抗日战争时期山东地区根据党中央的要求在各个根据地建立党报,清河区与冀鲁边区合并为渤海区以后,建立渤海区的党报成为抗日工作的一个重要组成部分。正是有了共产党各种报刊政策的支持,《渤海日报》才能顺利创刊,并在创刊以后根据中央的指示重点报道本地区的新闻,受到了渤海区人民的喜爱,在渤海区的历史上留下光荣印记。《渤海日报》从1944年创刊到1950年终刊,横跨了抗日战争、解放战争和建国初期三个重要时期,从《渤海日报》报道的重点内容可以看出共产党在不同时期的不同任务。从《渤海日报》刊登的内容来看，涉及范围广泛，包括了政治、经济、文化、教育、军事等多方面的内容。《渤海日报》的视野也不仅限于渤海、山东地区，而且还常常接收国际新闻，使群众能够及时掌握世界大事，重点报道区党委、行署的通知、布告、指示和领导人的文章、讲话，向群众及时传达共产党的各项方针、政策。

在革命战争年代，《渤海日报》作为渤海区的机关报，充分发挥了共产党的喉舌作用，在创刊第一日起就根据党的抗日民族统一战线的方针，宣传和发动渤海区群众抗战，激发和鼓舞全区人民抗战必胜的信念，为争取抗日战争最后的胜利而奋斗。《渤海日报》从1944年创刊到1950年终刊，每次有重大事件发生都及时地向渤海区的人民传达了共产党的政策和立场，使人民群众了解了马克思主义，了解了中国共产党，并且始终坚持走共产党的群众路线，从而受到了渤海区广大人民的支持与喜爱。《渤海日报》虽然因条件限制存在着许多缺点，但其办报经验仍然对当代党报起着指导作用。

《渤海日报》诞生时抗日战争进入了战略反攻阶段。在此期间报纸上刊登了大量八路军在抗日战场上战胜敌人的英勇事迹，并宣传和发动群众一同与日本侵略者作战。通过这些报道人民群众认识到了共产党同日本侵略者抗战到底的决心，增强了渤海区群众对共产党领导抗日战争取得胜利的信心，从《渤海日报》报道的渤海敌占区青年写给解放区的一封信中可以看出来："我们感谢共产党更愿共产党拯救千万同胞，并且相信在毛泽东领袖的英明领导下，定能粉碎敌人的进攻，解放全民族，使全国人民走上光明的新社会。"①《渤海日报》根据其自身的宣传策略与方法，在抗日战争后期积极宣传粉碎敌人的扫荡、蚕食和军事战争的胜利等内容，增强了人民群众对抗日战争胜利的信心。抗日结束后大力宣传共产党和平民主建国的政策，提高了群众对民主政策的认识，揭露蒋介石"假和谈"的阴谋，使群众坚定地与中国共产党站在一起维护国内的民主与和平。

解放战争时期，《渤海日报》揭露了国民党军队烧杀掳掠的事实，使人民群众彻底看清了国民党的真面目，同时宣传解放军在前线战场英勇作战，接连胜利的新闻，奠定了群众对民主即将到来的信心，坚定了对共产党的支持。为适应战争需要，增强人民群众对抗战胜利的信心与对共产

---

① 刘书芹:《渤海日报研究》，2018年山东师范大学硕士学位论文。

党的支持，每当山东有大的战争活动时，《渤海日报》尽可能及时地向群众进行宣传报道，并经常刊登共产党取得胜利的新闻，从而加强了渤海区群众对新民主主义革命胜利的信心。1946 年全面内战开始后，报纸全力报道“以自卫战争粉碎蒋介石”的内容，动员群众大力支援前线战争，解放战争后期渤海区基本解放，报道重点便从军事逐渐转移到生产建设等方面。中华人民共和国成立初期，《渤海日报》从农业、副业、建立供销合作社等方面，全力宣传恢复发展生产的内容，促进了渤海区的经济发展。除了重点报道渤海区的政治军事内容外，《渤海日报》对影响解放区群众生计的“减租减息”“土地革命”运动也进行了大篇幅的报道，激发了群众生产建设的热情，对战争时期各种典型人物的宣传也促进了当地支援前线运动的顺利开展，后期报上关于教育、生活常识、医学常识的介绍逐渐增多，对提高当地群众的生活水平起了推动作用。

因此，无论在抗日战争时期还是解放战争时期，《渤海日报》都对增强渤海区人民对革命必胜的信念起到了重大作用，并使群众逐渐认识到只有共产党才能实现和平，实现民主，使人民过上当家做主的好日子。《渤海日报》对军事战争胜利的报道，不仅激发和鼓舞了当时人民群众的必胜信念，而且还为后世研究渤海区的革命史提供了珍贵的一手资料。

《群力报》

《群力报》是胶东各界抗日救国联合会的机关报，创刊于 1945 年 2 月 7 日，创办人为当时胶东各救会总会会长张修己。《群力报》是胶东地区创办的一份通俗化报纸，对于当时文化水平较低的民众来说，它不仅仅是起到了报纸传递消息的重要作用，更重要的是它还指导群众识字学习，提高了他们的文化素养。它有三个显著的特点：①辟有副题栏。副题活跃，内容形式多样，既贯穿政治教育，也实施文化教育。同时，刊登大量的漫画、歌曲，图文并茂。②文字口语化，生动活泼，读来琅琅上口，群众能听懂、易记牢、便于传播。③稿件短，标题生动，容易引起人们的注意。

《群力报》是胶东区创办的第一份通俗性报纸，它服务的对象主要是人民群众，是为了迎合群众需求而创办的一份报纸，目的主要是为工农大众发声的。它属于工农大众，是为人民群众解决问题的，正因为如此，《群力报》才受到了群众的喜爱和支持。该报不设专职记者，依靠群众办报，村村设有通讯员。

1941 年 7 月，《中央宣传部关于各抗日根据地报纸杂志的指示》提出：

"各边区可以出版一种作为社会教育工具的通俗报纸（如晋西北的《大众报》及陕甘宁的《群众报》），其读者对象是广大群众和普通党员，它担负着政治的、社会的、科学的和大众文化的有计划的启蒙任务。"①中宣部的指示下达以后，各根据地以《晋西北大众报》和《边区群众报》为榜样，陆续办起了通俗报纸。1942 年 5 月在延安举行的文艺座谈会上，毛泽东在《在延安文艺座谈会上的讲话》中深刻阐述了知识分子与工农兵相结合、为工农兵服务的问题，不仅为广大文艺工作者指明了方向，而且还使广大新闻工作者受到很大的教育和启发。1945 年 2 月 7 日，《群力报》在《讲话》的影响下，借鉴兄弟报纸的经验创办起来。在此之前，胶东革命根据地已有两份报纸，即胶东区党委的机关报——《大众报》（《胶东日报》的前身）和胶东军区政治部主办的《前线报》，在很长的时期内，胶东地区没有群众团体自己办的报纸，《群力报》的创办，填补了这一历史空白，弥补了党报的不足，使党的方针、政策更直接、更广泛地与广大农民群众见面，发挥了不可替代的作用。

《群力报》的报名源于"群策群力"的意思。张修己在《头一期的话》中提出了《群力报》的办报宗旨：群力报的出刊，它是永远忠实于工农大众的。它是坚决给胶东的工农大众服务的，替工农大众说话，帮助工农大众的学习，把各种工作和知识，用工农大众能懂的话，短小的篇幅写出来，识字少的人，也能看明白了，作为工农大众学习的场所，工农大众心里有想说的话，也可以在小报上说出来。《群力报》的办报宗旨，概括起来就是：为工农大众服务，指导群众团体工作。

张修己在《群力报》创刊两周年时，发表《把咱的报办得更好》，总结了《群力报》的成功经验。他说："不看工农群众的水平，照着小知识分子的想法去提高，那就要越提群众越不喜欢，越高越脱离群众；所以文字硬、内容多、形式复杂，不是小报的提高，而是小报的降低。小报的提高群众欢迎，我们不怕剥削阶级知识分子骂，而怕工农讨厌。只有这样，小报和群众的联系，就更加亲密了。"②

在这样的办报方针的指引下，《群力报》和许多通俗报纸一样，在稿子编好以后，先念给群众听，吸收群众意见修改后再发表；编辑记者打起背

---

① 郭履腾：《"一切为人民，真正做到为群众服务"——通俗报纸的代表〈群力报〉》，载《青年记者》2015 年 3 月（上）。

② 刘少白：《烟台报业志》，科学普及出版社 1993 年版，第 100 页。

包下农村，参加工作，体验生活；培养工农通讯员，开展“农民写，写农民”活动。

明确了报纸定位后，《群力报》真正面向农民，让农民唱主角。作为党的报纸，在宣传上如何正确处理领导机关与基层、与群众的关系，是一直以来都存在的问题。《群力报》在办报过程中也碰到这个问题。据1947年进入《群力报》工作的王仲莘说：“当时处理此类问题的原则是，对领导机关，包括胶东区党委、各救总会的重要决定、重要活动，凡与广大农民有直接关系的，就加以报道，反之，一般不报道。这样就保证了报纸以主要的版面来报道群众的活动，实际上通过来自群众的活生生的事例，也更有力地宣传了党的方针、政策，推动了各项工作的发展，最终把宣传领导机关的意图与宣传群众的矛盾，统一在深入实际，深入群众，改进和加强基层工作的实践中。领导机关满意，群众也满意。”①《群力报》是一张通俗化的农民报纸，在通俗化方面下了很大功夫。

《群力报》编辑部十分重视读者的意见，读者对报纸也非常关心和爱护。1949年1月，报社发出征求意见表5000份，到2月5日，仅一个月的时间，就收回3300份。编辑部经过整理以后，以《广大的读者和通讯员对本报的意见汇集》为题，连续刊登了4个版，对改进报纸起了很大的作用。这件事说明，《群力报》具有深厚的群众基础。

《群力报》在5年的创办实践中，积累了比较丰富的经验，为以后开办通俗化报纸创造了条件。1952年创办的《文登大众》，1955年创办的《莱阳大众》，就是对《群力报》经验和《群力报》模式的继承，《烟台日报》也借鉴了《群力报》的经验。《群力报》虽然于1949年年底停刊了，但是它所致力的报纸通俗化的事业并没有终止，而是在新的历史条件下被继承下来。

《滨海农村》

《滨海农村》于1945年6月1日在莒南县创刊，是中共滨海区党委机关报，在1948年1月22日停刊，共出版331期。作为滨海区的机关报，《滨海农村》创刊于抗日战争胜利的前夕，是滨海区党委为了适应革命形势的需要，动员人民取得抗日战争胜利，传播新的革命任务而办。虽然《滨海农村》只出版了331期，与《渤海日报》的2000多期相差遥远，但它依然在滨海的抗战史上留下了辉煌的一笔。

---

① 杨深浙：《〈群力报〉研究》，2013年山东大学硕士学位论文。

《滨海农村》是中共滨海区党委机关报，编辑部在临沂莒南大店镇。1941 年 3 月，由于革命形势危急，山东抗日根据地的教育、文化、卫生及经济主管部门由鲁中转移到莒南，而莒南就成为山东抗日根据地的指挥中心和文化中心。1945 年 8 月大店镇成立，13 日，中国共产党领导下的第一个省政府——山东省政府在莒南建立，因此莒南县在当时堪称山东的“小延安”。

《滨海农村》就是在如此的政治环境下创刊的，面对当时的革命形势，《滨海农村》作为滨海区的机关报，其诞生是有革命任务的。报社的驻地是山东省政府的所在地，当时《大众日报》社也迁往了莒南县大店镇，《大众日报》在抗日战争期间是中共中央山东分局的机关报，解放战争期间是中共中央华东局的机关报，负责整个华东地区的新闻报道。

在抗日战争和解放战争期间，《大众日报》在山东的整个报纸行业当中处于统辖地位，《滨海农村》在莒南县诞生，在整个创刊和发展的过程中，《大众日报》社给予了极大的支持。《滨海农村》最初为石印，为了增加印刷数量，扩大宣传，于 1946 年元旦出刊了铅印版。铅印厂的筹建，是个艰苦的过程，首先从《大众日报》社印刷厂调了一批建厂的领导和技术骨干，有邢西彬、刘民等人，另外，《滨海农村》报铅印版所需要的铅字、印刷机都是由《大众日报》社印刷厂支援的。当时临沂地区的报业也呈现一片繁荣的景象，有滨海军区政治部机关报《民兵》、滨海军区政治部所办的《山东画报》、莒南县委内部小报《莒南小报》等。莒南在抗日战争后期和解放战争时期不仅是山东的政治中心，而且还是文化教育中心，新闻事业发达，《滨海农村》就是在这样的新闻环境中产生并发展起来的。

此外，中共滨海区委机关报《滨海农村》期发行六七千份，该报的读者对象是农村干部群众。通俗化、群众化是它的主要特点和风格。记者、编辑不仅要求自己采写的稿子通俗易懂，而且对有些新华社稿件也进行通俗化改写，尽量求其生动活泼。如当时新华社稿件播出关于国民党统治区人民反内战、反饥饿、反迫害和群众武装斗争情况的广播稿后，编辑就把广播稿改写成民间大鼓说唱的形式，在“官逼民反”的总标题下连续发表。有些新闻通讯还改写成小故事、快板诗、顺口溜等，既达到新闻报道的宣传效果，又给群众提供了黑板报和文娱材料。

此外，在抗日根据地县级地区创办的报纸还有：莱芜的《动员周报》、淄川的《团结周报》、蒙阴的《人民报》等。军队方面的报刊也不下 10 种，主要有一一五师的《战士报》、山东纵队(后改称“鲁中军区”)的《前卫报》、抗大一分校的《战旗报》等。另外,1946 年胶东行署外事特派员办公厅主办的英文报纸周刊《芝罘新闻》(*The Chefoo News*)在烟台创刊。

综上所述,抗战时期山东的党报绝大多数是在战争期间创办和发展的。由于这一时期中国的民族矛盾、阶级矛盾及各种社会矛盾空前尖锐,因而山东党报在指导思想、办报目的、内容和活动的起伏变化等方面都呈现出异于其他阶段的特点,具有明显的时代特征。

1. 坚持党性原则,重视报纸的宣传作用

中国共产党强调党对报纸的绝对领导,主张报刊在具备了真实性这一基本特性的同时,还应当具备政治性、战斗性、阶级性等特性,充分发挥党的喉舌作用。中共山东分局机关报《大众日报》是中国共产党现存党报中出版时间最长的报纸之一。在创刊前,当地领导同志就明确指出,它应当是“党性同人民性统一”,“党的立场,人民的报纸”。

日伪势力对中国共产党报纸所发挥的重大作用极为恐慌。他们一方面大肆发行反动报纸,另一方面实行严厉的文化新闻统制政策,甚至采取卑劣手段,仿效中共报纸欺骗群众。创刊于 1939 年 8 月 1 日的中共清河区特委机关报——《群众报》,运用通俗易懂的语言,宣传中共的方针、政策,号召广大群众备战、藏粮、埋地雷,产生了广泛影响,使日军“扫荡”多次失利。为此,日本侵略军张店旅团司令部参谋三浦梧楼曾仿效《群众报》的样式,出版伪《群众报》,企图鱼目混珠,欺骗群众。《群众报》不得不于 1943 年 1 月 12 日发表声明,揭露敌人阴谋。

2. 时事政治是报道的主要内容

抗日战争是一场全民族抵抗日本帝国主义侵略的自卫战争,战争进展、国际和国内形势的变化等时事政治无不吸引着包括普通民众在内的广大中国人的注意力。作为沦陷区的山东,战火几乎波及省内的每一个角落,日本侵略者的残暴行径更是给山东人民造成深重的灾难。因此,生活在政局、社会状况急剧动荡之中的山东民众迫切希望尽早知晓时事的发展变化,时事政治已成为与广大山东民众切身利益息息相关的大事。山东党报为满足民众的需求,适应形势的发展变化,将时事政治信息及评论、争论时事政治性的问题作为报道的主要内容。例如,《渤海日报》为中共渤海区委机关报,各版安排分别是:头版主要报道新华通讯社播发的中共领导的抗日斗争情况和各抗日根据地的重大新闻、社论;第二版主要报道国内的抗战形势、国共两党关系及其社论；第三版报道国际形势及其社论，主要是欧洲反法西斯战争特别是苏德战争的情况；第四版是渤海区新闻版，报道该区的军事、政治斗争以及经济政策、生产情况等；第五、六版主要刊登分析讨论国内外政治、军事形势的社论、专论和通讯。中共冀鲁边区委员会机关报《烽火报》，在接受新华通讯社消息，摘登《新华日报》《解放日报》（延安）的重要文章的同时，还在各地、县部队设有通讯员，以尽快地将当地发生的重大新闻予以报道。

3. 对敌斗争的又一有力武器

从民族的立场看，抗战时期的共产党、国民党都坚持抗战，与日伪反动势力形成对抗的两大阵营。综观他们各自报纸的言论，宣传抗战，谋求民族救亡与发展是他们共同的主题，这是其对敌斗争的一个有力武器，也是能够吸引广大民众、赖以生存和发展的必要前提。但是，由于各自政治主张、抗战路线的不同，国共两党在抗战的共同目标下又有着（各自发展壮大）力量的强烈要求，因而“摩擦”甚至大规模的军事冲突不断发生。这一复杂的矛盾在各自的报纸中得到了充分反映。

日伪报纸不断美化日本的侵华行为，大肆宣传他们在战场上取得的“节节胜利”，恶意攻击、诋毁中国人民英勇抗战的正义行为。日伪报纸《山东新民报》鼓吹“日本并非侵略中国，系希望中国更生；英美法援蒋徒延长战祸，中国人应感谢日本真意”①。同时，《山东新民报》又对中共领导的抗日斗争进行肆意的诽谤、诬陷：“谁不爱国爱家乡，好好的华北竟成了焦土？这不是共产党抗战的后果么?！共产党是破坏民族的恶魔，我们的宗庙被他糟蹋，我们的子孙被他做奴隶。”②国民党报纸在宣传抗战主张的同时，又大肆诬蔑中国共产党及其领导的人民抗日武装，成为国民党顽固派搞反共摩擦的喉舌。三青团山东支团部办的《青年日报》（前身为《山东正报》）“籍一支有力的笔锋，向敌伪更向奸匪，做一种剧烈的斗争”③。很显然，这里所称的“奸匪”，即指中共及其领导的人民抗日武装。他们将

---

① 梁家贵：《抗日战争时期山东党报的发展与历史作用》，载《中共党史研究》2006年第2期。

② 赵森：《简论山东抗日根据地党政干部的史学教育》，2008年山东大学硕士学位论文。

③ 梁家贵：《试论全面抗战时期的国民党安徽报业——以〈重建日报〉为中心之探讨》，载《淮北师范大学学报（哲学社会科学版）》2016年第2期。

“莱芜事变”“太和事件”等反共事件称为“站在抗战的正确立场,最初给予阴谋奸匪以打击的明证”;并将“反共专家”秦启荣称为“一位革命之间的战士”“特大贡献处,是其剿匪的坚持精神”。

4.发行范围小,设备落后,印刷粗糙

抗日战争是中国人民在极其艰难的条件下进行的。山东的日本侵略势力在较长时间里盘踞在各大中城市,控制着铁路交通,对中国共产党的抗日民主力量始终保持着军事上的高压态势,根据地也被日伪分隔在十几个大小不等的区域内,并时常遭到日伪的“扫荡”,被迫不断地实施转移。此外,山东的国民党顽固派还不时制造“摩擦”,严重威胁着中共山东地方组织及其领导下的抗日民主力量的生存与发展。在这种情况下,党报只能在所控制的区域内发行,而且设备落后,多为油印或石印,印刷粗糙。一位国民党人士曾就国民党办报条件回忆道:山东沦陷后,“关于一切印刷的器材极难购运;石印机有时还常见到,铅印机简直是很少。既已经有过的几部……多半要常发生材料上缺乏的障碍”①。对于共产党的报纸而言,条件就更加简陋、环境就更加险恶。从表 5-1 中可以看出,抗战时期的山东党报大多经历了数次整组,也从一个侧面反映出山东党报生存环境之恶劣。在这种情况下,中共山东区委以上的报纸一般多为铅印 4 开小报,地委的报纸是油印或石印的。机型先进的印刷机的使用不仅是极不现实,而且极易被日伪破坏和夺取。事实上,由于生存环境极为恶劣,多家党报曾遭到破坏,很多工作人员献出了宝贵生命。

抗战时期山东党报的存在及发展具有重要而深远的历史作用,主要表现在以下几个方面:首先,及时、全面地宣传了中共中央的方针、政策,扩大了在部队、群众中的影响,充分发挥了党的“喉舌”“眼睛”“耳目”的作用,确保了山东军政工作方向的正确,促进了山东军政力量的发展壮大,为党在解放战争中打败国民党军队、彻底解放山东并有力地支持全国的解放战争奠定了坚实的基础。其次,将中央的有关指示与山东具体情况密切结合,形成了一套完整、科学而且行之有效的办报原则、方针、指导思想和工作方法,丰富了党报理论。再次,山东的党报工作者在党的方针、政策指导下,在极其险恶的环境和艰苦的条件下,凭借着坚定的信念、顽

① 梁家贵:《抗日战争时期山东党报的发展与历史作用》,载《中共党史研究》2006 年第 2 期。

强的意志和强烈的敬业意识办报，为新闻界留下了一笔宝贵的精神财富。最后，使抗战时期成为山东报业史上的一个重要阶段，促进了中国新闻事业的发展。清末新政时期是山东报业发展史上的一个重要的阶段，但当时也不过十几种报纸，而中共在抗战时期举一党之力创办几十种报纸，足显对中国新闻事业发展之贡献。

二、期刊

在山东抗日根据地，与报纸同样繁荣的还有各类新文化期刊，下面按创办时间作一介绍。

1937年10月，由山东省第六区政训处宣传科创办了3日刊《山东人》，负责人是孙兴诗（孙思白）和许法。这是一种油印小报，每期印100份。一部分在聊城街市和集镇重要街巷张贴，另一部分寄到各县政训办事处，作为各县从事动员组织工作的同志们的宣传材料。《山东人》的内容通俗，主要是广泛号召民众，增强民族意识，以提高民众的抗战信心为宗旨。

1937年10月，中共掖县县委恢复党刊《民声》的出版，发表上级党组织的宣传文章，号召共产党员带头脱下长衫，参加抗日武装组织。

1938年，《大众日报》社出版《大众》半月刊，翻印过一批马列主义著作，如《共产党宣言》《抗日民族统一战线》《什么是马克思主义》《抗日游击战争的战术问题》《论持久战》等。

1938年5月，鲁西北民先总队部办的《先锋》月刊、政治部和各抗日团体创办的《行军日报》等报刊也先后出版发行。

1938年5月，《战线》旬刊创刊，是32开的小型综合性“通俗的大众读物”，以一般工农和学生为读者对象。由冀鲁青年记者服务团编辑，主编是政治部宣传干部兼抗战移动剧团副团长王今然。每期栏目很多，辟有“小言论”“国际旬谈”“半月战局”“小问答”“小常识”“小茶棚”等，内容通俗易懂，生动活泼，对一般群众非常适合，因而受到广大群众欢迎。

1938年5月1日，由原北平中国大学国学系讲师、正在筹建中的政治干部学校教务长齐燕铭创办《盍旦》和《文史》两个进步期刊。

1938年9月，山东省委宣传部创办了《大众月刊》。

1938年9月1日，《战地文化》创刊于鲁西北，16开本，每期32页，是一个包括政治、经济、文化、军事的大型理论性刊物，时称“华北唯一的综合半月刊”，编辑人员有丁子玉、李大钊、吴弢、许法、莫循、管大同共6 人。随着形势的发展，登过不少我党领导人的文章，发表过不少社论，有力地宣传了我党全面抗战路线的主张和方针、政策，扩大了我党的政治影响，为动员组织千百万民众参加抗战起了极大的推动作用。《战地文化》发表了叶剑英的《论目前战局注意敌人沿江前进》、徐向前的《开展河北游击战争》、伊坪的《论抗日政权》、昔玉的《发动广大群众进行武装参战与要求民主的斗争》、震东的《为建立廉洁的抗日政府而奋斗》、齐燕铭的《抗战中的党派问题》、任夷的《冀鲁边区一个严重的经济问题——怎样抵制仇货的倾销》等文章。它的出版倍受欢迎，被誉为“游击区的精神食粮”。《战地文化》共出版了 3 期。

1938 年 10 月，综合性半月刊《海涛》在掖县创刊，由八路军第五支队二十一旅成立的海涛半月刊社编辑出版。社长郑耀南（时任二十一旅旅长），主编罗竹风、李佐长，编委由张咨明、马少波兼任，主要撰稿人有罗竹风、李佐长、张加洛、虞棘、孟继文、马少波。刊物为铅印，24 开本，公开发行，在掖县、蓬莱、黄县各大书局经售。主要栏目有“时事漫谈”“专论”“小说”“诗歌”“名人介绍”“大众讲座”“通讯”“半月大事记”等，栏目涉及范围广泛，体裁多样。《海涛》以宣传抗日、普及革命理论、传播新知识为宗旨。《海涛》是胶东地区出版的第一个综合性革命刊物，它对宣传抗日，了解抗战形势，开启民智，动员、联合广大青年起到了积极作用。不久，“第三军”政治部主办的《突击》半月刊也出版发行。同年，刊物出刊 3 期后，因部队撤离掖县城，失去印刷条件而停刊。

1939 年，鲁南美术协会创办《大众画刊》，主编宋秉恒，刻制发表了大量宣传抗战的作品。

1939 年 1 月 4 日，《大众日报》文艺副刊《战地文艺》创刊，后改为《抗战文艺》。1939 年 1 月 1 日，中共中央山东分局机关报《大众日报》创刊，1 月4 日即开辟《战地文艺》专刊，刊登富有战斗性的速写、戏剧、文艺通讯、报告文学、诗歌、歌曲、民谣、鼓词、土调、秧歌等多种样式的文艺作品，以揭露日本侵略军的罪行，鼓舞人民的抗日信心，歌颂抗敌斗争中的英雄模范人物。

1939 年 4 月，中共烟台地下党组织在进步青年中建立抗日救国会，创办油印小报《十日吼》，每 10 天出版一期，除救国会内成员自己编写抗日文章外，还转载胶东《大众报》的抗战消息，后改为《抗战》半月刊，每半月出版一期。

1939 年 6 月，文化综合性刊物《文化防线》由胶东文协出版发行，主编阮志刚。《文化防线》的封面很朴素，白底印上四个仿宋体黑字。这是胶东半岛最早的第二个综合性刊物。出刊两期就停刊了。该刊主要刊登中国共产党领导人如毛泽东、彭德怀、王明、王稼祥等的文章。该刊指出：为了中国不沦为日本帝国主义的殖民地，中国人民不沦为亡国奴，我党应该采取“拥蒋反汪”的全面抗战路线，建立最大范围的抗日民族统一战线。该刊还发表了毛泽东主席的《相持阶段中的形势与任务》一文。栏目有“专载”“名论特辑”“电文一束”“译作”等。

1939 年 10 月，中共胶东区委创办《党内教育》刊物，1940 年 10 月改名为《斗争》，为加强党员的理论教育，提高党员政治觉悟，在胶东各区县普遍发行。刊物发行量很大，对党员、干部影响也很大。

1940 年，山东省妇女会筹备委员会主编的《山东妇女》创刊于蒙阴，主要是进行抗日宣传，研究在抗战建国运动中妇女运动的目的和任务，报道活跃在各条战线上的妇女姐妹的事迹。附有《战地通讯》。

1940 年，文艺小报《文艺学习》创办，由八路军一一五师政治部主办，那沙主编，铅印，16 开，4 版，是山东抗日根据地较早铅印出版的文艺报刊。由于战斗频繁，只编发四五期即停刊。该刊对鼓舞根据地军民抗敌斗争，发挥了一定作用。

1940 年 7 月，文艺专刊《文艺习作》创刊，八路军一一五师文艺习作会编。先在《鲁南时报》上占两版的篇幅，每月 2 期，共出 2 期。后因稿件增多，篇幅扩大，装订成册出版 2 期。从 1940 年 11 月 4 日第 5 期开始，在《大众日报》上刊印，半月一期。文艺习作会是八路军一一五师的文艺爱好者 1940 年 6 月组织起来的文艺团体，它的任务是开展部队的文艺工作，推动部队学习，帮助部队提高文化水平。

1940 年 7 月，新四军山东军区政治部创办《军政》杂志，该刊是军队政工刊物，发表有关军政工作时事评论、军队作战经验、军政工作意见总结等文章。1949 年停刊。

1940 年 12 月 7 日，文艺专刊《艺术工作》在《大众日报》上创刊，半月一期，《大众日报》艺术工作社编。主要发表指导文学艺术工作方向和创作等方面的理论文章，发表通讯、散文、诗歌、木刻等形式的文艺作品。

1940 年 12 月 9 日，渤海《青年人》创刊，该刊使命是“为鼓励表扬青年们可歌可泣的伟大事迹，更为进一步巩固与扩大青年的组织，将千千万万的青年们，动员起来，组织起来，武装起来，铸成钢铁一般的力量，打倒蛮横的日本帝国主义，争取民族解放，并加强青年们的学习，求得自身解放”。1944 年夏休刊。1946 年 7 月 15 日复刊，由 32 开改为 16 开出版。设有“通讯”“青年工作指导”“读者园地”“儿童生活”“文艺诗歌”“研究问题”“教师园地”等栏目。

1941 年，《青年记者》创刊，该刊为大众日报社主办的通讯员读物。曾出版 16 开本、32 开本，双月刊、月刊，有时不定期出版。免费赠阅。刊物主要登载宣传任务、报道思想、采访写作经验以及通讯员的工作情况交流等内容。栏目有“业务研究”“编辑札记”“记者生涯”“通讯员园地”“新闻大学”“写作漫谈”“帮您成才”“新闻作品赏析”“读报与评报”“专记”等。

1941 年 1 月 15 日，综合性月刊《胶东大众》创刊，由胶东大众社编，胶东联合社出版。开始有的期刊为联合社和昆嵛社出版，《大众报》分销处、战时邮局发行科发行，发行量一两万份。第 1～26 期为 32 开本，第 27～46 期为 16 开本，第 47～63 期终刊为 32 开本。创刊时主要发表政治、经济、军事论文等，也有少量战地通讯、速写等。第 3 期之后，增设文艺专栏，发表散文、报告文学、戏剧、小说、诗歌、曲艺等。第 15 期(1943 年 3 月)开始，编辑改为胶东文协，主编马少波，内容也有所变动，主要发表时事述评、论文、工作经验、通讯报道、科学技术介绍、文艺作品、美术作品等。1945 年 1 月出第 26 期后，因编辑人员分散下乡参加实际工作而停刊。1946 年 1 月复刊(第 27 期)，改为半月刊。编辑为胶东文协，主编江风，出版发行为胶东新华书店。栏目有“论坛”“漫画”“文艺”“通讯”“半月大事”“文摘”“工作经验”“青年园地”“写作指导”“大众科学”“国际知识”等，读者对象以广大文化工作者和知识分子为主。后来主编仍由马少波担任。1947 年 8 月 15 日出到第 63 期，根据读者要求，改版为《胶东文艺》。

1942 年 3 月，《山东民主导报》创刊于沂南县，黎玉题《发刊词》“山东民主导报与坚持山东民主斗争的基本方向”。第 4 期起改为季刊，第 7 期起改名《民主导报》，第 8 期起由山东省政府主编。栏目有“特载”“专载”“调查研究”“附录”等。

1942 年 8 月，《胶东青年》创刊于胶东，该刊的出版分两个时间段。第一段为 1942 年 8～12 月，共出版 5 期，是一份面向青年儿童的杂志，读者对象为初中一年级及高小学生，是在解放区创刊较早的青年读物之一。

第二个时间段为 1943 年 1 月至 1945 春，共出版 9 期，内容包括时事新闻介绍及简明评述，有政治、军事以及各种社会问题的论述，有战斗、生产、生活报道与素描，还有工作学习方法及经验介绍、科学常识、青年习作园地等。

1943 年，山东分局创办综合性党刊《斗争生活》，64 开本，不定期出版。党刊中刊发的文章用于指导党的工作，供各地党委工作之用。

1943 年 3 月 1 日，《山东文化》在莒南创刊，这是抗战期间山东解放区出现的较早的一个综合性文艺杂志。由山东省文协总会山东文化社主办，先后担任主编的有张笠吾、张凌青、刘雪苇等。1945 年 8 月日本投降，该刊编辑人员作为前线记者随山东解放区部队开赴新战场，《山东文化》因而暂停。1945 年冬至 1946 年春在临沂复刊，1947 年又停刊。

1943 年 9 月 15 日，《战士》报改为《战士》(月刊)继续出版，刊期延续，第十八集团军山东军区政治部主办。战士(月刊)沿用朱德总司令题写的“战士”报名，时任军区司令员兼政委罗荣桓、副政委黎玉、政治部主任肖华、军区参谋处长李作鹏、赖可可、梁必业、闫捷等七人组成党报委员会，肖华兼任社长。1945 年 9 月，《战士》(月刊)随山东军区主力开赴东北，山东军区与东北民主联军整编后继续出版。1946 年 4 月，民主联军总政治部将《战士》更名为《自卫》报。9 月，又更名为《东北前线》报，成为东北野战军党委机关报。

1944 年，《整风报导》创刊于莱阳，中共胶东区党委总学委会主编。该刊是油印版，主要介绍胶东区党政机关、团体整风学习概况。共出版 4 期。

1944 年 3 月，滨海《教师之友》创刊，由山东滨海行政公署教育处主办，该刊栏目有“学习生活”“教育通讯”“点滴经验”“学习小故事”“卫生教材”等。

1944 年 5 月 15 日山东各救总会主办的《山东群众》创刊，该刊由山东省各界抗日救国联合总会出版。宣传抗日战略、战绩，团结教育广大群众，抨击和揭露国民党政府消极抗日、积极反共的面目。同年 10 月份休刊。1945 年 11 月 15 日复刊，主要刊登模范地区工作经验，终刊日期不详。

1944 年 6 月《教师之友》创刊，该刊阅读对象是小学教员和区级教育行政干部。胶东行署教育处副处长宫维桢在《发刊词》中指出：“教育工作者的任务，不仅要培养教育下一代，使之成为新民主主义的健全公民，同时对社会来说，又须指导群众，教育群众完成战斗、生产、民主、文化四大任务。为此，必须加强学习，提高对教育工作的认识，加强对课程、教材和教法的研究。”①该刊1944年8月停刊，共出3期。1947年6月，为了进一步提高小学教师政治质量，推动与开展小学教师的整风运动，加强小学教师业务学习，改进国民教育，山东省政府教育厅决定《教师之友》杂志复刊。

1945年，《工作通讯》(胶东版)创刊于莱阳，胶东区党委主办，该刊的任务是：及时介绍各地各种工作经验，帮助区级以上的干部同志获得一些最现实的业务学习材料，改进自己的工作，提高自己的能力。该刊刊登土地改革、反特除奸、生产节约、宣传教育等工作通讯。共出版5期。

1945年1月，《山东医务杂志》创刊于临沂，该刊前身是山东军区卫生部军医杂志社编辑的《军医杂志》，1945年第2卷第1期起更名为《山东医务杂志》，同年年底，改出《卫生丛刊》。主要刊登卫生最高领导机关命令、指示与医政保健、行政等政策文件，介绍各地医务经验，指导与纠正临床疑难或错误问题以及战地救护与战伤治疗技术。该刊第2卷第8/9期合刊为药物专刊，专门介绍药理和调剂知识。

1945年4月5日，《前线报》(增刊)创刊于胶东，该刊是根据部队军政工作每一时期具体情况所出版的一种不定期刊物。内容大都为工作总结及较长的重要论文或介绍其他战略区工作经验。

1945年10月20日，《战邮通报》创刊于烟台，胶东战邮管理局主编。该刊为邮政工作刊物，内部发行，32开本，油印，是胶东解放区为加强战邮建设，交流经验，开展革命竞赛运动，创造与培养大批的战邮英雄与模范，把胶东战邮工作迅速向前推进逐步走向正规化，由山东战邮胶东分社创办。内容主要有战邮工作经验交流，劳模人物介绍以及开展革命竞赛运动等。

据统计，根据地出版的期刊达144种，影响较大的还有《群众》《大众》《山东医务》《山东教育》《民生》《文艺短兵》《农村戏剧》等。此外，还有山东战时工作委员会主办的《山东导报》、山东文协主办的《山东文艺》、山东妇女联合会主办的《前哨妇女》、山东省青联主办的《青年通讯》《中国青

---

① 车吉心、梁自絮、任孚先：《齐鲁文化大辞典》，山东教育出版社1989年版，第299页。

年》(山东版)、山东省文化协会主编的《农村生活》、八路军一一五师及山东军区政治部主办的《战士画报》(后改名为《山东画报》)以及《文化阵地》等期刊。仅1941～1942年,山东抗日根据地新创办的期刊就有30余种。1943年年初,为了有力地贯彻党的文艺方针,更好地开展根据地文化活动,适应根据地日益扩大和斗争形势的需要,山东文协充实扩大了领导机构,会长为姚尔觉(潜修),副会长为张凌青,秘书长为刘导生,驻会作家有那沙、刘知侠、陶钝、贾霁、林艺、张伟强等,还创办了《山东文化》《戏剧》《大众歌声》《农村生活》《新儿童》五种期刊。

第三节　沦陷区创办的报刊

1937～1945年,在沦陷区,日伪当局推行奴化教育摧残民族出版业,运用新闻舆论进行心理战和宣传战,从而达到"不战而屈人之兵"的效果,是众多侵略者广泛应用的伎俩;同时竭力拼凑汉奸出版业,但这种出版业受到爱国群众唾弃。日本侵略者残酷迫害和镇压一切具有民族气节的报刊,使沦陷区的新闻事业日趋殖民化。

一、济南地区

1937年12月27日,日军攻陷济南,直至1945年12月27日,山东战区接受日军投降仪式在济南大明湖畔的省图书馆"奎虚书藏"楼举行。这个时期济南的报业主要是日本报纸和日伪政府的报纸,主要有《山东新民报》《山东新民晚报》和《山东新报》等。这些报纸有的以中文面世,有的以日文出版。如前所述,早在1905年,济南就出现日文报纸《济南日报》,沦陷时期济南又出现众多的日文报纸,比如《山东新报》《山东新闻》《山东商报》《国民日报》等。这些报纸有的在济南沦陷之前就已经创办,有的是在沦陷之后出现的。

总体来说,沦陷时期济南的报纸都是日本对中国人进行奴化宣传的工具,为其侵略行径涂脂抹粉,甚至有的报社还充当情报机构和特务机关。比如《济南日报》,这是一份由日本特务丰田孤寒所创办的中文报纸,创办时间是在1916年。济南沦陷之后,于1938年更名为《山东新民报》,社址在济南经三路小纬六路,对开6版,是山东沦陷期间,日本侵略者办的中文报纸。其前身为日本人丰田孤寒办的《济南日报》。社长浦上叔雄、刘亚五，总编辑罗亚民、张颐君、郭仲泉。所发社论均为日本特务机关交付的，或由汉奸拟就。报道内容，除少量经济新闻、社会新闻外，大多是宣扬“大东亚共荣”“强化治安”“中日亲善”，为日本帝国主义的侵略战争服务。同时，还有大量反苏反共宣传。该报日出对开 6 版。1942 年该报的晚刊——《山东新民报晚报》(4 开 4 版)出刊，该报改为日出一大张，对开 4 版，外加晚刊一张。《山东新民报晚报》总编辑周白采，主要宣传“大东亚共荣”“强化治安”“中日亲善”等内容，为日本帝国主义的侵略战争服务，一年后因无销路而停刊。《山东新民报》在日本投降不久后出至第 9980 期停刊。

另外，济南也出版过一些进步刊物和影响较大的文学期刊，还有日伪出版的汉奸论调的刊物，另外有伪山东省公署和伪济南市公署出版的刊物，具体介绍如下。

1938 年，《济南市公署二十七年目录》由伪济南市公署秘书处出版，该刊以图表形式分析济南市行政概况，分为总务类、财政类、建设类、教育类、畜政类、社会类。数据源于该署各处相关主管部门的调查统计。1939 年，伪济南市公署秘书处继续编印《济南市公署二十八年统计专刊》。

1938 年 5 月，《鲁联卍字旬刊》创刊于济南，社址在济南商埠魏家庄民康里 7 号，总编编灵泳、张星五。该刊以宣道展慈为宗旨，内容不涉政治不分派别，栏目有“道慈阐邃”“研经”“讲演”“道慈纪实”“文苑撷英”“丛载”等。共出版 7 期。

1938 年 5 月 10 日，《济南市公署旬刊》由伪济南市公署秘书处编印，旬刊，1940 年 10 月出至第 30 卷第 88 期停刊，主要公布法规，刊登公文及工作报告、讲演材料，宣扬“中日亲善”和所谓“东亚新秩序”，反对人民抗战。栏目有“中央法规”“公牍”“财政”“建设”“教育”“统计”“工作报告”“专载”等。

1938 年 7 月 25 日，由夏郁文主编的《力行月刊》在济南创刊，该刊办刊宗旨为“阐扬东方文化，巩固中日提携，宣播王道政治，力行反共主张”①，宣扬“力行中日提携以保障中日两国民族之共存共荣”的汉奸论调。

---

① 章绍嗣，田子渝，陈金安：《中国抗日战争大辞典》，武汉出版社 1995 年版，第 803 页。

内容涉及政治、经济、教育、文化、哲学、乡村建设等方面。1941 年 10 月出至第 2 卷第 4 期停刊。

1939 年 7 月，伪山东省会警察局秘书室出版《山东省会警察局半年刊》，该刊是警务专刊，主要刊登关于警务方面的法规章程、各项材料、统计图表，还有少量的论著。栏目有“中央法令”“本省法规”“本局章则”“关于总务事项”“关于行政事项”“关于司法事项”“关于卫生事项”“关于特务事项”“统计图表”“专载”“附件”等。

1939 年 7 月 10 日，伪山东省公署秘书处创办《山东省公报》，主要发布伪山东省政府有关命令、本署会议记录、省内外公文函电、本署工作报告、本署大事记等。栏目有“法规”“命令”“公牍”“会议纪录”“报告”“特载”“附录”“法规”等。1943 年 11 月出至第 157 期改为《山东省政府公报》。

1939 年 10 月，《新文化》杂志在济南创刊，该刊内容有论著、诗歌、翻译、小说、剧本、散文、小品等，另辟有“青年文艺”栏目。创刊号中刊登茅盾的“代发刊词”。

1940 年 1 月 1 日，《文教月刊》创刊，伪山东文化教育委员会主编，该刊内容多为经学研究、本省教育概况、文化动态等。1942 年 12 月出至第 3 卷第 11/12 期由《山东文教》替代。栏目有“论说”“文学”“经解”“文艺”“专载”“杂俎”等。

1940 年 8 月，《济南商埠中华基督教会会刊》创刊于济南，是由济南商埠中华基督教会主办，会址在济南商埠经四路小纬六路路北。第一期中刊登有《济南基督徒布道团消息》一文，详细介绍该团成立经过及其工作情况。栏目有“讲论”“解经”“本会事工述要”“经济”等。

1941 年，《齐鲁学报》创刊于济南，齐鲁大学国际研究所出版，主要刊载中国古代史学和古代文字学方面的学术论文，重在考据，另外也介绍古代地理知识。共出 2 期。

1941 年 3 月 15 日，《道义》半月刊在济南创刊，由安清道义会主编，安清道义会是北方民间帮会组织，抗日战争期间沦为汉奸帮会，接受日伪扶持。该刊在发刊致辞中写道：“本刊应时势之需要，为文化之前锋，以站在兴亚反共最前线上，领导同道群众，向新时代前程迈进，发扬吾道固有之团结精神，为建设新中国巨练之一环，同时更以服务社会为最大目的，以纯民众立场，代表全道友之喉舌，为本会强有力之舆论代表机关……”[①]内容除介绍该道教义及总结道义会的工作进展情况外，其他文章均有较浓厚的反共色彩。出版7期后停刊。

1941年6月1日，文艺月刊《大风》在济南创办，大风月刊社编辑兼发行。社址在济南贡院墙根街4号，山东新民报印刷局印刷，济南东方书社总代销。其征稿简章中说，“本刊以宣传政情，树立中心思想，加强反共运动，完成和平建国之使命为宗旨”，[②]可知其刊物性质。栏目有“论著”“文艺”“诗歌与散文”“杂评”“风丝”“影与剧”“杂文”“问题讨论”“学生作品”“读者与编者”等，视情况因文设栏。

1943年11月20日，《山东省政府公报》在济南创刊，由伪山东省政府秘书处编印，继承《山东省公报》，期数延续从158期起，至1945年5月出至第211期停刊。主要发布伪山东省政府有关命令、会议记录、省内外公文函电、工作报告、大事记等。

二、青岛地区

1. 报纸

在青岛，沦陷时期日本人取缔了青岛地区所有中国人办的报纸，全部由日本人报纸掌控舆论。在日本第二次侵占青岛的这7年零9个月的时间里，日本人在这里先后创办过3家中文报纸、3家日文报纸和1份英文报纸。3家中文报纸是新民会的机关报《青岛新民报》、重新复刊的《大青岛报》和由前面两家报纸合并而成的《青岛大新民报》，《青岛大新民报》成为日本侵略中国后期青岛地区唯一的中文报纸。3家日文报纸是复刊后的《青岛新报》和《山东每日新闻》，以及由前面两家报纸合并而成的《青岛兴亚新报》。1份英文报是《山东每日新闻》。下面先介绍下这几种报纸。

《大青岛报》

1938年1月，日本第二次侵占青岛后，《大青岛报》于当月25日复刊。社长仍是小谷节夫，副社长是关谷金吾。复刊后的《大青岛报》，对开两张，日销量约4000份。同时，《大青岛报》将重心转移到宣传“中日亲善”“中日提携”以及“大东亚共存共荣”。因为报道风格的转变，许多爱国记

---

① 《道义半月刊》创刊号(1941年第1期)。

② 山东省地方史志编纂委员会编:《山东省志文化志》，山东人民出版社1995年版，第107页。

者编辑纷纷离开报社，这时期仅剩下副刊编辑为维持生计继续坚守。在日本亚洲历史资料中心，有一份关于20世纪40年代《大青岛报》的记者编辑名单，包括王子久、郑新达、郑启元、王去尘、陈瓶如、潘毅民、胡熙博、何东良、刘东海、姚洗尘、关伯章、张喟兹等人。

日伪报纸不断地美化其侵华行为，宣扬他们在战场上取得的"节节胜利"，诋毁中国人民英勇抗战的正义行为。《大青岛报》也不例外，特别是第二次占领青岛之后，日本人垄断了青岛当地的新闻舆论，在高压政策下，《大青岛报》也完全转型为日本人的舆论工具。

以20世纪40年代初的《大青岛报》为例，报纸版面设置较为丰富，包括头版的时事要闻；第二版为国际新闻；第三版为国内新闻；第四版为固定副刊；第五版也是副刊，但是为每日不同的周刊；第六版是经济新闻和广告；第七版是"市署布告"即青岛本市新闻；第八版是连载小说即商业广告。在《大青岛报》中，各类新闻报道都在报纸中成为重要组成部分，同时也是后人了解当时政治、经济、文化、历史的重要参照。抛去政治因素，《大青岛报》的副刊经营还是相当出色的，他们针对不同的人群设置了不同的周刊，为了满足少年儿童的求知欲望和阅读需要，专门设置了《儿童周刊》，并于每周二出版。为了招揽更多女性知识分子阅读报纸，《大青岛报》还专门设有《教育周刊》《妇女周刊》等等。另外，《大青岛报》还曾经出专刊宣传、介绍了杜宗甫所刻牙雕《美国大总统罗斯福像》《清高宗刺虎图》《灵山大会图》等图画，这在当时的文艺界一度引起了轰动。

此时，青岛还存在另一份日办中文报纸《青岛新民报》，该报是新民会机关报，资金实力雄厚，特别是改版之后，销量远远领先于《大青岛报》。无奈之下，小谷节夫的报纸也只能借助政治经济活动，增加报纸的发行量。《大青岛报》社曾经发函给青岛总商会："贵会所属各商号中订阅敝报者尚不甚普遍，为增加治强宣传效率以达到建设华北乐土之目的而发展懂法固有文化起见，拟请贵会转知各商普遍订阅。"[①]1941年，日本陷入太平洋战争，自身实力受到严重削弱，国内物资供应紧张，纸张尤为稀缺，报业用纸需要向官方申请，报业开始缩编，小报社并入大报社。1942年4月2日，《大青岛报》与《青岛新民报》合并之后，《大青岛报》才算终刊，这是外

① 王磊：《日本第二次占领青岛期间日办中文报纸研究》，2014年山东大学硕士学位论文。

国人在青岛办的时间最长的一家中文报纸，同时也是“华北资格最老之新闻纸”之一。

《青岛新报》(《青岛新民报》)

《青岛新报》是新民会青岛特别市总会的机关报，也是伪市署领导下的报纸，1938年1月18日创刊，初名《新民报》，报纸日出半张，共2版，前身是陈无我的《大东亚报》。社长张传基，副社长尾池义雄，总编辑山田春三、桥川俊、郑寿康。该报原由日本军方控制，属日官方企业，后来设立董事会，除日本人外，也有汉奸参加，对外伪装成民办报纸，在宣传上完全为日本侵略、统治中国服务。后来，为与其他地区的新报区别开来，1938年1月28日正式改名为《青岛新民报》。另外，《青岛新民报》也是青岛地区第一份实现一周七天均出版的报纸，之前的报纸都是周日休息，周一没有报纸。该报的政治立场为，“因本报之创立，原不为营业盈利，其最大之使命乃在专为民众谋利，灌输以正确之知识，以补社会教育之不足，希望能够藉本报之力量，将中日两大民族融合为一，实行中日满亲善和提携，加强反共阵线，巩固我东亚之永久和平”①。

1938年6月1日，《青岛新民报》正式改版。在内容上力求充实，新闻消息要求准确，文艺副刊尽量新颖。关于国际形势、政治变化、经济状况、文学动向、科学研究、家庭常识、医学法律教育等各种专论和纪事，均可以在该报刊登。此外，报社重金邀请国内著名小说家撰述新旧体小说，特约各种专门学者分别发表论文，这期间著名小说家王度庐、陈慎言等受邀在《青岛新报》发表名作。

由于版面多、发行量大，再加上是新民会的机关报，《青岛新民报》的广告额在当时青岛的报业界也是首屈一指。在《青岛新民报》的广告中以医药广告为主，日本医药企业若素、仁丹成为主打，产品广告曾经以整版出现，这在当时的报纸广告中并不多见。

《青岛大新民报》

《青岛大新民报》是日本侵略后期青岛地区的唯一“传声筒”。1942年年初，日军攻陷缅甸。至此，日军占领了整个朝鲜半岛，中国东北、华北大部、长江中下游地区、中国台湾、东南沿海等地，东南亚大部和太平洋西部大部分岛屿。日军达到了历史的最鼎盛时期，同时也是中华民族生死存

---

① 糕迎春：《〈青岛新民报〉研究》，2009年中国海洋大学硕士学位论文。

亡的最重要关头。日本方面为了加强占领区的统治以及继续为“大东亚共荣”造势，进一步控制舆论，在此期间，许多中小报纸被合并到大报纸，统一口径进行宣传。

1942 年 4 月 1 日，《青岛新民报》刊登了《关于青岛新报与大青岛报改为“青岛大新民报”的紧要后事》，《青岛大新民报》基本沿用了《大青岛报》和《青岛新民报》的人员。社长为前《大青岛报》社长小谷节夫，总编辑和副总编辑是前《青岛新民报》的总编山田春三和郑寿康，编辑为前《大青岛报》主任编辑王效谷。

《青岛大新民报》版面较之《青岛新民报》《大青岛报》已经开始缩减，由之前的对开两大张 8 个版面，改为对开一大张半 6 个版面，但是报道内容较之前的《青岛新民报》没有太大的变化。头版依旧是日本战事新闻、国际新闻及长篇小说连载；第二版为国内重要新闻；第三版为山东省新闻；第四版为经济专版；第五版为青岛本市新闻；第六版为小说连载及广告。

随着战事的进展，日本国内出现物资供应紧张，报社用纸都要上报审批。到 1944 年《青岛大新民报》又缩编规模为日出 4 开 1 张 2 版，1945 年 1 月 20 日又改名《大新民报》，5 月 1 日缩减篇幅为每份 8 开 1 张 2 版。1945 年 8 月 15 日，日本裕仁天皇发表《终战诏书》，宣布无条件投降。1945 年 8 月 15 日，伪青岛特别市政府及新民会解散，移交国民党青岛特别市政府。《大新民报》也顺应时事，开始正面报道国共新闻，9 月 1 日起只有 8 开 1 版。9 月 13 日，李先良率青岛保安队进入市区，青岛彻底解放，《大新民报》也最终停刊。

2. 期刊

抗战期间，青岛也创刊了很多期刊，但是多数期刊在日伪的统治下都难逃被封杀的命运，下面按创办时间分别介绍如下。

1938 年 6 月，《青岛教育周刊》创刊于青岛，是日伪组织青岛治安维持会创办，第 2 卷第 1 期起由伪青岛特别市教育局编辑印刷。主要刊登青岛教育、文化界的消息及各种学术研究的论著。栏目有“论著”“专载”“公牍”“计划与报告”“儿童文艺”等。

1939 年，文艺副刊《新潮》在青岛创办，系由青岛的《新民报》副刊《新生》和《大青岛报》的副刊《青潮》合并而成。主要撰稿人有芒艾、孟宇、伊川、歌帆等。因在日伪的黑暗统治下，为躲避敌人的耳目，除发表一些抒发爱国情感的作品外，也间有一些风花雪月之类的作品。至1940年春停刊。

1939年3月，《青岛经济统计月报》创刊于青岛，是日文版，编辑兼发行人是松崎雄二郎，内容包括经济概况、物价、人口等统计资料。1943年2月出至第4卷第12期停刊。

1939年4月，《青岛市经济月报》由青岛特别市社会局经济科主编，介绍青岛工业产品、农副业产品的统计数字、表格，进出口货物数量、价格的统计，对经济情况的调查资料，粮食作物收成，受灾统计数字等。刊内的文章是中日文对照。共出8期。

1939年4月30日，《社会月刊》创刊于青岛，刊登内容包括该局法规、公文、报告、调查统计等，涉及社会生活的诸多方面，如职工与舞女生活、救济院、物价、住房等，另有部分小说、诗歌等文艺作品及作品鉴赏。

1939年7月，《青岛市政公报》创办第1期刊登伪青岛特别市公署7月份文件。同时出版《青岛市政公报(特刊)》，刊登1939年1月10日伪青岛特别市公署成立之日起至6月底文件。

1940年，《社会经济月报》创刊于青岛，由伪青岛特别市社会局主办。内容为中文、日文对照刊物，出版过“劳工问题特辑号”。

1942年，文艺刊物《华北通讯》在青岛创刊，主编歌帆，主要撰稿人有芒芠、雷妍、查显琳等。因处在日伪黑暗统治下，有些作品采取了曲笔手法，但基本属于进步刊物，刊期不详。

1943年，旬刊《蔷薇》在青岛创刊，蔷薇十日社编，主编默汀、迪生。1943～1944年刊行，地址在青岛市中山路171号，共出刊5期。刊发作品多为反对国民党妥协政策，鼓动抗日，受到社会好评。

1944年，文艺刊物《古不其》在青岛出版未果，1945年秘密印刷出版。因社址设在即墨，又因汉朝时青岛属不其(音 fú jī)，故刊名定为《古不其》。第1期由在即墨师范读书的刘承蕙(刘燕及)主编。刊物于8月初出版，首批装订了80册，迅即发行到各报摊，引起强烈发响。因遭国民党当局查封，刊物刚与世人见面，便告夭折了。

1944年3月，文艺刊物《民民民》月刊在青岛创刊，王伯南任发行人，社址在中山路、曲阜路口的黄海大楼，由胡汉士主编，张喟兹任编辑，撰稿人大都是青年人，经常供稿的有芒芠、蓝田、废丁、鲁丁、沉迟、鲁基、李瑛等。栏目有“论著”“文艺”“文化生活”“医药卫生”等。另辟有《航空专页》，由日本航空联盟供稿，并同时刊登航空模型机的制造及其讲座等内容。作者们用文艺形势抨击时政，反抗日伪统治，受到了文艺爱好者的欢迎。由于日伪当局的干预，该刊仅出10期便停刊。

1944～1945年，文艺刊物《治平月刊》在青岛刊行，主编沈迟。该刊虽偏重文艺，但稿件质量都较粗糙，出刊时间不长即停刊。

1945年春，诗歌刊物《诗青年》由青岛市的学生自发组织创刊，默汀、沈迟主编。内容多是宣传反饥饿、争自由，鼓动推翻日伪统治。仅出2期便停刊。

1945年4月，《地瓜干》月刊在青岛刊行，地址在青岛太平路45号。偏重文艺，但质量较差，出刊时间不长即停刊。

三、烟台部分地区和其他沦陷区

1937年日本入侵烟台所在的胶东半岛，出现了三种政治力量：共产党代表人民利益坚决抗战；国民党游击队伍消极抗战，后来投向日本怀抱；日本则在屠杀中国人民的同时，拉拢国民党顽固派积极反共。

抗日战争期间，国民党在胶东也办有报纸。先是蔡晋康部在栖霞办报，时间短暂；后有赵保原在莱阳办《抗建日报》，持续数年，以反共为己任。日寇1938年占据烟台后，出版有《鲁东日报》，拉拢国民党，打击共产党。1938年10月，《鲁东日报》(烟台版)创办于烟台，社址在烟台履信路3号，对开4版，1945年日本投降后停刊。社长是日本人斋滕荣，总编辑王逸轩。下设编辑部和营业部，编辑部下设校对与制版部，营业部长刘百川，营业部辖印刷厂，厂长刘冠芳；还辖营业股、广告股、庶务股、会计股。营业股下设黄县、招远、蓬莱、福山、牟平、长山岛、威海等7处分社，负责推销报纸。龙口单设支社，与营业股平列。职工共60余人。报纸日销8000余份。第一版要闻，第二版市内新闻，第三版胶东各县新闻，第四版副刊。《鲁东日报》的宣传覆盖胶东沦陷区。1940年6月曾出过“龙黄版”专页，1941年为配合日军推行强化治安政策，该报在第一版开辟“治强运动的解说”专栏。除了在社论、消息中宣传反共的内容，还利用漫画、口号污蔑共产党。该报受日本特务机关领导，为日军侵华服务。初创时宣扬“和平”，炫耀日本的强大富庶，重庆政府的分裂腐败。本地新闻极力渲染日本人温情脉脉的假面孔和日本人统治下烟台的“歌舞升平”景象。副刊多登桃色新闻和奇闻轶事。随着战争形势的发展，《鲁东日报》的政治色彩加浓。1940年起宣传德国、意大利法西斯战争的“胜利”。苏德战争爆发后，报纸头版几乎每天都宣传德军“势如破竹”、苏联“溃不成军”，并配合发表社论。1941 年太平洋战争爆发后，大肆宣扬“大东亚圣战”“大东亚新秩序”“共荣圈”等反动内容。

1937 年“七七事变”后，文艺性周刊《流火》由董均伦在烟台创办。铅印，16 开本，发行 1000 余份，烟台、威海均有代售点。主旨是宣传抗日救国，有评论、文艺、通讯等。只出 1 期，烟台当局扬言要缉捕办刊人，董均伦因此离开烟台去延安。

1938 年 5 月，《鲁东月刊》创刊于烟台，该刊内容有国际时事、经济、军事、历史、山东各县的风土人情、文艺小说及社会、自然科学等。栏目有“论著”“小品”“小说”“译述”“鲁东政闻”等。1939 年 1 月出至第 2 卷第 9 期停刊。

另外，除烟台外，日伪在泰安、东阿、鲁西都曾创办过报刊。

1938 年 9 月上旬，《山东省政公报》创刊于东阿，该刊为政务刊物，由伪山东省公署秘书处编印。栏目有“法规”“命令”“公牍”“统计”“特载”等，出至 1939 年 6 月下旬第 30 期停刊。

1939 年 3 月，《山东鲁西道尹公署周年施政特刊》创刊，伪山东鲁西道公属隶属于伪山东省公署，道公署为所辖各县的行政监督指导及省长委任事项的执行机关，设道尹 1 人，承省长之命指挥监督所辖各县行政与职员，对驻扎道内的警团及警备队有节制调遣权。朱泮藻任当时鲁西道道尹，初设公署于泰安，后迁至济宁。该刊是 1939 公署成立一周年特刊，内容包括公署所属各科室工作摘要及公署统计，另还刊登《山东省鲁西道行政区划图》《鲁西道二十八年度政治工作推行计划概要》《鲁西道各县状况（二十八年三月）》。

1939 年 3 月 1 日，《鲁西月报》创刊，1940 年 1 月 1 日出至第 11 期停刊。该刊是地方行政刊物，由伪山东鲁西道尹公署编印，朱泮藻题写刊名。刊登山东省及鲁西地区有关民政、警务、财政、教育等各项政令、工作实施概况的各种公文以及收发文件、财务、物资的统计、会议记录等。

第六章　解放战争时期的山东报刊

抗日战争结束后，国内和平曾出现过一线希望，但不久战火重起，中国的政治版图又被划分为国统区和解放区，中国面临着两种前途的决战。对于中国向何处去，不同的党派、组织甚至个人是有不同的主张或看法的，而当时的报刊不可避免地受到这一客观现实的影响。解放战争时期是中国新闻史上独具特色的时期，是国共两党新闻事业的最后较量，国共两党在两极政治势力的对决过程中消长立显。国共两党展开了抢夺新闻阵地之战，新闻宣传成为这场斗争中不可缺少的重要武器。

在解放战争时期的国统区，能够基本上正常出版的报刊主要是国民党方面的，其次是中间派或“中性”的。在国统区出版的报刊中，中共及其他进步团体、人士创办的报刊也有一些。

中国共产党的新闻事业在开展思想宣传斗争的实践中，形成了这一时期独特的新闻思想。特殊的新闻宣传制度、军事报道内容、群众办报方针等都具有鲜明的特点，同时也与当时的政治、军事、经济、文化等相互联系和影响。

第一节　国统区创办的报刊

一、报纸

在国民党统治区，抗日战争胜利后，在济南、青岛、潍县等城市，国民党党、政、军和地方实力派利用接收日伪报纸的大批印刷设备和器材竞相创办报刊，曾一度出现繁荣景象。国民党当局在济南重新建立其报业体系，出版了一批官方报纸。到1948年，济南共有《山东民国日报》《大华日报》等日报7家，著名的有国民党山东省党部机关报《大华日报》、山东省政府机关报《山东公报》、三青团山东省机关报《青年日报》、CC派报纸《鲁报》和军统报纸《正报》等。其中，《大华日报》的前身是原来的国民党山东省党部机关报《山东民国日报》；创办于1938年6月的《山东公报》，在1947年1月1日更名为《山东新报》，仍为山东省政府机关报；国民党党团合并之后，《山东青年日报》摇身一变，更名为《新生日报》，以民营报纸的面目出现，终因声名狼藉而停刊；至于《鲁报》和《正报》，则是国民党中统的CC派和军统争权夺利的产物。几种报纸具体概况介绍如下：

《山东青年日报》

《山东青年日报》1942年5月4日创刊于临沂，由赵公鲁的《正报》改组而成，1942年12月，因当时投降日寇的吴化文部大举进犯，该报印刷器材遭到严重破坏，被迫停刊，1945年9月5日在济南复刊。它是抗战后济南复刊最早的报纸，开始时销路较广，但因宣传反共，失去民心，以致销路大跌，后由王耀武的参谋黄僖棠出钱接收，1947年改办为《新生日报》。《山东青年日报》是三青团山东省支团机关报，社长马声舞（三青团山东省支团宣传组长），采访主任裴道涵。该报在国民党反动派操纵下，积极进行反共反人民宣传，几乎每天都有诬蔑共产党、吹捧蒋介石的内容，曾在社论中把破坏和平、破坏团结的责任强加于共产党。该报副刊设有"白热"专栏，发表诗歌、散文、杂文、随笔等文艺小品。1945年12月17日，该专栏改名"新血轮"，以适应国民党反动政治斗争的需要。副刊在刊登小说、诗歌、小品、戏剧评论的同时，还辟有一个"警声"专栏，发表的是"警政工作探讨""警训生活记实""怎样做一个合格的警察"等。这种内容的专栏在当时的报纸上是少见的。该报为日刊，4开4版，发行1000～3000份。

《鲁报》

1945年8月，日军投降，《和平日报》改报名为《鲁报》，1946年11月迁至济南，1946年12月25日正式出刊，社址普利街82号，编辑部设在铜元局后街4号。社长张贞甫，总编辑张舜卿、王敬之。系日刊，4开4版。版面不固定，三版、四版多刊登国内国际新闻，并经常刊登污蔑共产党的文稿。该报是在抗日战争时期由潍县国民党地方势力头子张天佑等出资创办的。后因张贞甫与张天佑断绝了联系，改为接受庞镜塘资助，由国民党省党部控制。1948 年 6 月与《工商晚报》合并。

《新生日报》

该报 1946 年 6 月创刊于济南，社址在经三路纬七路。该报是三青团山东省支团部在《山东青年日报》的基础上创办的，由黄公如任社长。1948 年 9 月济南解放，该报停刊。该报有副刊《前进号》，另有《青潮》周刊，1946 年 7 月 2 日创办，由青潮周刊社主编，每逢星期二出版。

《大华日报》

该报 1946 年 7 月 1 日在济南创刊，其前身为《山东民国日报》，铅印，对开 4 版，是国民党山东省党部机关报，发行 2000～10000 份。首任社长孙进先(孙均野)，总编辑魏少彭。该报公布国民党政府的有关政策法令，报道国内外政治军事要闻，刊载本省地方新闻，进行反共反人民宣传。1946 年山东高等法院公审汉奸苗兰亭(济南商会会长)，判 10 年有期徒刑。《大华日报》认为判轻了，以大量篇幅指责法院有舞弊行为，审判不公。为此事国民党山东省党部对该报班子进行改组，孙进先下台，刘汝浩接任，该报遂为“中统”控制，另两位社长是国民党山东省党部执委李汉鸣和省党部委员刘明顺。此后该报在他们控制下，竭尽全力进行反共反人民的宣传。该报一、二版登载国内外军政要闻，三版刊载省内新闻及社会新闻，四版刊登读者来信、《黄河》副刊、文化消息及广告。其印刷设备是“接收”日本的，在当时比较先进，有日产轮转机、电动铸字机及手摇铸字机、平板机、压烤版机等。报纸印刷清晰。1948 年 9 月因中国人民解放军解放济南停刊。

《山东新报》

该报 1947 年 1 月 1 日创刊于济南，其前身是抗战时期在国民党游击区东阿创办的《山东公报》，1948 年 9 月因中国人民解放军解放济南而停刊。经理李同伟，社长李仲勋、马温如、杜若君(第二绥靖区顾问)、汪镇华(王耀武的秘书)，总编辑马温如、王笠汀。该报是王耀武任山东省主席时期的省政府机关报，除大量报道国内、国际新闻外，还辟有“地方新闻”“经济与教育”“公告批示”“每日经济”“文摘”“社会服务”“读者之声”等栏目。抗战胜利后，它连篇累牍地进行反共宣传，把内战的责任推到共产党身上。《山东新报》的文化版较有特色，辟有“百花洲”“海岱”“周末”“影剧”“文史”“文学周刊”和“向学专刊”等专栏，内容丰富多彩。青岛国立山东大学文学院徐中玉教授曾主编《文学周刊》，出了十余期，著名文学家臧克家、王统照、臧云远、田仲济等都在该刊上发表过诗文。该报系日刊，对开4版，发行七八千份，1947年5月31日曾在鲁西南地区创刊兖州版，共出10余期。

国民党在战后发动全面内战，企图消灭中国共产党，因而在新闻政策上强化了对新闻出版的控制。国民党在军事上连连失利，对报纸的管制也日趋严厉，官办报纸时常受到处罚。1947年2月，国民党济南市党部严令各报社、通讯社要肃清一切足以妨碍社会秩序的言论，严禁登载足以动摇民心、军心的有关经济、战事的消息，并据此查禁“违法报刊”。为实施文化控制，国民党还向各地派出多名为“文化通讯员”的文化特务，秘密检举、搜集各地所有违反三民主义思想言论、出版物、印刷品，秘密调查各地文化事业、文化机关工作者及其活动情形，致使大批报人受到迫害。国民党战后对新闻出版的严控，无疑是对近代新闻出版事业的一种反动，因此不可避免地遭到中国共产党的强烈抵制及新闻界进步人士的顽强抵抗，也遭到了国民党内进步报人的非议。

如震动济南报界的《山东新报》“标题事件”，最能体现当政者对报纸的干预。1948年2月5日，《山东新报》一版头条大字标题把“鲁境匪军蠢动无地”误排为“鲁境国军蠢动无地”，为此总编辑王笠汀受到时任山东省政府主席王耀武的撤职处分，社长杜若君也引咎辞职。王笠汀又惊又吓，不久一命归西。原社长杜若君也被调离。他在追悼王笠汀的挽联中所道“我辞职，君辞世，去退似曾有约；君闭眼，我闭口，是非付诸无言”①，道出了对“一字风波”的无奈情绪。

与此同时，随着济南党、政、军、团等官方报纸的创办，民营报纸也逐渐活跃，数量比战前有所增长。这个时期民营报纸比较复杂，有从官方报纸转化为民营报纸的，如原先属于军统报纸的《平民日报》，解放战争期间摇身一变，成为民营报纸；还有内战时期创办，由于时局演变而停刊，最后在这个时期又复刊的民营报纸，如《华北新闻》《诚报》《大晚报》《中报》等等。至于民营报纸，更是动辄得咎，尽管以无党无派、民众喉舌自居，但终究难逃被收买或停刊的厄运。如1947年孙进先接手《平民日报》，声明“本报纯为民营，所有资本全系商股，绝不接受政府投资，更不纳外人金钱，以

① 刘衍琴：《民国时期山东报业概述》，载《新闻大学》1996年春季号。

养成独立的舆论而为民众之真正喉舌”①。但实际上，它接受各机关的补助，是一份中统报纸。在那个政党派系纷争的时代，民营报纸追求客观、公正、无党无派的新闻理念，无异于缘木求鱼。几种报纸具体介绍如下。

《平民日报》

该报1922年4月10日创刊于济南，1937年12月因济南沦陷而停刊，1947年，孙进先买下了该报报名，1947年2月16日登记复刊，摇身一变，成为民营报纸，实由国民党控制的报纸。

《华北新闻》

该报1930年创刊于济南，抗日战争开始后休刊，1945年10月在济南复刊，赵自强仍任社长。复刊后改为4开4版，日发行量在12000份左右。一、四版主要发中央社消息及各地来电；二版为综合版，有“政论”“时评”“名人轶事”“杂谈”“社会服务”等专栏；三版为文艺版。复刊后的《华北新闻》为了争取读者，扩大订户，采取了两项措施：一是附设电台，不仅发中央社消息，而且还大量发表“本报各地专电”，口径偶尔有别于中央社；二是增加“社论”和“园丁之话”栏目，在国民党当局允许的范围内，发表点与当局“不协和”的声音，但大量的报道还是根据国民党政府的需要，做反共宣传。1948年国民党败局已定，赵自强到台湾拟出《华北新闻》（台湾版），但未能遂愿。

《诚报》

该报1931年6月2日创刊于济南，日刊，对开8版。社长朱羲堂（朱经易），总编辑王伯珊。该报除报道国内国际新闻外，还辟有“各地与社会”“经济”（分“上海行情”和“本市行情”）、“市情赘语”等栏目。1937年，博文学会（山东文艺爱好者的进步组织，后与山东文艺青年会合并，受“民先”指导）曾主编过《文艺周刊》宣传进步思想。抗日战争开始后，一度休刊，1945年8月日本投降后复刊。复刊后的《诚报》改成4开4版。1948年8月因中国人民解放军解放济南而停刊。

国民党第二次统治时期，青岛出版的大小报纸有23家之多，有对开日报4家，4开日报1家，晚报4家，英文日报4家，每天销售50000份左右，这期间的报纸生存时间长短各不相同。山东现代报业工人的罢工斗争也值得一提。在抗日战争期间，青岛市只有两家日本人办的华文报纸。日

---

① 刘敏、甘险峰：《近代济南报业概况》，载《青年记者》2014年第9期。

本投降后，青岛市的报业发展很快，公、私营报馆达到20多家。这些报纸的办报目的主要是为资本家捞取政治资本和赚钱。因此，资本家拼命盘剥工人，使广大印刷工人生活境况凄惨。于是工人就联合罢工对付资本家。首先是民营报纸中最有实力的《青岛时报》联合《平民报》工人罢工。他们罢工取得的胜利，大大鼓舞了青岛全体印刷工人的斗志，1946年11月13～16日又爆发了全市印刷、排字、装订工人的大罢工。1948年2月，全市又有13家公、私营报纸的工人举行了一次联合大罢工，并以资方同意提高工人薪金而结束。随即解放战争逼近，资本家抽取资金南逃，青岛报业一蹶不振。与此同时，印刷工人的护厂斗争也开始了。1949年，国民党逃离青岛时，逼令《民言报》《青岛公报》的工人在两天内拆卸轮印机，妄图将设备劫往台湾，声言"谁敢抗命就予以枪毙"！国民党反动势力杀气腾腾，但工人们采用软拖的办法进行抵制，终于将印刷设备完好无损地保存下来，1949年以后成为人民的财产。

当时，在青岛各报为了提高自己的声誉，千方百计地争取读者。青岛的社会现状，一方面是达官富商花天酒地，生活奢侈，好像在天堂上；另一方面，却是物价暴涨，民不聊生，穷苦人民的生活朝不保夕。大众百姓恨透了那些贪官污吏。那时，如果哪份报纸揭露或攻击这些害民贼，哪份报纸就受到大众百姓的拥护赞赏。1947年7月28日出版的《青岛晚报》"观象山"专栏中曾刊载署名"远人"的杂论文章《还是冬天》，文章中写道："青岛毕竟是宜人所在，虽然时值炎夏，海风袭来，犹如凉爽的初秋，难怪那些达官贵人、少爷、小姐、太太、老爷们纷纷来避暑，青岛确是好地方。有人说：青岛，现在还是秋天。不但现在是，一年四季皆是。我说：青岛不是秋天，是冬天，正因为如此，它方把大人先生们的血浇得冰冷，它更不该永远是冬天，它应该把寒冷的冬天拖走，送来一个和薰的春天，至少也得给人们带来一点春的气息。可是直到现在，青岛依然凉爽如秋，有钱人的心，不但是秋天，而且还是冬天。春之神，快来，多数人都在期待你，期待你能把冬天拖走，能给人类带来温和的心。"①从文章中，我们可以管窥到当时青岛大众百姓生活的一种思想心境。

《青岛晚报》于1946年5月2日创刊，社址在吴淞路36号，社长郭有

① 《历史上的青岛老报纸及其他》，半岛网，http://news.bandao.cn/news_html/201106/20110613/news_20110613_1369231.shtml.2011-06-13/2018-12-30.

光(章丘人)。该报是抗战胜利后青岛出现的第一家晚报。《青岛晚报》当时是 4 开 4 版:一版是国事(国际)新闻;二版是“观象山”专栏,辟有“杂论”“人物小志”“各地通讯”等小栏目;三版是“大观园”专栏,是副刊,辟有影剧世界、油腔滑调、文人拾趣、学校园地等小栏目;四版是“新闻集锦”(地方、各地新闻)专栏。同时,4 个版面中都穿插广告版面。

1948 年 11 月,全国解放已成定局,国民党统治的青岛地区已经“四面楚歌”,在这种形势下,《民言报》《平民报》《青岛公报》《军民日报》《青报》《青岛晚报》《民报》和 1945 年 11 月 10 日在老青岛堂邑路复刊的《青岛时报》等八家报社社长准备转移财产外逃,并将青岛库存的白报纸私自瓜分,作为南逃的资本。为应付青岛报业因资产转移而造成的尴尬局面,在《平民报》社长张乐古的提议下,决定各自于 1948 年 10 月 31 日停办自己的报纸,从 1948 年 11 月 1 日起联合创办一份报纸,定名为《青联报》,这就是解放前夕青岛市所谓的“八报联合”。社长为于佩文,总编辑是孙松一,社址在上海路 6 号(民言报社旧址)。1949 年 5 月 31 日终刊。

1947 年 10 月 1 日国民党军占领烟台,创立了两份报纸,分别是《烟台新报》和《时行日报》。

《烟台新报》

1947 年 10 月 13 日,《烟台新报》创刊。4 开 4 版,日刊。1948 年10 月 15 日国民党军逃离烟台,《烟台新报》停刊。发行人冯德先,为国民党中央社驻烟特派员兼烟台新报社长,总编辑陈召伯,记者有李岩、迟钊等,陈召伯曾任职于杭州东南日报、上海时事新报、青岛青报。1948 年国民党政权处于总崩溃前夜,在此形势下创刊的《烟台新报》在军事宣传上编造谎言,掩盖国民党军节节败退的真相,但也透露了一些国民党军失利的事实。《烟台新报》在政治上攻击共产党,但大量的“抨击时弊”的文章,给国民党唱了挽歌。服务于国民党对烟台的统治,《烟台新报》在“征兵”问题上做了大量文章。如征兵期间,该报连日在边栏刊登“好男儿当投笔从戎”“一人当兵全家光荣”等六则口号,国民党军大量抓兵后,又公布寥寥儿名所谓“不当征”已释放者的名单,以欺骗人民;还宣传过市北区长陈天度志愿入伍,但市民“要求其归政”,尔后宣传陈提出的两条:①市民志愿应征;②做好服役者的家庭安置。《烟台新报》宣传技巧较高,天天有社论或社评发表,就国际国内大事与烟台当地局势发言。天天有副刊,所用的副刊名称有《海沫》《炉边闲话》《芝罘》《社会服务》等。

《时行日报》

1947年11月创刊于烟台，终刊于1948年10月。铅印，4开4版。该报为国民党文登县党部的机关报。社长丛芳山是文登县财政局长，代理社长丁敬山，是烟台市警察局代理科员，总编辑刘东林。《时行日报》第一版刊登国内国际电讯，头条一般是报道战事。从1948年3月25日起，国际电讯由一版移到二版。1948年3月25日前，第二版是言论、来信版，有"小民的话""大道"两个栏目，总编辑刘东林以笔名阿斗撰写了不少时评与杂文，对国民党小骂大帮忙。如1948年3月8日，报纸报道烟台市北区区长陈天度"志愿从军"的消息后，阿斗于3月9日发表《跟着陈天度走》的文章，吹捧陈"好像身上背着一个太阳，走到哪儿，便热到哪儿"！蛊惑人民给蒋介石当炮灰。《时行日报》与《烟台新报》的班底不同。《烟台新报》是外来人办报，《时行日报》则是卷土归来的原胶东国民党头面人物，他们同当地的地主劣绅有千丝万缕的联系，因而他们对共产党的污蔑攻击特别恶毒，编造了很多谎言。

二、期刊

除报纸以外，国统区还出版了一些杂志，多集中在济南、青岛两地，而且多为国民党的党政军警机构所控制。1946～1949年解放战争时期，国民党政权一方面竭力查禁进步书刊，一方面直接插手和利用书刊的出版和发行维护其统治。但是，抗战胜利后不久，《青年人》《青岛文艺》《小朋友十日刊》等比较有名的进步刊物也相继创办。《青年人》半月刊在《献词》中热情号召："起来吧，朋友！……要用我们自己的手在这荆棘的荒野上建起我们的田园。"[①]由于国民党的独裁统治及其在军事上的失利以及经济上的萧条，到解放战争后期，国民党统治区的出版业已凋谢不堪。在青岛还出版有《狂澜画刊》《民众画报》等画报。这些报刊，从内容上看，包括政治、经济、教育、文学等各个方面。下面按时间顺序作一简要介绍。

1945年10月，《狂澜画刊》在青岛创刊。主编宫杜衡、葛焕斗。内容形式有散文、诗歌、杂文、漫画、照片等。共出版30期。

1945年10月，《即墨青年》创刊于即墨。该刊为中国国民党三民主义

① 山东省地方史志编纂委员会编:《山东省志出版志》，山东人民出版社1993年版，第7页。

青年团即墨分团创办的综合性刊物。刊登内容为一切与革命建国或青年问题、青年修养等有关的文章，主要有时事讲话、论著、青年讲座、青年呼声、团讯、科学园地、文艺等。

1945年10月10日，《复兴旬刊》创刊于济南，由冯伟任总编辑，发行人梁鋐钧。以鼓励青年、积极展开文化建设工作为宗旨。

1945年11月10日，《潍县青年》创刊于潍县。该刊内容有青年文化建设、时事述评、政治经济形势分析、社会调查、青年动态等方面。设“专载”“论著”“文艺”“通讯”“时事述评”“青年动态”等栏目。每月10日出刊，每期40余页。

1945年12月，《民言报》文艺副刊《潮音》在青岛创刊，王统照主编。共出刊29期，于1946年3月24日停刊。其时抗日战争胜利，内战尚未爆发，《潮音》在这一间隙中创刊，给青岛的文学发展带来了新潮。郑振铎、郭绍虞、丰子恺、徐中玉、王统照等人的作品在《新潮》上发表，使它超出了地方文化刊物的范围，其影响波及全国。

1945年12月，《海风》周刊在青岛发行，发行人宁公介，《海风》名为周刊，却时常拖期。从现有资料查知其第2卷第3期的出版日期是1947年4月1日，内容偏重文艺，除刊登文学作品，如散文、新诗、小说，还有家庭、影剧、科学知识等。共出版8期。

1946年1月，综合性文艺刊物《中兴周刊》在青岛创刊，主编孙昌熙，社址在青岛广西路46号，营业部在聊城路69号。内容包括论著、科学、国学研究等，是较高层次的综合性文艺刊物。由于经费短绌，印刷困难，出至第2期后停刊。1946年11月23日复刊，增加学术方面的内容，开辟“医药”“法律”专栏，由周刊改为不定期刊。1948年初停刊，先后出版8期。

1946年1月，《观象月报》创刊于青岛，是气象观测资料刊物。用图表形式刊出，并载有当月青岛气象概况综述。

1946年1月1日，《胶县青年》创刊于胶县。该刊主要内容为宣扬三民主义，也刊登文艺作品、科学常识等。1946年由胶县部分青年教师创刊，主编王保之，社址设在胶县，共出2期即停刊。

1946年1月15日，《公报半月刊》创刊于济南，是以评论国际时事，介绍现代知识发挥学术真髓，倡导大众文化为宗旨。刊登内容包括译述、艺术、抗战史料、书籍评介、影剧评介、长短篇创作、小品、诗歌、特写、漫画、学生生活等。

1946年2月15日,《廿世纪》创刊于青岛,该刊《发刊词》为“我们深感到文化是国家精诚团结的主要动力,是民族精神统一真诚的表现,它能检讨过去,警惕未来。现在是胜利后建国之际,每个人应刷新一下自己,大家要腾身而起,热诚地跟随在建国最高原则‘三民主义’的旗帜之下,来共同完成建国大任”①。

1946年3月3日,《蔷薇十日刊》创刊于青岛,内容涉及国家事务、社会问题、平民生活、校园风采、文学艺术、娱乐消遣等各方面。栏目有“专载”“蔷薇刺”“课堂之外”“艺术之画”“教文”“影与剧”“长篇连载小说”等。

1946年3月10日,《善后救济总署鲁青分署旬报》创刊于青岛,主要刊登总署的训令、规章,各分署的工作报告及会议录,介绍该分署业务工作情况,探讨善后救济理论,报道物资与经费的来源及发放办法、难民收容、灾害预防、战后重建等问题。

1946年3月30日,《山东团讯》创刊于济南,是国民党三民主义青年团刊物。主要刊登工作指示、工作研究、团务动态以及有关法令等。

1946年4月,《抚恤汇刊》创刊于济南,山东省抗战烈士遗族抚恤委员会主办主编。山东省抗战烈士遗族抚恤委员会由原抗战烈士抚恤调查委员会改组而成。许星园为主任委员,臧元骏、张敦镛为委员。该刊为抗战时期国民党山东战区阵亡人员战后抚恤工作情况的汇总。刊登内容主要包括论述善后救济工作,介绍山东省抗战烈士遗族抚恤委员会制定的组织规程、拟订的工作计划、工作概况、部分阵亡人员传略、各种抚恤规章办法以及各种调查统计表和会议录等。第一期中刊登了山东省抗战烈士遗族抚恤委员会成立经过的文章等。共出版2期。

1946年4月7日,诗歌副刊《海歌》在《青岛时报》副刊上出版,每逢星期日出版。从创刊至1947年秋,由黄耘主编,1947年秋由废丁(李兴华)主编,以后又交梁枫(女)主编。1948年终刊。

1946年5月31日,《鲁青善救旬刊》创刊于青岛。该刊主要刊登总署的训令、规章,各分署的工作报告及会议录,介绍该分署业务工作情况,探讨善后救济理论,报道物资与经费的来源、发放办法、难民收容、灾害预防、战后重建等问题。其前身是《善后救济总署鲁青分署旬报》,刊期仍沿

---

① 《廿世纪》创刊号(1946年第1期)。

用《善后救济总署鲁青分署旬报》的刊期。1947年2月1日改为《鲁青善救月刊》,刊期仍沿用《鲁青善救旬刊》。

1946年8月,《青纺半月刊》创刊于青岛。该刊是纺织专业刊物,内容有纺织技术问题交流、国内外纺织业概况、中纺青岛分公司大事记等。后依次改为《青纺月刊》和《青纺旬刊》。

1946年8月,《青岛统计》创刊,刊登青岛市各行业统计情况,内容有青岛地区历年变迁、地理环境、行政组织、户口与保甲、社会、卫生、财政、工务公用与邮政、教育与文化、港务与运输等。

1946年8月1日,《荒土》创刊于青岛。该刊是文学刊物,主编张咸初。主要刊登文学、戏剧理论研究的文章和文学作品,也刊有时事评论。共出3期。

1946年9月,《会计月刊》在青岛创刊。主编吴雁南,主要刊登会计原理、税务常识、会计界动态等。

1946年9月,《群运月刊》创刊于济南,主编是周立人、马念庭,发行人是黄心一。

1946年9月1日,《人事通讯》创刊于济南,是人事管理刊物。旨在提高本省从事人事工作人员的业务素质,普及人事行政知识。主要内容有人事制度、各项人事行政法令、调查报告等。设有"人事报导""人事动态""问题解答"等栏目。

1946年10月,少儿刊物《小朋友十日刊》在青岛创刊。主编王文起,副主编聂希文,二人均系中共地下党员,遵照上级指示筹办少儿刊物。该刊先以4开报纸形式出版,从第5期改为16开32页装订本,发行量由4000份增加到7000多份。除青岛外,在胶县、潍县等地有代销点。后因王、聂二人接受新的任务,无人接替,出刊44期后停刊。

1946年10月10日,《青年人》创刊于济南,发行人是牛世光,创刊初期为报纸类型,1947年3月停刊。1947年7月7日复刊,复刊后改为杂志类型,刊期是旬刊,出版7期后停刊。辟有"社话"专栏,刊登《在奋斗中迎接阴暗的袭击》《从陈舜畊的开枪杀人说起——莫使苦难同胞再当历史悲剧》《响应总动员建议来个下乡运动》《苦难在发展,奋斗要深入》等文章。

1946年11月1日,《山东妇女》创刊于济南。该刊是一本综合性的妇女刊物,由山东妇女会主任杨宝琳创办,社址在济南商埠经三路纬五路西191号。该刊是为了"利用刊物去提高妇女文化水准来领导妇女运动"而创刊，以“推动妇运，提高妇女文化，探讨妇女问题，报道妇女工作”为宗旨。共出 4 期。

1946 年 11 月 16 日，《现代文丛》创刊于济南。该刊社址在济南经三路纬四路 165 号，社长葛兰笙。其办刊宗旨是“集纳书报精华，介绍时代知识”。以文摘为主，内容涉及时事政治、经济、文化、教育、科学、文学等诸方面。朱自清、胡适、沈从文、茅盾、田汉、萧乾、费孝通、臧克家等名家书稿均有选摘。

1946 年 12 月，《大都市》创刊于青岛，吕仲起主编。该刊是以娱乐为主的综合性刊物。内容有时评、名人轶事、生活杂感、梨园动态，形式有随笔、散文、小品文、长篇连载等。1947 年停刊，共出 3 期。

1946 年 12 月 15 日，综合性文学刊物《新血轮》创刊于青岛。以文化建设和为社会服务为宗旨，主编是朱之凌。栏目有“卷头论文”“文学理论”“连载剧本”“诗歌”“翻译”“书简及随笔”等。

1946 年 12 月 15 日，《革心》创刊于济南。该刊《创刊词》中说：“真理既产生了革心，自然它有与生俱来的伟大艰巨任务：(1)广播真理。(2)辨别善意。(3)革旧布新。它——革心——完成它伟大艰巨任务之日，也就是三民主义新中国建设成功之日。”①

1946 年 12 月 20 日，《岛声旬刊》创刊于青岛，社长黄宸廷，主编艾茹，社址在青岛广州路 29 号。主要报道戏剧界、电影界、体育界奇闻轶事和社会新闻，也有杂文、小说等。

1947 年，《粮政通讯》创刊于济南，该刊指导全省征粮、储运、保管等粮食工作。在内容上包括工作总结、经验介绍、政策研究、理论专载、思想学习情况等。自 25 期开始改为月刊，并根据稿件时间出不定期增刊。25 期(1949 年 6 月 15 日)、29 期(1949 年 10 月 1 日)、31 期(1949 年 12 月 1 日)出过增刊。1950 年 6 月出至第 35 期停刊。

1947 年，《民众画报》创刊于青岛，主编杨恩厚。该刊是综合性文艺刊物，内容有散文、京剧、杂文、漫画等。

1947 年，《鲁东信义会刊》创刊于青岛，由青岛中华信义会鲁东总会主编，辟有“讲坛”“言论”“会闻”“教育”“医务”“特载”等栏目。

1947 年 1 月，《气象月报》创刊于青岛，该刊是气象观测刊物。用图表

① 《革心》创刊号(1946 年第 1 期)。

形式刊出，并载有当月青岛气象概况综述。

1947年1月1日，《山东童子军》创刊于济南，刘晓波主编，该刊内容侧重于童子军的研究和训练，设有“童训消息”专栏。《发刊词》中指出：“童子军事业的兴创，在我国已具有三十五年悠长的历史，其兴创的主旨，即将童子军训练普遍施于每个儿童青年的身上，使人人均能成为一个良好的公民，其所订之训条和铭言成为做人的基本条件，能尽孝于父母，始能尽忠于国家，能彻底实行日行一善的铭言，始能发挥人类之伟大互动精神，能抱定人生以服务为目的的信念，始能通力肩起建设新中国的重责。”①

1947年1月1日，《战斗与改造》创刊于青岛，社址在青岛中山路95号。该刊以“与现实战斗，为未来改造”为办刊宗旨。

1947年1月1日，《青岛邮工》创刊，该刊由青岛邮务工会主办，于1947年元旦之际出刊“新年创刊号”，即第1期。《创刊词》中写道：“本刊自三十四年十一月四日成立工会以来，就想发行，但因经过八年敌伪的摧残，会方一切设备，净尽无余，千疮百孔，困难层出，终未实行，第七届又于本年十一月三日成立了，旧的事情，尚未交卸，新的事情又接到手中，千头万绪，无从着手，宣传部负有邮工宣传使命，故无时不在计划发起青岛邮工月刊之观念，一因经费的不足，二以人力的不能集中，曾受了不少的阻碍，千辛万苦，步步难关，在这样困难下，本部又以百折不挠之精神，再接再厉，终于使这小小的刊物诞生了。”②

1947年元旦，文艺刊物《青岛文艺》在青岛出试刊号，4月出创刊号，5月10日再版发行，6月10日出第2期，改名为《文艺》。原定为月刊，后改为不定期出版，共出版5期，第5期于1948年9月出版。其间，1948年4月15日出诗歌专号，1948年6月20日与其他杂志联合出《杂志》，1948年7月1日出“先锋号”。主要刊登小说、新诗、散文、文学评论、通讯等。由于刊物立场鲜明，尖锐泼辣，第4期出版后遭到国民党当局查封。刊物虽只出版5期，但对青岛文坛的繁荣有一定贡献。

1947年1月31日，《山东公路》创刊于济南，该刊为国民党政府山东公路刊。主要内容为有关公路工程、汽车修配、客货运输、公路养护等方

① 《山东童子军》创刊号（1947年第1期）。

② 《青岛邮工》新年创刊号（1948年第1期）。

面的论述与业务开展情况。另出版过专刊,如第1卷第6期为《会议记录专刊》,对山东省公路局1947年上半年度工作检讨会议作了详细记录。

1947年2月,《铎声》在济南创刊,该刊是天主教在华创办的刊物之一,张无我任主编,编辑有陆元龙、雷芷繁,发行人杨洪普。以提倡社会文化、发扬学术精神、辅导青年进修为宗旨。内容包括各种专论时评、学术、译述、长篇小说、散文、诗歌、戏剧、通讯、剧评及漫画等。

1947年2月1日,《山东警察》创刊于济南,社址在济南经三路纬五路189号。《发刊词》中说:"本刊之内容与立场,有下列几点:一、研究警察学术,发扬山东本位警察精神。二、讨论配合本省政治措施之警政实施方策。三、交换服务经验与心得。四、报道警务消息。五、介绍与提供级关法令规章及教育资料。六、时事述评及一般政治性文献。"①

1947年2月15日,《青声》创刊于青岛,主编芮麟。该刊是政治评论刊物。《创刊词》中说:"青声是一片自由的园地,是一个综合性的学术刊物。内容有国事的评论、中西学术思想的介绍与研究、文艺理论的商讨与创作的选载、以及青年建设的报道与批判。"②创刊号中刊登了谈明华的《过去一年中国政局的检讨与今后政治前途的展望》和芮麟的《千秋抗战记崂山》。

1947年3月,《经建通讯》创刊于济南,该刊主要报道各地经济建设消息,研究有关问题,讨论该省工农商各业的状况和当局的经济紧急措施方案,公布公司登记、敌产处理等方面的条例和多种统计资料等。

1947年3月1日,《海声月刊》创刊于青岛,社址在青岛临淄路15号。该刊刊登时评、著述、通讯、文艺作品,如《世界裁军展望》《论目前之大学教育》《仁的解释》等。1947年8月15日出至第1卷第2/3期停刊。

1947年5月1日,《大华》创刊于青岛浙江路4号。《创刊词》中说:"本刊之所以要在前仆后继的刊物群中凑凑热闹,是为了青岛的文化。"③形式有论著、散文、小说、杂文、诗歌、随笔、影剧等。

1947年6月,《秋芙蓉》创刊于青岛,共出5期。该刊内容涉及物价管制、宗教哲学、妇女问题、民族风俗、历史等。形式则有论著、诗歌、小品、杂感、随笔、漫画、木刻等。

---

① 《山东警察》创刊号(1947年第1期)。

② 《青声》1947年第1期。

③ 《大华》创刊号(1947年第1期)。

1947 年 6 月 1 日,《崂山月刊》创刊于青岛,内容包括泛论、哲教、文艺、科学、国故、讲稿、杂俎七项,以倡导恢复固有的文化、道德、知识为主。其中杂俎一项刊登闲散文学,包括短故事、笑话、笔记、杂感、街谈巷议,乃至梨园趣闻、银幕佳话等。

1947 年 7 月 1 日,《港工》创刊于青岛,该刊为海港刊物,每期都有《辑后记》,介绍本期的主要文章。1948 年 12 月出至第 2 卷第 2 期停刊。

1947 年 8 月,《青岛市观象台学术汇刊》创刊,该刊是学术性气象刊物。刊登该台关于天文、气象、海洋及地球物理的研究论文,发表对上述学科的观测记录、调查报告。所刊登的论文均附有外文提要。

1947 年 8 月 15 日,《大青岛》创刊,战庆辉主编,该刊仅见 1 期。是时事政治刊物,刊登有关地方自治的论述及国际国内形势述评。《发刊词》中说:"大青岛月刊,是我们地方自治人员,为了向市民宣传些地方自治与民主政治的智识,以适应政府行宪的需要而创办的。"①

1947 年 10 月,《学生周报》创刊于青岛,该刊由陈大汉担任总编辑,张文郁任文艺版编辑,鲁海负责报道和评论版。1947 年 10 月 19 日第 4 期出版了《纪念鲁迅专号》。在国民党公布所谓宪法时,还刊出了这样一则消息:"《国大公布宪法》,标题中的宪法二字故意倒排,以示蔑视。"

1947 年 11 月 1 日,《星星》文学月刊创刊,青岛星星社编辑并发行,社址在青岛云南路 122 号之甲。现仅查到 2 期,即第 1 卷第 1 期和第 2 期,终刊日期不详。第 1 卷第 1～2 期中刊有穆木天的文章《等到开江的时候》。

1947 年 12 月,《济南警察》创刊,该刊以研究警察学术、报道警察动态、调剂警察生活为宗旨。刊登内容主要为宣扬法治观念,公布各种管理规则或办法,包括军用武器、饮食品制作、交通安全、户口登记、房屋租赁、旅店住宿、娱乐场等方面;公布各类统计表,包括人口年龄、文化程度、火灾事故、交通事故等方面;介绍警察训练及业务活动开展情况等。1948 年出至第 8 期停刊。

1947 年 12 月 15 日,《自治半月刊》创刊于济南,该刊创刊词中说:"虽然内战使我们不满,我们要沉着一点,我们要利用我们的一支笔发掘出它的究竟,写出它整个的谬误,我们要创造开辟,充实自己,我们没有经天纬地的高调,也没有落纸云烟的笔花,只以用赤裸裸的心说出应当说的话,

---

① 《大青岛》创刊号(1947 年第 1 期)。

我们不做一篇潦草不用力的文章，更不说一句自己不相信的话，我们无有任何用意，我们只有用我们的笔来作学术的探讨与追求。”①

1948年2月1日，《狮吼》创刊于济南，释弘愿主编。该刊社址在济南趵突泉前街药王庙内济南佛教宣讲社，为佛教刊物。该刊以“辅助学校教育、社会教育，以扫除帝制时代传统下来的愚民鬼神迷信，提高及改正一般人民的思想，使对于佛教有大体的真认识，而成为正智的信仰”为宗旨。该刊内容包括经律、论文、文苑、演讲、答问、纪事、杂载、社讯、佛教消息等。

1948年4月，《东方渔业》创刊，该刊社址在青岛小港沿29号，主要研讨山东渔业生产和水产养殖技术，刊登青岛水产品贸易市场的调查统计材料，报道国内各地渔业、渔会的活动消息，介绍中国和日本渔业之发展状况。附载《山东省沿海各县市渔会联合会组织章程》。

1948年4月16日，《拓荒》创刊于济南。该刊创刊于济南解放前夕，由国民党政府创办。《发刊词》“战斗的开始”中说：“我们反贪污，我们反土劣，我们反破坏！反暴力！同时我们也不会忽略了，对清廉自持、服务人民的官员，加以慰勉。对效忠国家、流血拼命的将士，加以赞仰。对杀身成仁、捐躯报国的英灵，加以表扬。对遭受剥削压制的善良人们，替他们发出抗议的呼声。这是我们的主张，也是本刊今后所要致力的目标。”②该刊把国民党政府的腐败归咎于贪官污吏所为。刊中除载有时论文章外，还辟有“文摘”“文艺”栏目。

1948年7月1日，综合性文艺月刊《文坛月刊》在青岛即墨下崖村创刊。主编刘曲，发行人孔礼庭。第1期为“先锋号”，它的主要读者对象是乡村的中小学教师、学生和文艺爱好者。停刊日期不详。《文坛月刊》除即墨版外，尚有青岛版。

第二节　解放区创办的报刊

解放战争时期，解放区新闻工作机构进一步发展，是山东报业发展的兴盛期。解放战争时期的解放区报刊数量总体上是随着解放区的不断扩

① 《自治半月刊》创刊号(1947年第1期)。

② 《拓荒》创刊号(1948年第1期)。

大而增多。按照中共中央和国民党政府在重庆谈判中达成的协议，从1945年冬开始，中国共产党领导的解放区接收、合并，相继创办了一批报纸。抗战胜利后，原华中解放区的《淮海报》《拂晓报》《苏中日报》《苏浙日报》《淮南日报》《皖江日报》的干部和印刷工人，陆续转移到山东。尤其是1945年10月，随着中共中央华东局成立，《大众日报》由原中共山东分局机关报改为中共华东局机关报，除主要担负山东全省的宣传报道任务外，同时还兼顾整个华东地区的宣传报道任务。此时，报社有通讯员700人，特约通讯员40人，职工1200余人。《大众日报》宣传报道范围由山东一省扩展到整个华东地区，扩大了影响。1946年年底，山东《大众日报》又与华中《新华日报》合并。随着人民解放战争的节节胜利和解放区的迅速扩大，《大众日报》的期发份数由抗战胜利前的1万多份增加到8万余份。其他如胶东、鲁中南、渤海等地区的报纸也有大的发展。如中共渤海区委机关报《渤海日报》、中共胶东区委机关报《群力报》、中共滨海区委机关报《滨海农村》、中共鲁中区委机关报《鲁中大众》、中共鲁中南区委机关报《鲁中南报》。

值得一提的是，1947年，中共鲁中区委机关报《鲁中大众》受中共济南市委委托，创办了以灰色面目出现的《济南时报》《晨钟报》《民铎报》，通过地下组织发往国民党统治区济南市。这种不定期的4开4版小报，一方面或明或暗地披露国民党军队在各战场上的失败及蒋家王朝的种种丑闻，另一方面还通过一些幽默小品，讽刺国民党一党专政的恶劣行径，如在一期《民铎报》上的“春联”栏中，有一副供服装店贴的对联写道：“领袖大小自我独裁，腰身肥瘦唯美是从。”供玩具店贴的对联是“坦克飞机大炮有美皆备，猪仔乌龟王八一应俱全”。该报非常注意大众化、通俗化，编辑们在编报中巧妙地把鲁中地区方言与普通用语融为一体，成为一种读起来顺口、一听就懂的大众化语言。该报还辟有“庄户老师”栏目，帮助读者识字解义。期发行量5000～10000份。

抗日战争结束后，山东抗日根据地原有的期刊有的继续发行，有的随根据地的变化而更名出版或停刊。这时期，山东解放区又新创办了多种期刊，如《山东教育》《新华文摘》《戏剧》《文化翻身》（半月刊，后更名为《群众文化》）《军政周报》《支前导报》《华东前线》《前卫画报》《山东青年》等，在冀鲁豫边区有综合性半月刊《新地》，胶东解放区有《胶东文化》《大威周刊》，渤海军区有《前锋文艺》等。

一、解放战争前期山东报刊的发展概况

1. 报纸

从第一次国内革命战争开始，到解放战争的爆发，中国共产党的新闻事业都以农村为中心。抗战胜利之初，中共的宣传中心出现了向城市转移的倾向，解放区出现了一批城市报刊。但是，随着内战的全面爆发，这一新形势暂时被中断，直到 1947 年 7 月解放军发动全面反攻后，解放区新闻事业中心才真正开始由农村向城市转移，大批城市报纸在解放区重新出现并蓬勃发展起来。抗战胜利后，中国共产党迅速收复了大片国土，解放区面积迅速扩大，共产党的新闻事业也迅猛发展，报刊的出版条件大为改善，绝大多数改为铅印，解放战争时期，中共县委以上机关创办的大小报纸足有 45 种以上。其中影响力较大的报纸有：

《鲁中大众》

该报 1945 年 9 月在沂源县舍庄创刊，主编宫达非。该报是中共鲁中区委机关报，4 开 4 版。1948 年 2 月停刊，共出版 200 多期。

创刊初期，正值解放战争时期，该报特别关注战争形势及解放军各战场战役的报道，加强军事报道，除大力宣传中共中央、毛泽东的战略思想，还在一版显著位置以专题“号外”的形式刊登重大战役的战果，如莱芜战役、孟良崮战役，都出过红字“号外”。该报用语一大特点是把鲁中地区方言与普通用语相结合，通俗易懂。期发 5000～10000 份。

《渤海大众》

该报 1945 年 6 月 1 日创刊于滨州市惠民县，由中共渤海区党委主办，原受《渤海日报》领导，后改由渤海各界抗日救国联合会领导，后仍归《渤海日报》领导。总编辑陈叔俊、马耀如、亓人、张明、吴健。该报报头由舒同题写，8 开 4 版。先后出 5 日刊、半月刊、月刊，每期发行 400～700 份。1949 年 2 月 6 日，根据区党委指示，该报与区委机关报《渤海日报》合并，奉命终刊。

与其他根据地出版的几份通俗报相同，该报也是一份以传播党的声音、贴近普通群众、关心边区百姓生活为主的报纸。这份报纸立足于辽阔的渤海平原，为使饱受疾苦的广大农民早日获得文化翻身，做了大量工作，在人民群众中产生了积极的影响。

《军政报》

该报1946年8月15日创刊于莒南，新四军山东军区政治部主办，是以新四军直属队、直属分区、直属警备旅为主要发行范围，是新四军的直属机关、直属兵团的党报。万里云任社长。1947年2月14日起，改为3日刊，每隔两期增为4版。

《军直小报》

该报1948年创办于临沂，华东军区政治部主办。一版有“社论”“短评”“思想漫谈”等专栏，刊登军政消息、思想动态、模范事迹等；二版除有时事教育、学习体会外，还有智力测验、小常识、寓言故事、游戏算术等内容。

《华东前线》

该报1948年6月22日创刊，是华东野战军山东兵团机关报，铅印16开3日刊，每期一般4页，页码连续计数，每出10余期后，发一张编有总目录的封面，自行装订成册，便于保存。开始每期发行2000份，发至连队后，印数增加，1949年8月发行至5000份。1949年5月随第七兵团入浙后，改由第七兵团兼浙江军区政治部出版。读者对象为连以上干部。1950年4月12日出至第200期停刊。

该报《发刊词》中，明确阐述其任务：“(1)反复宣传毛泽东思想与党的政策，贯彻前委司政机关对部队的思想领导和工作作战指导，保证全兵团在思想上、政策上、作战方针和工作作风上完全一致。并通过报纸帮助领导及时掌握情况，取得经验，改进工作。(2)为全体指战员服务，首先为连营级干部服务，根据他们作战、工作、学习的需要，有计划的介绍、交流经验，供以必要之参考资料及文艺读物，使报纸真正成为干部学习的园地。”

《鲁中南报》

该报1948年9月26日创刊于鲁中南地区，是中共鲁中南区党委机关报，在沂水出版，初创时期为3日刊，1950年2月16日改为2日刊，1950年4月20日因鲁中南区党委撤销而停刊，共出版216期。该报宣传报道的中心是“一切为了前线”，以报道战前准备和前线胜利消息为主要内容。强调大众化、通俗化，重视群众工作，开辟“工农习作”专栏，发表工农通讯员的文章，并提出“工农写，写工农”的口号。

《战勤报》

该报1948年10月6日创刊于临沂，是华东军区后勤党委机关报，内部刊物，以报道军队战勤支援、伤病救护、物资保障以及收容工作等方面的内容为主。对于了解解放军的后勤保障历史，有重要的文献参考价值。1950 年 2 月 9 日出至第 50 期停刊。

《前卫报》(鲁中南)

该报 1948 年 10 月 10 日创刊。该报为内部刊物，刊期不固定，4 开 4 版(有时出 6 版、8 版)。1949 年 4 月 18 日(第 36 期)起报头登记为山东鲁中南军区政治部出版，8 月 1 日起报头登记为中国人民解放军鲁中南军区政治部出版。1950 年 6 月停刊，共出版 107 期。

该报是华东鲁中南军区机关报，报社实行社长制，房干任社长。办报宗旨是宣传与贯彻毛泽东的建军思想与军事原则，宣传与贯彻党的号召与政策，传达党委与军区的工作指示。主要读者对象为军区所属干部战士。报社有时还出画刊《前卫通讯》，是《前卫报》的增刊，16 开本，每期 30 多页，不定期出版。

烟台于 1945 年 8 月 24 日从日本侵略军占领下获得解放，日寇投降后的烟台，是解放区最大的口岸城市。市委的工作方针是：发展城市工商业，壮大经济力量，大力支援人民解放战争。此时，烟台创刊的报刊有：

《烟台日报》

1945 年 9 月 18 日，《烟台日报》创刊，是中国共产党烟台市委员会的机关报。创刊时为 8 开 2 版，双日刊，铅印报。1945 年 10 月起为周六刊，12 月 1 日起改出日报，先后出过 4 开 2 版、4 开 4 版和对开 4 版。1947 年 10 月国民党军进占烟台后，《烟台日报》迁往农村，刊印过几期油印报，于 1947 年年底停刊，共出刊 663 期。《烟台日报》初创时，以原在大众报社工作的于大申、宋兹心(女)、刘恩、刘玉瑞、于逢源、于敬等同志为骨干。于大申任社长兼总编辑，宋兹心任副总编兼编辑部长。

《烟台日报》的内容重点是宣传党的城市政策，主要是工商业政策。一是及时公布政府的政策、法令。仅 1947 年 5～9 月，就全文公布了 25 项布告、规则、条例、办法、通告、训令和通令等。二是组织贸易、金融等部门编写经济专栏和物价评述等文章。仅 1947 年 5～7 月，就发表物价述评 8 篇，经济专栏 20 组。专栏内容有本市行情、海市鱼价、外汇牌价等等。三是组织有一定深度的专题报道和论文介绍烟台新民主主义经济建设的成就。

《烟台日报》重视言论工作。1947 年 5～10 月发表过 9 种形式的言论，有社论、代论、专论、时评、短评、短论及编辑部文章、编者的话等，共发表文章181篇。这些言论，指导备战工作，指导郊区土改复查斗争，指导劳资合作发展工商业的工作，冲破了国民党海上封锁，发展了海外贸易。《烟台日报》重视副刊。它有两个副刊，一个是综合性副刊《播种》，一个是文艺副刊《短兵》。《播种》第1期出刊于1945年11月19日。初为周刊，后改为每周2期，并编有期号，共刊出143期。副刊的作品，揭露蒋介石发动内战的阴谋，歌颂人民的革命斗争，办得生动活泼。

《芝罘新闻》(*The Chefoo News*)

英文报纸《芝罘新闻》，1946年7月1日创刊于烟台，1947年7月1日停刊。4开2版，每星期一出版。主持该报的是当时的"胶东行署外事特派员办公厅"(驻烟台)，先后担任"外事特派员"的有烟台市副市长徐中长、市长姚仲明，他们负责指导这张报的出版。编辑人员有杨荫樵、许勤(女)、李景贤等同志。

1946年7月15日，《大众报》刊登稿件介绍《芝罘新闻》："烟台11日电，英文版烟台新闻报(*The Chefoo News*)于伟大的'七一'纪念日出刊了。该报宗旨为供给旅烟外侨了解目前形势，一致团结共同争取世界和平。每逢星期一出版，内容除介绍国内外与地方重要新闻，凡外侨及外界捎来的论著、通讯及其他稿件，无不尽量采用，现该报除销售本市外，并推销至威海、龙口、石岛、莱阳等地，每份售价一元。"①

《芝罘新闻》出版后，除供当地外侨阅读外，还随"联合国救济总署"的船只运往中国香港，对于宣传中国共产党主张、介绍解放区情况发挥了作用。该报的稿源为新华社电稿和《大众报》《烟台日报》刊载过的地方新闻，也有少量其他方面的稿件。报纸印刷5000份，在当时的"泗兴"印刷厂印刷。

此时期，威海地区创办了《新威时报》。

《新威日报》

由地方各界工商界以及文化界等几百人集资创办的《新威日报》，1945年10月1日正式出刊，是中共威海卫市委机关报。《新威日报》是山东解放区最早的城市报纸代表。《新威日报》的创办，得到了胶东区党委的大力支持，当时，胶东《大众报》社曾专门派人帮助指导办报，抽调了孔东平、于梦尤、王基农、徐慎吾等同志到威海卫筹备办报，新华社胶东支社

---

① 刘少白:《烟台报业志》，科学普及出版社1993年版，第115页。

供稿。《新威日报》社于 1945 年 10 月初在潍县街正式成立。之后社址改为威海卫新威路 77 号，最后迁至城市区城东村 161 号。《新威日报》虽然作为一份在城市出版的报纸，但从发行范围来看，读者受众较广，机关、部队、学校、工厂及农村各个角落都有发行，这也和其宣传群众、发动群众的办报主旨相呼应。另外，该报副刊较多，涉及的领域也较广，比如《工农话》《教育园地》《财经建设》《农业副刊》《威海青年》等。可见，该报除了将农民作为最主要的读者对象外，还试图将工人、教员、学生、商人等囊括在内，这也体现了作为一份城市报纸为城市工商业者以及知识分子等服务的意识。

《新威日报》所报道的国内新闻主要包含以下几个方面：一是关于抗日战争胜利之后中国政治局势的报道，即内战全面爆发前后，各方的态度及作为，包括国民党、共产党以及广大群众等；二是军事报道，尤其是内战全面爆发之后，前方战况的报道成为《新威日报》最重要的内容；三是对解放区和国统区社会状况的报道。《新威日报》的国际新闻包括国际时政、国际会议、国外媒体文章等的报道，报道篇幅不固定，多则八九条，少则一两条。1947 年 8 月国民党侵入威海前夕，《新威日报》转入农村出版，直至 1948 年 1 月才正式停刊。

《新威副刊》是《新威日报》唯一的综合性副刊，也是出版时间最长的副刊，第 183 期创刊，第 575 期出版最后一期。从《新威副刊》所刊文章来看，形式多种多样，除了通讯、报告文学以外，还有诗歌、鼓词、花棍调、童谣、快板、漫画以及武老二等，所反映的内容都直接配合政治宣传工作。《新威日报》还有许多专业性副刊，出版时间并不固定，从创刊时间先后来看，有《青年园地》《工农话》《教育园地》《威海群众》《社会卫生》《财经建设》《通讯研究》《海风》等。

2. 期刊

山东解放区除了报纸之外，还有期刊的繁荣。以下按时间顺序进行介绍。

1945 年 11 月 20 日，《新华文摘》创刊于临沂，初为半月刊，后改为不定期、月刊，山东新华书店出版发行。山东解放区的《新华文摘》最初是根据中共山东分局宣传部部长陈沂同志的提议而出版的。当时负责主持编辑的领导人有周保昌、叶籁士、华应申；编辑有徐律、秦秋谷、严霜、殷国秀等人，美术编辑阿老（老宪洪），大部分封面设计为洛井（多为木刻）和阿老，后有胡考、陈叔亮、王文彬。《新华文摘》(创刊号)上刊有《发刊小言》，简明介绍了该刊办刊的意图与宗旨，其中写道："我们有些干部和群众……由于知识不足，接触的问题不多，尤其缺乏国际国内时事问题的参考的材料，所以就助长了我们在一个大变动的形势下掌握不住方向，小而使思想发生混乱，大而使工作遭受损失。"①正是由于这一情况，"我们办这个刊物，目的也是在为干部的时事教育提供一些材料，使我们的同志从山东把眼光放大到全国、全世界，从自己的部门工作，接触到更多更全面的工作。"②然而，"因为今天的环境，新材料的获得还是不易，因此，读者诸君不能希望过高，只能在这不易中多少给同志们供给一些材料，帮助同志们一些学习，使同志们去读本刊之后还不至于感到一无所得，那就达到我们的愿望了。"③不过，原华东人民出版社总编辑宋原放先生在纪念徐律的文章中这么写道："日本投降后，语言学家叶籁士同志主持山东新华书店编辑部。他出了一个好'点子'，1945 年冬创办了《新华文摘》半月刊，专门选载国民党统治区进步报刊上国际、国内时事政治为中心的文章，很受广大干部的欢迎。"④《新华文摘》是山东解放军第一个文摘性的综合刊物。该刊初创时由舒同题写刊名，双色套印，16 开本。该刊内容十分丰富，涵盖了国内外政治、经济、文化等各个方面，每期有国内外时事评述，如评介战后苏联经济、苏联的五年计划等，评述美国对华政策、两党制度、第三党运动、美国大选、美国职工运动等；揭露评述德国纳粹暴行、纳粹求降内幕、战犯会审以及战后东欧各国动态等。国内方面有揭露蒋党内幕、蒋占区真相等，有东北问题专题，战后中国经济问题专题等等。除了翻译、摘录、选载国内外报刊的"以时事为中心"的文章外，还刊登过大量介绍国内外党政军文各界著名人士的文章。刊登的文章以翻译、摘录、转载国内外报刊上的时事新闻为主，辟有"世界职工联盟介绍""各国共产党领袖介绍""文化消息""各国介绍"等栏目，刊登当时党政军及文化界名人人士的文章，如郭沫若的《苏联纪行》、邓颖超的《彻底平分土地与妇女工作新任务》、茅盾的《苏联游记》等，当时也引人注目，还请人撰写了一些特约稿，如翊勋(即恽逸群)的《蒋党内幕》(连载 10 期，后出书，改名为《蒋党真

---

① 李朱：《你所不了解的〈新华文摘〉》，载 2011 年 9 月 3 日《光明日报》第6 版。

② 李朱：《你所不了解的〈新华文摘〉》，载 2011 年 9 月 3 日《光明日报》第6 版。

③ 李朱：《你所不了解的〈新华文摘〉》，载 2011 年 9 月 3 日《光明日报》第6 版。

④ 李朱：《你所不了解的〈新华文摘〉》，载 2011 年 9 月 3 日《光明日报》第6 版。

相》)、陈辛仁的《罗炳辉将军传》(连载 4 期)等。《新华文摘》还出过“胶东版”,第 1 辑为 1947 年 12 月 5 日出版,编后记曰“胶东版为不定期刊物”。《新华文摘》是当时深受读者欢迎的综合性期刊。1949 年 3 月 30 日因编辑人员的随军南下而停刊。总共出版 38 期。

1945 年 12 月 1 日,《山东教育》在鲁南创刊,是面向中小学教育的综合性刊物。1947 年转移至胶东,与胶东新教育社合并,由胶东新华书店出版发行。1949 年 5 月 10 日在济南复刊。第一任主编宿士平。先后出版月刊、半月刊,32 开本、16 开本。分别由山东新华书店和山东人民出版社出版发行。内容主要反映中小学行政管理、教学经验等,发行量最高达数 10 万份。

1946 年,《行政通报》创刊于淄博,鲁中区行政公署编印,终刊日期不详。

1946 年 1 月,解放战争时期的《胶东大众》(第 27～63 期)版面基本延续《胶东大众》前 26 期的设计安排和编辑风格,同时也对新的栏目、内容进行了适当增加或调整。首先,复刊后的《胶东大众》版面增添“半月大事记”版块,主要刊发国际、国内关于解放斗争的大事件和国际国内形势。对各国人民为求得独立、解放而坚持斗争的案例给予特别报道,以激励解放区军民坚持抗战。“半月大事记”还梳理国内解放斗争进程,供读者了解其他解放区战况。刊物还设置“文化消息”版块,刊登文化界、文艺界日常办公、活动消息。其次,刊物针对青年读者和职工群体增加“写作指导与青年园地”和“工作指导与经验版块”,刊登面向青年的写作要领、进行宣传、群众教育方面的指导。抗日战争消耗了胶东抗日根据地大量元气和人力,面对又一轮艰苦斗争,根据地的主力青年、群众情绪都较低落,当时重要任务就是尽快激发起他们的斗志重新投入到战斗中。复刊后的《胶东大众》立场更为鲜明,评论更加犀利,反映问题直接明了,对解放区军民积极生产和艰苦战斗给予表扬和歌颂,对以蒋介石为代表的国民党军对解放区所发动的残酷扫荡和斗争及美国为了自身利益干涉中国内政都给予揭露和批判。

1946 年 1 月,《前锋通讯》创刊于渤海。该刊主要介绍撰稿经验、通讯工作动态、对党报的改进意见、运用党报推动工作的经验等内容。共出版 2 期。

1946 年 1 月 1 日,《山东卫生》创刊于临沂,山东卫生总局主办,该刊提倡大众健康，普及卫生知识。主要内容有医学理论、自然科学常识、社会卫生工作总结、治疗工作经验、临床病例、普及大众卫生知识等。共出版3期。

1946年2月25日，《新教育》创刊，晋冀鲁豫边区新教育社主编，该刊内容主要着重在国民教育方面，包括有关教育的论文、短评、教育行政工作与教学经验、典型人物与事件及作品等。1947年4月出至第2卷第6期停刊。

1946年3月，《战士卫生》创刊于临沂，新四军山东军区卫生部战士卫生编辑室主编，主要内容有普及卫生常识，介绍常见新病的治疗措施，开展群众健康运动的报道等。

1946年3月，《经济参考资料》创刊于临沂。该刊为山东省工商总局内部经济刊物，油印本。旨在适应山东解放区形势的好转，经济工作越来越重要，为提高经济人员的素质而创刊。刊登的文章大部分摘译自海外报刊和国内各大报刊，内容多为可供参考的经济、金融、外贸资料和经贸信息。1946年8月出至第6期停刊。

1946年4月14日，《大威周刊》正式出版，创刊时的社址在城东村236号。该刊是威海第一次解放后，在共产党领导下创办的文艺刊物，旨在“为民众而斗争，为群众而服务”。钱醉竹任社长兼主编，马路为记者兼编辑，谷绍敏作缮写兼发行工作。《大威周刊》虽标榜为民主刊物，但它的直接领导是中共威海卫市委宣传部。内容以反映解放区生活、揭露国民党发动内战阴谋为主。该刊物早期一般为16页，从第20期开始因增加篇幅页数扩展为20页，第37期之后因考虑读者希望增加篇幅的要求，页数开始并不局限于20页，第36期创刊周年号最多达到38页。版面字迹非常紧凑，“每期仅容纳3万多字的刊物，所刊出的稿子却都在20篇左右，有时一期多达二十六七篇，少者也是十五六篇”。设有“评论”“通讯”“杂谈”“文艺”等栏目。内容设置方面，封面一般为编者所著的时事评论，里封面也多为评论性文章，如“一周评论”“周间评论”等栏目，接着便是如“名著拔萃”“醉竹漫谈”等的专栏文章，还有通讯、报告文学，文艺作品的位置比较靠后，包括小说、散文、诗歌，后期还有一些学术文章，最后则是一周要闻集锦，如“国内大事记”“国际大事记”等。此外，《大威周刊》积聚了当时各界的诸多名人，有作家、文艺学者、剧作家、民主人士，如罗竹风、李根红等。1947年8月，因国民党军队重点进攻胶东而停刊。

1946年4月18日,《军政周报》创刊,是新四军山东军区的党刊。读者对象为连及相当程度的排以上干部,任务是报道及部署每一时期的中心工作,研究连队工作,宣传与当前政治军事工作有关联的各种常识,为连队建设提供文娱材料。该刊在报道每一时期中心工作的同时还介绍典型英雄模范的事迹、连队建设相关知识以及发表曲艺类短剧、杂耍、歌曲等。1946年6月出至第10期停刊。

1946年5月,《教育导报》创刊于菏泽,冀鲁豫行署教育导报编委会主编,该刊主要报道国民教育及有关教育的方针、政策,如《晋冀鲁豫边区政府教育厅关于"新教育方针"的初步意见》,介绍教学经验和典型案例及与教育工作有关的事宜。读者群体主要是小学教师。

1946年7月1日,《群众文摘》创刊于菏泽,是政治刊物。该刊设定的使命是把国民党统治区域的民主言论介绍给解放区人民,鼓舞人民的斗志。主要文章有施复亮的《国民党与"国民政府"及"中华民国"》、廖夫人的《中山先生的三大政策》、胡风的《当作新的反动进攻的信号》等。共出版3期。

1946年8月15日,《军政半月刊》创刊于临沂,新四军山东军区政治部主编,内容为总结具有全军意义的各个时期工作经验、典型连队的工作研究等。读者对象为部队营以上及有相当政治文化的连级干部。1947年山东军区政治部决定将原《军政半月刊》改为《军政杂志》(月刊)。

1946年10月,《经济情报》创刊于河北,晋冀鲁豫边区贸易总局、冀南银行总行主编。该刊是经济动态刊物包括商情物价,报道邯郸、衡水、涉县、河间等城市粮食、棉花、土布、麻皮、油、食盐等物品的价格;出入口贸易及内地市场情况,刊登太行、晋东、邯郸、太岳等地出入口货物的行情;金融情况,用数字标出几个主要城市黄金、银元、法币、外汇比值的变动情况。"蒋管区经济情况介绍栏"披露了蒋管区粮食恐慌、燃料奇缺、蒋家银行巨量贷款的情况。该刊对友邻区的粮食、棉布、日用品、金融等类也有专栏报道。1948年3月20日出至第62期停刊。

1946年11月,《支部通讯》创刊于惠民。该刊为中共渤海区党委宣传部主办的党员教育类专刊,其内容主要是介绍典型的支部或党员的模范事例,教育广大党员群众改进工作,转变作风。

1946年11月1日,综合性半月刊《新地》创刊。冀鲁豫文联编辑,新地社出版,冀鲁豫书店发行。它面向农村大众,进行文化普及宣传,刊登贴近群众生活的稿件，发表时政论文、通讯报道以及故事、诗歌、民谣、歌曲、快板、谜语、连环画、漫画等多种形式的短小通俗的作品。1947 年 12 月15 日出至第 5 卷第 4 期停刊。

1946 年 12 月，半月刊杂志《文化翻身》创刊。1948 年出至总第 22 期停刊，后更名为《群众文化》，山东新华书店出版。该刊面向大众进行普及性文化宣传，主要对象为区村干部、识字班、小学教师。刊物形式多样，向群众宣传时事新闻，普及生产、生活、卫生常识，记叙人民翻身经过，宣传英雄模范，介绍文化学习经验等。刊物内容丰富，形式多样，有快板、鼓词、民间故事、小游戏、戏剧、歌曲、小调、笑话、谜语、杂耍、庄户巧话、典谚、小通讯、小论文及其他短小的文章。

1947 年，《民兵月刊》创刊，胶东人民武装自卫委员会、胶东军区人民武装部主编，该刊刊登内容为介绍地方人民武装工作的经验，民兵队伍建设的经验、教训，报道战斗英雄的模范事迹等，该刊出版过《人武干部会议特辑》，系统介绍会议精神和内容。

1947 年，《医疗文辑》创刊于烟台，胶东军区卫生部主编，该刊为综合性医疗刊物，16 开本。不定期出版，日期无规律，所见实物出版日期登记分别为：第 2 期（1947 年 8 月 21 日）、第 4 期（1948 年 7 月 1 日）、第 5 期（1948 年 3 月）。除此之外，第 4 期《医疗文辑》是胶东军区卫生部编辑，第 5 期编辑者改为华东新华书店胶东分店。内容主要刊登医疗知识和临床经验等，辟有“信箱”专栏，解答读者有关疾病及治疗方面的问题。

1947 年 1 月，《中等教育》创刊于莱阳，山东省教育厅主编，提出中等教育必须树立“一切为了前线的胜利，一切服务于自卫战争”的观念，中等教育需要与战争结合，为战争服务。主要内容是有关中等教育的办学思想、方向与道路的探讨以及教学指导的方式方法、办学经验总结等。第 2 辑中孙陶林的《烟威中学会议总结》，指出了办理烟威中等学校的方向，指明了办理城市中等教育的道路。共出版 2 期。

1947 年 1 月，《平原文艺》创刊于聊城。该刊是冀鲁豫边区文联主办的综合性文学刊物，创作与评论并重。文学作品体裁有报告文学、小说、诗歌等；第 5 期曾增辟“工人作品”栏目，发表解放区工人作者描述工厂新貌的作品。主要撰稿人还有黑丁、徐光耀、胡征、胡奇等。发表过王若的《巨野之战》、枫林的《不按老样子开的会》、瑞琦的《分麦子》、庐甸的《山》。1947 年 12 月出至第 2 卷第 12 期停刊。

1947年1月1日,《渤海文化》创刊于渤海,是反映与指导渤海区斗争与建设的综合性刊物,内容涵盖军事、政治、经济、文化、社会、卫生、科学常识等方面,尤以群众运动与军事斗争宣传为重点。

1947年1月25日,《民兵副刊》创刊于滨海,山东军区滨海军分区政治部主编,该刊主要介绍各地区组建、训练民兵的先进经验。提倡"以战教战"的训练方法,以提高民兵的战斗和应变能力。总结民兵在支前工作中的经验教训,强调加强对民兵战士的思想教育,严格把握"入伍"关,宣传党的方针、政策,确保"土改"和"整风"的顺利进行。1947年12月28日出至第14期停刊。

1947年2月,《鲁南建设》创刊于滋阳县(今山东兖州),为时事政治刊物。内容以刊登政治宣传性文章为主,另有时事简述、各地通讯等内容。共出版3期。

1947年3月,《前锋文艺》创刊于渤海,山东渤海军区政治部主编,该刊主要任务是利用文艺形式向广大指战员宣传党的方针路线、宣讲政治时事、歌颂英雄模范事迹等。作品大都来自部队文艺骨干和爱好文艺创作的战士之手。因刊物紧密配合形势,受到广大指战员的热烈欢迎和好评。

1947年3月15日,《支前导报》创刊,该刊是支前刊物,山东省支前委员会主编,号召全力支援前线,重视民夫工作,保证部队作战需要,以争取自卫战的最后胜利。在第1期《华东局加强支前工作指示》中指出:"华东局特号召山东全党把改善与加强支前工作,作为目前中心紧急任务。"共出版12期。

1947年4月20日,《山东文化》副刊《文艺》创刊,《山东文化》文艺副刊编辑部编,山东新华书店出版。《发刊词》中说:"在华东局宣传部文化运动的总方针下,和山东学术思想界的协力实践中,将《山东文化》改为领域较为宽广、开掘较为深厚的综合刊物之后,我们随即决定另外出版一种副刊,以满足青春的蓬勃的文艺创作活动的需要,这就是本刊呈现在读者面前的由来。"①停刊日期不详。

1947年5月,《支前通讯》创刊,由胶东支前司令政治部主编,是支前刊物,介绍各村支前经验,教育农民为谁支前,提高农民支前的积极性。

① 《文艺》1947年第1卷第1期。

1947年8月出至第19期停刊。

1947年5月，《工作通讯》创刊于惠民，渤海区党委宣传部主办。该刊是山东解放区中共党内刊物，创刊“通知”中说：“区党委高干会议根据党中央与华东局对目前工作的指示，和渤海区的具体情况，总结了过去三个月的工作，确定了今后三个月的任务及其方针、政策、方法——群众路线。全党必须以最大努力推动组织一切力量，在实际工作中贯彻高干会议的精神，求得顺利完成当前的紧迫任务，以争取自卫战争的胜利。”①该刊报道土地改革、反特除奸、生产节约、支援前线的方针政策和工作方法，其中包括纠正该解放区土改中的富民路线错误。共出版30期。

1947年5月，《通讯工作》创刊于菏泽，新华社冀鲁豫分社主编，该刊为新闻业务刊物，旨在指导通讯员工作，重点介绍各支社县、站通讯组的组织管理经验以及业务研究、写作体会等。

1947年6月，《战时教育》创刊于滨海，滨海战时教育社主编，1947年第2期中有《加强社会教育》《继续开展教师立功运动》《张校长的武装宣传》《战争中的夹仓完小》《自卫战争中的滨海文教事业》等文章。

1947年6月15日，《军政杂志》创刊于临沂，新四军兼山东军区政治部内部刊物，阅读对象是连以上干部。办刊任务：一是传达与贯彻上级每个时期的工作方针；二是总结经验、交流经验；三是进行阶级教育与时事教育；四是提倡部队学术研究，提高部队军政文化水平。刊登内容包括政治、军事、时事、军事文化四大类。该刊由新四军兼山东军区政治部出版发行，随着山东军区撤销，从第17期起标注为华东军区政治部出版发行。

1947年7月，《时事通讯》创刊于莱阳，新华文综社主编，该刊主要介绍时事政治常识，分册出版。刊登文章有《略谈大反攻的序幕》《〈总动员〉救不了蒋介石》《大反攻前夜为何要加紧备战》《略论全面大反攻的历史意义》《美帝援蒋新措施能挡住大反攻吗?》等。该刊第3期附《南线反攻图》。共出版4期。

1947年7月31日，《北银月刊》创刊于烟台，仅出版1期便停刊，1948年9月20日复刊，山东北海银行总行主编，是银行业务内部刊物，内容包括城市财政经济和银行业务工作的资料，如调查研究、经验交流、金银货币的交易、外汇管理章程、货币变化的管理情况等。该刊第1期为“城

① 《工作通讯》1947年第1辑。

市银行工作特辑”。1949 年 2 月 20 日出至第 6 期后改为《金融旬报》。

1947 年 8 月，《前卫通讯》创刊于淄博，山东鲁中军区政治部主编，是部队内部读物，定为周刊，每周日出版，也有不定期现象。

1947 年 9 月 15 日，《胶东文艺》创刊于烟台，大 32 开，其前身是文化综合性刊物《胶东大众》。1947 年 3 月，国民党军对山东解放区发动重点进攻。国民党进攻一步步推进，不管是军队中还是根据地的群众情绪都较为低落，根据地形势越来越严峻。为配合战时特殊环境，1947 年 9 月 15 日，《胶东大众》更名《胶东文艺》，半月刊《胶东文艺》自此创刊，在宗旨、读者对象、内容、写作形式上都进行改变，越来越贴合战时的环境。刊物力争发挥文艺工作的作用，尽最大的努力鼓舞士气，调动各方力量，争取最大限度地发挥自身作用，团结群众力量，力图扭转局面，支持抗战。马少波担任主编，主要编辑先后有包干夫、鲁特、丁宁、李根红等。刊物由胶东文协胶东文艺社编，胶东新华书店出版发行。刊物创刊时正值国民党反动派重点进攻胶东解放区，形势很严峻，编辑部克服重重困难，坚持出版。该刊内容围绕着贯彻大众化的文艺方针，真实反映和推动了反帝反封建的民主爱国革命实际斗争。发表文艺理论、小说、诗歌、散文、戏剧、曲艺、民间文学、美术等。发表的作品多以胶东人民的爱国自卫战争和土改复查运动为中心内容。《胶东文艺》任务明确：鼓励创作，反映斗争，交流经验，推动组织，求得文艺界爱国民主大团结，通过集体努力，把新的文艺运动更深入地展开。这一任务也是《胶东文艺》在战时特殊形势下为更好地发挥作用制定的。只有团结各界力量对抗国民党进攻才能最大限度地发挥集体作用，取得战争的胜利。《胶东文艺》的《发刊词》明确表示这是一份文艺性刊物，要动员广大文艺工作者打破文艺界沉寂，发挥各自才能，积极行动起来多记录、多批评、多创作，“把文艺比作打击敌人、团结人民的武器”，争取做到胶东文艺的普及化、大众化，在文艺阵地上加紧战斗，争取大反攻胜利。作为一份文艺性刊物，《胶东文艺》在编辑出版时在文章的表现形式、体裁、题材上都尽力表现出其文艺性特色，在出版发行的 8 期中充分发挥了其文艺战斗性的作用，调动了广大文艺工作者的积极性，创作出不少极具战斗力的作品，给气氛低沉的解放区人民注入了一剂“强心剂”，使得广大工农兵战士、群众增添了信心，以更积极的情绪参与到斗争中，军民联合起来，争取大反攻的胜利。《胶东文艺》订户约8000 份，零售一二万册，1948 年 1 月 15 日出至第 8 期停刊。

1947 年 10 月,《时论丛刊》创刊于莱阳,胶东区党委宣传部主编。该刊主要介绍当时的时事政治与局势,刊登文章有《救国必须灭蒋》《人民解放军大举反攻》《解放军四路野战大军向南线全线出击》《紧急动员起来为保卫胶东而战》《维辛斯基演说全文》《欧洲形势》《中国人民解放军宣言》《论国际形势》《莫洛托夫演说全文》等。共出版 5 期。

1948 年,《胶东粮政》创刊于莱阳,山东省胶东区粮食分局胶东粮政编委会主编,该刊主要颁布夏粮征收、管理、储运等方面的法规政策、办法与经验介绍。共出版 3 期。

1948 年 6 月 10 日,《书店通讯》创刊,山东新华书店主办,为书店内部刊物。主要介绍抗战和解放战争时期鲁中、鲁南、滨海等地区书店工作情况以及抗日游击战争中书店的发展历程。

1948 年 9 月,《群众文化》创刊,该刊为通俗的群众性综合刊物,主要面向区村干部、小学教员和识字群众。主要刊登生产支前的文章,其次是民主文化及群众活动的文章,也有形势分析、时事综述、名词解释、小资料等介绍国内外时事要闻与政治常识。作品形式有顺口溜、武老二、鼓词、故事、小调、歌曲、连环画、笑话、时事、说唱、通讯、消息、快板、谜语、民谣等。

1948 年 11 月 1 日,《平原》创刊于山东聊城,16 开本。1949 年 3 月 1 日迁往菏泽出版,同年出版至 8 月 1 日第 14 期后休刊。并于同年 11 月 30 日在新乡复刊、出版新 1 号,改为月刊,由平原月刊编委会编辑,新华书店新乡书店发行。1951 年 4 月出至第 3 卷第 6 期后终刊。前后共出版 32 期。该刊为现代文化综合性刊物,宗旨是为提倡文化发展生产。冉云浦在《代发刊词》中强调:“文化工作在当前的迫切任务,就是发动文化创作。”第 2 卷起改为平原省文联机关杂志后,增加了文学创作的内容。其创刊号由劳郭设计封面,邓野作木刻,封底画是“发土地证”。

二、解放区根据地出版的画报和歌集

抗日和解放战争时期,山东革命根据地雄立于山东大地,抗击着日本侵略者和国民党反动派,爆发了无数次战役,产生了许多可歌可泣的英雄人物。这个时期报刊中比较有特点的是画报和歌集。作为战争的忠实记录者和代言者,画报和歌集以形象、直观的艺术语言,述说着战争,述说着根据地的巩固、壮大,述说着众多英雄舍身报国的英雄气概,述说着日寇、蒋家王朝必将灭亡的可悲命运。此时期创办的画报和歌集主要有：

《战士朋友》

1941年春天，《战士朋友》在烟台创刊，其前身是《前线画报》，八路军山东胶东军区政治部为推动部队文化运动，提高部队士兵和工农干部文化学习的积极性，提高士兵的阅读和写作能力而创办。该刊特点是图文并茂，它以浅显的文字和生动的图画搞活了部队政治文化。1942年在胶东军区成立时停刊，1944年4月胶东画报社成立后，于5月复刊，改为32开本的石印半月刊，主要由李恕负责编辑，1945年5月改为4开单张《胶东画报——部队版》。1946年年初，为适应战时携带方便，胶东军区政治部决定自第17期起恢复32开本《战士朋友》，共出版37期，每期16～24页不等，以美术、文字为主，也刊登少量照片，在部队内部发行1000份左右，1947年蒋介石重点进攻山东，战争打到胶东腹地时停刊。

《山东画报》

《山东画报》是山东革命根据地创刊较早的画报。1943年8月在沂蒙根据地的莒南县何家店子出版。该报的前身是八路军一一五师兼山东军区政治部主办的《战士画刊》，报社直属于山东军区政治部领导，军区政治部宣传科长康矛召任画报主编，那狄为副主编，王建础、龙实、赵钱孙、郝世保任编辑，后又调进邵锡吾、宋大可、刘璞、白刃。《山东画报》为月刊，16开本，发行1500份。创刊初期因不具备铜版印刷条件，只好采用石版印刷，照片无法印，摄影工作尚处在筹备、实验阶段，美术工作相当活跃。画报以画图、文字为主，山东省战工会的柳成行、任迁乔等美术工作者都积极为画报供稿。这些画稿紧密配合共产党的中心工作，利用典型事例向群众进行革命英雄主义和爱国主义教育。创刊号于8月1日建军节出版，封面是那狄同志精心用木板刻出的山东军区司令员兼政委罗荣桓的半身像。画报的出版，在沂蒙根据地产生了极大的反响，这是干部战士第一次看到图文并茂的宣传品。有一次，某村在排演文艺节目时，一青年扮演欺侮老百姓的汉奸，其父跳到台上，揪过来就是两巴掌，骂道："你这兔崽子，什么不好演，偏演臭汉奸！"美术工作者把这个真实的故事在画报上再现出来，诙谐地表现了这位老农民对敌人的刻骨仇恨。画报社的美术工作者，还编绘了许多瓦解日军的宣传材料，交给反战同盟散发。

《山东画报》第1～24期只刊登美术作品与文稿，16开本。第1期用十八集团军山东军区政治部名义出版，从第2期开始，改由山东军区政治部山东画报社出版。《山东画报》创建时，山东抗日根据地的形势刚开始好转，还没有照相制版条件，摄影工作也很薄弱，画报社摄影干部只有郝世保一人，社长康矛召找到一台可拍 8 张底片的蔡司伊康相机学习拍照。为了改变这种情况，军区一方面由郝世保办摄影训练班，一方面派人到上海采购照相制版设备和摄影器材，聘请技术工人。1944 年 8 月，画报社由郯城西北的蛟龙湾迁到石印厂所在地前静埠，正准备安装从上海运来的照相制版器材时，日军开始进行秋季"扫荡"，一部分器材被捣毁，仅有的一块照相制版网目也被敌人砸碎。1944 年冬，反"扫荡"结束后，画报社在新驻地宋家洼子把敌人砸碎的网目拼起来，开始试验照相制版。翌年春，试制成功的第一幅铜版照片毛泽东像刊登在《战士报》上。随后，该报又出了几幅摄影画页。1945 年年初，第 1 期印有照片的《山东画报》出版，从此，《山东画报》逐步发展成有铜版摄影图片、锌版美术作品和铅印文字的综合性画刊。这时鲁岩、吴耕、郑景康、邹建东等同志相继调到画报社工作，加强了报社的采编力量。摄影照片是画报的主要内容，但因器材的缺乏，给这项工作带来很大的困难。胶卷只能偶尔从敌占区买到几个，照相机则主要靠打仗时缴获。由于敌人的破坏，拿到手的相机大都是坏的，画报社的同志就学着修理，用铁钉磨成小螺丝刀，借房东的剪子，小心翼翼地修。有时刚把零件拆开，敌人来了，便赶紧把零件一包，随队转移，等到下一个战斗间隙再接着干，就这样使不少报废的相机又派上用场。冲洗照片也是非常困难的，画报社的同志是利用战斗空隙，在掩蔽部冲洗，用火柴进行拷贝。有时刚显完影，部队就要行军，同志们只好一人端着定影碗，一人用高粱秆挑着一条湿乎乎的底片，边行军边定影。《山东画报》就是在这样困难的条件下，用简陋的设备忠实地记录下抗日和解放战争的历史过程。1945 年 7 月 1 日出版的《山东画报》第 25 期刊登了大量照片，内容包括近一年来山东抗日根据地军民取得的重大战果，如光复莒县城，攻克文登、泗水、沂水、蒙城、利津，诸城伪军反正，人民支援前线，部队练兵，准备大反攻，把海滩变盐田以及军民关系等 84 幅，作者包括郝世保、康矛召、白刃、吕杰、石锋、纪生等，另有木刻图画及文字报道，共 44 页，刊首登朱德总司令和军区罗荣桓司令员肖像。从这一期起，《山东画报》便成为以刊登新闻照片为主的摄影、美术画报。

1945 年冬，山东画报社出版丛刊《攻克莒县城》，刊登照片 70 余幅，郝世保、龙实、那狄、王建础等摄影。9 月，罗荣桓率山东一部分主力部队挺进东北。部队中的摄影干部也随军前往，其中包括山东画报社主编那狄、编辑王建础等。山东画报社改由龙实任主编、鲁岩任副主编。郝世保继续留在山东，与从华中来的原新四军摄影干部一同工作。年底，中共中央决定建立山东野战军，由陈毅任司令员，兼管山东军区。由于战争形势的变动，《山东画报》从第 26 期(1945 年 7 月 15 日)开始不断变化版式，有时是 4 开单张，有时恢复 16 开本，解放战争开始后，就成为 4 开单张不定期的画刊了。

1946 年秋，为了加强山东解放区的新闻摄影和画报工作，请晋察冀画报社来的郑景康主办了摄影训练班，给山东各野战军主力部队培训摄影干部，其中少数学员(陆文骏、高胜康、刘浩、晓植等)结业后留在山东画报社工作。

1947 年 1 月底，国民党以 31 万军队分南北两路进攻山东解放区，共产党为统一和加强华东地区部队的指挥，撤销山东军区和华中军区，山东野战军与华中野战军合并，建立了华东军区和华东野战军，由陈毅任司令员兼政委。《山东画报》也随之改为《华东画报》，从第 40 期开始沿用山东画报编号顺序，继续不定期出版 4 开画刊，至 1949 年 3 月出版第 49 期《淮海战线特辑》告一段落。从 1943～1947 年的 4 年间，《山东画报》共出版 48 期，为宣传、鼓舞群众抗击敌人，发挥了重要作用。

《胶东画报》

该刊 1944 年 5 月在胶东抗日根据地的牟平县埠西头村创刊。画报社属胶东军区政治部领导，鲁萍任社长，温江华、丁炎、李恕、李善一任编辑，后又陆续调进李静纯、鲁农、江平、范子厚、王升、潘沼等 9 位同志。画报为月刊，16 开本，每期 30～40 页。照片用铜版或锌版印刷，画稿用石版印刷，文字铅印。大众报社承担铅印、石印和装订工作，北海银行印刷厂承担制作铜版、锌版的任务，发行工作由战时邮局承担。画报社因人少事杂，基本上实行编采合一制。编辑人员既要编稿又要下基层采访，稿子编好的要亲自发厂制版、校对。遇到大战役，画报社往往只留一人值班，其他人则深入前线采访，回社后又立即写稿、发排。胶东画报社建立之始，便明确“为工农兵服务”是办报的宗旨，并在《创刊词》中写明：“必须成为对敌斗争的锐利武器！”当时胶东地区发生的一些重大事件，诸如刘公岛伪海军起义，讨伐汉奸赵保原，解放烟台和威海，拒绝美军企图在烟台登陆，欢迎东江纵队抵达烟台，欢迎国民党“交警纵队”和“重庆号”军舰官兵起义，欢迎民主人士马叙伦、马寅初、柳亚子来解放区等等，都在画报上登过新闻照片。

1949 年以后，《胶东画报》随着胶东军区的撤销而停刊。《胶东画报》从 1944 年创刊到 1950 年停刊，前后历经 6 年，留下了大量珍贵的历史照片。

《渤海画报》

1944 年年底在山东渤海根据地的博兴县陈户店创刊。画报社受渤海区党委宣传部和渤海军区政治部双重领导，社长由军区政治部宣传科长陈放兼任，王干、刘实、孙迅韬、刘培玉、张文江为编辑。画报为月刊，16 开本，图文并茂，铅印、石印并存。画报第 1 期中心内容是攻克利津县的夏季战役，封面是王干刻的利津县城门楼的木刻画。画报出刊第 2 期时正赶上春节，画报社赶制了一批文化娱乐的年画，由于内容落后于形势，群众议论纷纷，画报社也受到上级的批评。同志们为此受到很大震动，大家坐下来认真学习毛主席《在延安文艺座谈会上的讲话》，对毛主席提出的“为工农兵服务”的文艺方向有了进一步的认识。之后，画报社只留下一人值班，其他人分头下到前线、农村、深入生活，采访工农兵，歌颂工农兵。1945 年 3 月第 3 期《渤海画报》出刊，内容上立刻有了很大变化，有王干画的广北劳模李洪洲、高化吉的两扇屏、保卫麦收的连环画、拥军参军的宣传画等等，重新受到群众的欢迎。1945 年秋，渤海解放区连成了一片，画报社随军区机关进驻惠民城。打入德州后，画报社缴获一批摄影器材，寇纪文、吴云龙等当起摄影记者，但因缺乏铜版制版条件而无法印在画报上，只能搞些小型摄影展览。直到 1949 年春从天津搞来一批铜版，《渤海画报》才登载出铜版印刷的摄影照片。1950 年年初，《渤海画报》的大部分人员调到山东画报社，《渤海画报》从此宣告停刊。

《战士歌集》

1945 年 1 月，《战士歌集》创刊，全集共 12 首歌曲，分别是《中国反攻有依靠》《反攻依靠谁》《改换个好政府》《山东大捷》《英雄赞》《练兵进行曲》《做个练兵的好榜样》《刺杀》《可爱的枪》《功向前》《青年好汉去参军》和《新年乐》。第 1～4 首是关于时事问题的，第 5～10 首是关于部队工作的，最后两首是关于群众的。

《文娱材料》

1946 年 10 月，《文娱材料》创刊于滨海，滨海分局政治部宣传队主编，为文娱性宣传刊物，64 开本。内容有歌曲和话剧。歌曲有《自卫大进军》《人民战士之歌》《保卫解放区》《军民一家》《毛泽东之歌》等；话剧有《一家人》《双拥》《闹房》等。

《歌与剧》

该刊 1946 年 10 月 1 日创刊，新四军山东军区政治部文工团主编，创刊目的是为全军和华东地区的文娱工作者提供一个交流经验交换材料的园地。内容有创作经验交流、部队文娱、生活通讯、歌曲、剧本、杂耍、秧歌及文艺创作研究等。出版第 1 期后，就改为《歌与剧》(战时版)。“改版的话”中说：“从今以后，我们的‘战时版’便将以‘轻骑队’的姿态，迎接伟大的自卫战争，为了及时，我们改成了半月刊，为了便于携带，缩小到原来体积的三分之一。更重要的是，在内容上我们要求自己更实际，更精悍，更能适应人物与需要；我们冀求，每一个剧本都能够演出，每一支歌都能唱得开，每一篇文章都能起一定的指导与启发作用。”①

《战士文化》

该刊 1948 年 10 月创刊，由华东军区政治部主办，32 开本，每期36 页。该刊内容为新闻照片、连环画和漫画等。共出版 4 期。

《部队歌声》

1949 年，《部队歌声》创刊于临沂，华东军区第三野战军政治部发行，该刊主要刊登部队流行的歌曲，如《跟着毛泽东走》《我们都是战斗队》《我为人民扛起枪》《革命无不胜》《再接再厉歼灭敌人》《革命的家庭》等。歌曲短小，配有简谱，很受战士欢迎。

《前卫画报》

1949 年 1 月，《前卫画报》创刊于鲁中南，华东鲁中南军区政治部主办。该刊内容以连环画、文艺作品为主，从第 12 期起改为 16 开 4 页，以新闻照片为主。至中华人民共和国成立前夕共出版 15 期。

《前锋画刊》

1949 年 4 月，《前锋画刊》创刊于渤海军区，由 1944 年 6 月创刊的《渤海画报》改版而来，王干任主编，是战士及初级干部政治和文化学习的综合读物。内容以绘画、摄影、木刻等美术作品为主，登少量照片，同时还出

① 《歌与剧》(战时版)1946 年第 1 期。

版单行页画报。1949年12月出至第6期停刊。

《战士歌曲》

《战士歌曲》创刊于烟台,创刊时间不详,由中国人民解放军渤海军区政治部宣教部主编,刊有《国际歌》《毛主席》《朱德之歌》《子弟兵进行曲》《战士之歌》等革命歌曲。

三、解放战争后期至中华人民共和国成立前山东报刊的发展

1.报纸

到济南解放前夕,济南只有国民党控制的《大华日报》《山东新报》《华北新闻》《中报》等少数几家报纸还在出版。青岛到解放前夕,不得不由8家报社联合出版《青联报》,以维持局面。1948年9月,济南解放。同年10月,中共济南市委机关报《新民主报》创刊,这是由中国共产党领导的山东第一张大型城市报纸。1949年4月1日,《大众日报》由益都、临朐农村迁至济南出版,结束了其在沂蒙山区游击战争的环境,《新民主报》停刊。其他如胶东、鲁中南、渤海等地区的报纸也有大的发展。不久,徐州、青岛解放,又有《新徐日报》《青岛日报》相继创刊,这些报刊为宣传中国共产党的路线、方针、政策,动员人民群众积极支援解放战争,打败国民党反动派做出了巨大贡献。随着各地的解放,许多省市的中共党委机关报和民主党派机关报纷纷创刊,介绍如下。

《新民主报》

《新民主报》为中共济南市委机关报。1948年10月1日,即济南解放第7天创刊。社址在经三路纬二路,系原国民党山东党部机关报《大华日报》旧址。该报设党报委员会,由市委书记刘顺元、副市长徐冰、市委宣传部部长夏征农、济南特别市军事管制委员会新闻出版部部长恽逸群及张晓梅五人组成。刘顺元兼任书记,夏征农兼任副书记。该报下设编辑委员会,以恽逸群、李辛夫、李力众、沙洪四人为委员。恽逸群任总编辑。党报委员会与编辑委员会统一领导《新民主报》和新华社济南分社。恽逸群任报社社长和分社社长,李辛夫任报社副社长和分社副社长。报社与分社合署办公。报社设编辑部,下设时事组和副刊组。分社设采访科和通联科。分社除向全国发稿外,主要向《新民主报》发稿。《新民主报》创刊号的《发刊词》"本刊的任务"说,主要任务有三:一是向济南市同胞宣传解释中共中央的基本政策,特别是城市政策与工商业政策,并群策群力贯彻

实施；二是把济南同胞的呼声、要求与建议等反映给党的领导机关，从而及时修正与充实已有的政策，制定必要的新政策；三是指导各级组织认真学习、完全了解与全部遵守党的政策，从而使我们全心全意为人民服务的热忱，与实际效果达到一致。该报对开4版，为当时解放区第一张省会大报。一版为要闻版，二版为地方新闻版，三版为专版，"青年文化""职工生活""新妇女""学习之页""副刊"等交替见报，四版为国际新闻。报社从业人员130人，期发数为1.2万份。1949年春，因中共中央山东分局机关报《大众日报》迁进济南，兼顾济南市的宣传报道，同时决定抽调新闻干部南下，《新民主报》于1949年3月31日停刊。

《新徐日报》

《新徐日报》为中共徐州市委机关报。1948年12月10日在徐州创刊。社址设在徐州市淮海路228号。社长兼总编辑沙洪，副社长兼副总编辑谭克（次年1月升任社长、总编辑）。《发刊词》"本报的任务"中说："在伟大淮海战役声中，徐州解放了！……从此帝国主义、封建主义、官僚资本主义从徐州滚开，今后的徐州永远是人民大众自己的徐州了，中共徐州市委机关报必然忠实代表徐州市人民大众的利益，希望各界人民……爱护本报，帮助本报，批评监督本报，使本报能完全为代表徐州各界人民的利益。"①初为对开4版大报，次年10月12日起缩为4开4版小报。一版为地方新闻，二版为国内新闻及广告，三版为国际新闻及广告，四版为副刊与广告。第四版先后辟有"副刊""青年知识""社会服务""淮海文艺""工人生活"等。新闻报道主要反映解放战争进展情况。广告内容大量为军政院校、各类专业学校招生广告、录取新生名单、徐州市军管会及所属部门的通告以及过户声明、国民党军政党团的悔过声明等，而商业广告很少。1950年4月20日停刊，共出版493期。

《青岛日报》

该报1949年12月10日创刊。由当时的《胶东日报》《渤海日报》《新徐日报》以及新华社胶东分社部分干部、工人，并吸收国民党统治时期旧报社的部分人员组成。创刊号刊有《中共青岛市委关于出版青岛日报的决定》，宣布《青岛日报》是中共青岛市委机关报，确定报纸以工人阶级和城市劳动人民为主要对象，适当照顾其他方面。1953年4月，报纸确定以具有高小以

① 邱沛篁等：《新闻传播百科全书》，四川人民出版社1998年版，第630页。

上文化程度的职工群众、国家干部和各界读者为对象,而主要是面向干部。1961年4月以后,读者对象改为以群众为主,即以工人为主,照顾农民和干部。创刊初为对开4版,后改为对开2版,1961年4月1日起改为4开4版。1964年期印发数最高达3.5万份,其中自费订阅占60%。发行范围除市区外,还有崂山、即墨、胶县、胶南等县。该报先后编发的副刊、专刊有《社会服务》《每周文摘》《工人园地》《青年生活》《新青岛妇女》《青岛文艺》《大众科学》《新史学》《海鸥》《文化与生活》《学习生活》《岛上俱乐部》《读者来信》等。编辑部分设工业交通部、财贸农村部、政法文教部、科学艺术部、时事宣传部、美术组、摄影组、图书资料组、总编办公室。创刊时经中共中央华东局批准的报社领导干部是:吴健任社长,兼编委会书记;沙洪任副社长兼第一总编辑,并兼编委会副书记;于梦尤任第二总编辑;编委会由吴健、沙洪、于梦尤、顾膺、林毅五人组成;以后历任总编辑为顾膺、林毅、梁柯平等。

2.期刊

关于此一时期中国共产党创立的期刊,谨按时间顺序简要介绍如下。

1949年,《通讯工作》创刊于莱阳,胶东日报社主编。1949年12月《群力报》并入《胶东日报》,通讯工作也由新华社胶东分社划归胶东日报社管理,为提高通讯工作,胶东日报社创办了该刊。该刊是通讯员讨论改进通讯工作、交流经验、业务学习的园地。该刊的任务是:帮助通讯员提高业务,指导通讯员写稿及开展通讯工作;根据通讯员的实际要求,介绍新闻写作知识,刊登该社各个时期报道意见及通讯工作计划和总结等;通讯员的工作体会、心得、感想、检讨及各地通讯工作动态等。

1949年1月1日,《胶东文化》创刊。该刊是中共胶东区党委所主办的一个通俗综合性刊物,马少波任主编,江风任副主编。此刊创刊的主要任务是帮助胶东解放区的区、营级干部学习时事,学习政策,提高文化水平和理论水平;同时也作为城乡知识分子的一种经常读物,以推进新民主主义的文化运动。该刊内容包括理论、自然科学、时事述评、政策学习、工作经验、文艺批评、文艺创作、人物志、书报评介、文化消息、问题释疑等。共出版3期。

1949年4月,《金融旬报》继承《北银月刊》,自第2卷第10期起改为现名,中国人民银行山东省行、山东北海银行总行主编。每期刊登本旬金融物价情况和统计表介绍关于金融的政策和法规文件、银行工作以及省内金融和工农业经济调查等资料。当时苏北部分地区属山东管辖,徐州和新海连(连云港)两个地区的行业情况亦有反映。1949年12月出至第

3卷第18期停刊。

1949年5月,《鲁中南报》(增刊)创刊于沂水,是鲁中南军区内部学习刊物。第6期为"纪念中央人民政府成立专号"。共出版11期。

1949年6月,《潍市金融贸易月报》创刊于潍坊,潍坊市北海银行支行、潍坊市大华贸易公司主编。该刊为金融、贸易刊物,对解放地区每月金融、物价的变动情况统计分析,并以图表的形式刊出。

1949年6月,《山东荣军》(增刊)创刊于济南,该刊是《山东荣军报》的增刊,内部刊物。主要是介绍地方荣军经验、荣军学校教学研究等方面的内容。

1949年6月1日,《潍市金融贸易旬报》创刊于潍坊,潍坊市北海银行支行、潍坊市大华贸易公司主编。该刊分为物价概述、金融动态和经营工作概况三个部分。1949年11月出至第16期停刊。

1949年6月1日,《前导》创刊,山东军区政治部主编,专供连以上干部的阅读和参考。内容包括中央和上级的指示、决议、社论、专题论述,各地重要文章的转载,各种工作经验介绍等。1949年6月1日创刊,在《关于出版〈前导杂志〉的决定》中说:"《前导》的主要是任务是:帮助干部学习毛泽东思想,贯彻党中央毛主席的建军路线和政治路线,提高全军干部的思想、理论、政策、业务水平;指导部队正确了解中央和上级的各种指示,配合中心工作,具体贯彻执行,贯彻纪律教育,提倡批评与自我批评,发扬优点,纠正缺点,推动部队各项建设工作向正规化方向前进,交流军事、政治、文艺、后勤等各项工作经验;供给干部必要的读物,帮助文化学习;帮助领导机关了解部队情况。"①1949年8月出版了"八一"检阅专号。1952年6月停刊。

① 《前导》1949年第1期。

第七章　中华人民共和国成立后山东报刊的发展概况

1949年10月中华人民共和国成立后，中国共产党和人民政府极为重视文化事业的发展。随着共产党和人民政府工作重点的转移和大规模国民经济建设事业的发展，党领导下的山东新闻事业进入了新的历史阶段。在社会主义革命和社会主义建设时期，山东报业继承和发扬过去革命战争年代的传统，坚持马列主义、毛泽东思想，深入实际，联系群众，从宣传报道经济建设中学习经济建设工作。这一时期山东报业的突出成就和主要特色，是大张旗鼓和集中突出地宣传报道全省各地区各行业涌现出来的一大批具有时代风貌和普遍意义的先进单位、先进人物，满腔热情地讴歌人民群众的聪明才智和伟大创造力。通过各项宣传报道，发挥了报纸的组织、鼓舞、激励、批判、推动作用。同时报业队伍自身也在斗争实践中得到锻炼、改造和提高，党性、思想性、群众性、战斗性大大加强，成为党委、政府和人民的耳目喉舌和有力助手。

1978年党的十一届三中全会以后，经过党的指导思想和实际工作的拨乱反正，围绕着经济建设、改革开放和党在新的历史时期的总任务、总目标，进行广泛的报道。同时，报纸宣传报道的内容形式也多种多样。报纸以经济建设为中心，宣传改革开放，宣传四项基本原则，紧密为党的中心工作服务；报纸不断扩大报道面，增加知识性、趣味性，革新版面，转变文风，受到读者喜爱。

1987年，为贯彻中央关于坚决、妥善地做好报纸刊物整顿工作的通知精神，由省委宣传部牵头部署组织，省新闻出版管理单位和省科委配合，先后分别对社科文艺类报刊和自然科学报刊，在思想、组织整顿的基础上进行重新注册登记。整顿前，全省社科文艺类期刊109种，自然科学类期刊60种。整顿后重新登记的社科文艺类(包括当时缓登而后来又准予登记的1种刊物)期刊有104种,因各种原因不再登记的期刊有5种;重新登记的自然科学类期刊有63种(其中包括新增期刊4种),因不具备办刊条件不予登记的有1种。

1990年后,山东的报刊以马列主义、毛泽东思想、邓小平理论和"三个代表"重要思想为指导,全面贯彻党的教育方针,为社会各方面改革和社会主义现代化建设做出贡献。

第一节　中华人民共和国成立初期至1978年山东报刊的发展

一、报纸

1949年10月中华人民共和国成立以后,根据中共中央华东局的决定,《大众日报》改为中共中央山东分局机关报,同时兼中共济南市委的机关报,原济南市委机关报《新民主报》停刊,其大部分人员与《大众日报》的一部分干部随华东局南下,负责筹办上海《解放日报》。

1950年,山东分局和山东省人民政府决定对全省报纸进行一次大的调整。为了集中人力、物力、财力办好《大众日报》和《青岛日报》,原胶东、渤海、鲁中南3个行政区的《胶东日报》《渤海日报》《鲁中南报》和徐州的《新徐日报》停刊,新创办了以农村干部和农民为主要对象的通俗报纸《农村大众》报,以青年为读者对象的《山东青年报》。济南、烟台、徐州3个城市和淄博工矿区各出版一份工人报纸,分别是《济南工人报》《烟台劳动报》《徐州工人报》和《淄博工人报》。距离省城较远的临沂、沂水、文登、莱阳4个专区,各出版一份当地农民报纸,分别是《临沂大众报》《沂水大众报》《文登大众报》和《莱阳大众报》。经过调整,全省共办各类报纸28种。1954年8月,中共山东省委成立,《大众日报》改为中共山东省委机关报。下面具体介绍这几种报纸的概况。

《大众日报》

1939年1月1日,《大众日报》在沂水县王庄创刊,是中共山东省委机关报。在抗日战争时期,《大众日报》是中共中央山东分局的机关报。在解放战争时期，《大众日报》是中共中央华东局的机关报。1949 年 3 月，中共中央华东局南下，中共中央山东分局成立，《大众日报》又改为山东分局机关报，同时兼任中共济南市委机关报。1954 年 8 月，中共山东省委成立，《大众日报》改为中共山东省委机关报。

《大众日报》是一份富有光荣革命斗争历史和优良传统的报纸，在抗日战争和解放战争中，《大众日报》曾经遭受到日本侵略军和国民党反动派几十次"扫荡"和伏击，历经大小战斗 100 多次。报社干部、职工在极端困难的条件下，一手拿笔，一手拿枪，同敌人展开了殊死搏斗，先后有 500 多位优秀工作人员献出了宝贵的生命。

70 多年来，《大众日报》认真坚持"面向实际，深入群众，反映指导实际"的方针，实行"从群众中来，到群众中去"的群众路线，写典型，写群众，摆事实，讲道理，让事实说话，以理服人；同时对实际工作中的缺点、错误和问题也如实反映，反对报喜不报忧的片面做法。在语言文字上，强调要简洁、明快、通俗、流畅，使人读起来上口，看起来顺眼，听起来入耳，易懂易记。因此，报纸的党性、思想性、群众性、战斗性大大加强，保证了报纸在各个历史时期各项任务的胜利完成，促进了革命和建设事业的发展，而且还培养造就了一大批优秀人才。据不完全统计，先后参加大众日报社工作的干部和职工有两三千人之多，大众日报社培养的干部和职工遍布中央十几个部委和几乎全国各省、市、自治区以及省内各行各业。

《大众日报》在中国现代新闻事业发展史上占有重要的地位，曾经受到毛泽东、刘少奇、邓小平等老一辈无产阶级革命家的称赞和鼓励。1989 年元旦，《大众日报》创刊 50 周年时，邓小平为《大众日报》题词"大众日报五十年"。

《山东青年报》

1949 年 8 月 1 日，《山东青年报》由新民主主义青年团山东省工作委员会创办。原名《山东青年》，为综合性月刊，发行 2 万份。出版 3 期后，改名《山东青年报》。1950 年与济南团市委办的《青年文化报》合并，5 日刊。主要面向农村青年。1958 年先后改出周二刊、周三刊。读者对象扩大为城乡兼顾。1961 年由于纸张供应紧张而停刊，改在《大众日报》第 3 版发《山东青年》周刊。后单独出刊。"十年动乱"中停刊。1984 年 10 月 5 日复刊。

《山东青年报》是共青团山东省委的机关报，是以广大青年和青年教育工作者、青年研究工作人员为对象的综合性报纸。《山东青年报》配合团的工作，引导青年发扬改革创新精神，激励青年投身“四化”建设；启发青年继承发扬中华民族的光荣传统；迅速传播青年工作的信息和经验，报道经济建设和社会新闻，介绍学习方法，宣传推广新的知识。同时，重视青年日常生活的宣传指导，注重代表青年的利益，除在报纸上开辟复信栏目“问与答”外，还设立了编辑联系点，定期到青年中听取意见。为了满足部分青年对国际局势和国外青年的了解，报纸还开辟了“国际瞭望台”“国外青年生活”等栏目，加强了国外信息和青年生活的报道。该报形式活泼，文章短小精悍，时代气息浓郁。主要栏目有“时事消息”“文化世界”“歌曲介绍”等。《山东青年报》现为 4 开 4 版，每周一、三、五出版。

《青岛日报》

1949 年 12 月 10 日，《青岛日报》创刊，由当时的《胶东日报》《渤海日报》《新徐日报》以及新华社胶东分社部分干部、工人，并吸收国民党统治时期旧报社的部分人员组成。创刊号刊有《中共青岛市委关于出版青岛日报的决定》，宣布《青岛日报》是中共青岛市委机关报，确定报纸以工人阶级与城市劳动人民为主要对象，适当照顾其他方面。

1953 年 4 月，报纸确定以具有高小以上文化程度的职工群众、国家干部和各界读者为对象，主要是面向干部。1961 年 4 月以后，读者对象改为以群众为主，即以工人为主，照顾农民和干部。创刊初为对开 4 版，后改为对开 2 版，1961 年 4 月 1 日起改为 4 开 4 版。1964 年期印发数最高达 3.5 万份，其中自费订阅占 60%。发行范围除市区外，还有崂山、即墨、胶县、胶南等县。该报先后编发的副刊、专刊有《社会服务》《每周文摘》《工人园地》《青年生活》《新青岛妇女》《青岛文艺》《大众科学》《新史学》《海鸥》《文化与生活》《学习生活》《岛上俱乐部》《读者来信》等。

创刊时经中共中央华东局批准的报社领导干部是：吴健任社长，兼编委会书记；沙洪任副社长兼第一总编辑，并兼编委会副书记；于梦尤任第二总编辑；编委会由吴健、沙洪、于梦尤、顾膺、林毅五人组成；以后历任总编辑为顾膺、林毅、梁柯平等。

《农村大众》

《农村大众》报是在原 1932 年 11 月 10 日创刊的《山东农民报》、1945 年6 月 1 日创刊的《滨海农村》、1948 年 9 月 26 日创刊的鲁中南党委机关报《鲁中南报》的基础上，于 1950 年 5 月 15 日创刊而来，1963 年 3 月

1日曾更名为《大众日报·农村版》。《农村大众》报是由中共山东省委主办，山东省委、省政府指导山东省“三农”工作的一份综合性党报，也是《大众日报》的农村版，全国优秀“三农”媒体，山东省十佳报纸，联合国教科文组织登记注册的两家山东报纸之一。

几十年来，报纸始终坚持以服务农村、服务农业、服务农民为宗旨，宣传党的路线、方针、政策，传播农民致富的科学知识和实用技术，倡导现代的生活方式，成为农民发家致富奔小康的良师益友。该报长期以来逐渐形成大众化、通俗化、口语化的独特风格，文章短小精悍，语言平白如话，并根据形势的发展，不断开辟一些群众喜闻乐见的栏目。目前，《农村大众》报发行遍及山东省16个地市的每一个乡、镇、村，日发行量近30万份，在全国农民报中发行量最大，在全国农民报综合指标考核中连续多年位居第一，也是山东省面向农村发行的报纸中发行量最大的一份报纸。

中共十一届三中全会以来，《农村大众》为适应改革开放新形势，在编辑方针、版面安排、专栏设置上作出调整。编辑方针确定为“登堂入室，服务到家”。版面安排为：一版要闻；二版农科园地；三版党的生活、农村青年、农村教育；四版《沃土》副刊、市场、法制、故事会、小说连载。每月有一期月末版，主要刊登精神文明建设方面的通讯、特写、人物专访及其他知识性、趣味性的文章。为增强报纸的权威性，有些专刊专版分别聘请了全国知名专家、学者为顾问。《农科园地》聘请曾呈奎、余松烈、余培宽、王则华为顾问；《沃土》副刊聘请臧克家、陶钝、曲波、王希坚、赵焕章、宋协周、郭同文为顾问。该报历任总编辑有刘健、齐松涛、李治太等。

《烟台劳动报》

1951年12月16日，《烟台劳动报》创刊，是中共烟台市委机关报。4开4版，3日刊。1956年7月3日改为周三刊。1958年7月1日更名《烟台日报》，改出周六刊，星期日无报。1958年7月中共莱阳地委迁烟台，组建烟台地委，烟台市由省辖市改为地辖县级市，地委出版机关报——《烟台日报》，原《烟台日报》同年10月15日易名《劳动日报》，继续出4开4版，周六刊。1959年9月1日改为周三刊，同时易名《烟台劳动报》。1961年1月3日停刊。

《烟台劳动报》紧密配合党和政府的工作部署，积极准确地宣传党的路线、方针、政策，教育鼓舞人民群众进行社会主义革命和建设，发挥了城市党委机关报应有的作用。如1953年调整工资后，一部分工人福利主义冒了头,工资高了还想高,《烟台劳动报》即组织了关于"盖东海思想"的讨论,21期报纸发表了53篇稿件,让工人、干部展开讨论,进行自我教育,克服了"给多少钱干多少活"的雇佣思想,是一次深刻的集体主义、社会主义的思想教育。报纸重视读者来信,初期时每期报纸都以1/8的版面发表读者来信,并督促受批评的单位写出检讨文章。

《烟台劳动报》重视通俗化宣传,采用连环画、图解、讲故事、诗歌、顺口溜、快板等形式和通俗语言,向群众作宣传。设了"时事讲话""车间生活""读报生活""文化宫""党的生活""思想漫谈"等专栏、专版,向群众宣传时事政策,进行思想教育,普及科学知识,报道文化娱乐活动等。副刊比较活跃,《烽火》副刊系与烟台市文联筹委会合办,另有一综合副刊,设"文化与生活""扫帚"等专栏。"扫帚"为漫画专栏,发表了一些有影响的作品,受到读者欢迎。

《文登大众》

1951年12月16日,《文登大众》创刊,是中国共产党文登地方委员会的机关报,8开4版,3日刊。1955年1月始,扩版为4开4版。后文登专区和莱阳专区合并,于1956年3月13日停刊,共出报505期。

《文登大众》报围绕党的中心工作,面向农民和农村干部,有的放矢地进行宣传。报纸创刊号的"见面的话"中说:"这个报是通俗的小报,三天出一期,它主要是办给咱文登专区的广大农民和乡村干部看的。"①它是广大农民和乡村干部发表意见的讲台;又是文登专区各级党委和人民政府教育群众、指导工作的好武器。这个报的主要任务是,帮助农民和乡村干部学习毛泽东思想,学习毛主席看事情、看问题的立场、观点和方法,解决工作、生产、生活中的各种问题,提高思想觉悟,使大家知道,国家眼前要干什么,将来干什么,当前应当怎么干。

报纸在四年多的时间里,宣传了抗美援朝,"三反""五反"运动,爱国丰产竞赛,增产节约、发展互助合作,《婚姻法》《选举法》《宪法》,过渡时期的总路线和农业、手工业的社会主义改造,对农民及乡村干部进行时事政策教育。

《文登大众》的评论有"大众言论""短评""三言两语""编后话"等形式,还发表过《宣传讲话》。对每项重要工作以及大的政治运动,分为若干

---

① 刘少白:《烟台报业志》,科学普及出版社1993年版,第190页。

专题予以论述，每篇一般千字左右，最长的有2000多字。

《徐州工人报》

1952年1月14日，《徐州工人报》创刊，是中共徐州市委机关报，读者对象主要是工人。办报方针是为了提高工人群众的阶级觉悟，加强对工人群众的马列主义与毛泽东思想教育，通俗地宣传党和政府的各种政策法令，表扬工人群众在生产战线上的发明、创造与成就，及时介绍先进生产经验，反映思想情况，指导工作。《徐州工人报》自创刊至1952年9月为周二刊，工作人员13人。1952年10月起改周三刊，工作人员增加到20人。1956年3月1日起又改为周六刊，增加到41人。该报创办后的一段时间，组织机构不够完善，1956年下半年健全机构，报社设总编辑室、编辑室、采通室、读者来信组、秘书组。报社实行编采合一，每个业务人员又编又采又做通联工作。该报为4开4版。一版为国内国际新闻，二版为言论、地方新闻，三版是读者来信以及经济建设简讯，四版副刊“天罗地网”“文化宫”“徐州青工”等专栏，后改为“快哉亭”“家”等专栏，兼有少量广告。截至1957年6月底，共出版发行1041期。于同年7月1日改名为《徐州日报》。

《淄博工人报》

1952年2月1日，《淄博工人报》创刊，是中共淄博地委机关报。4开4版，3日刊，后改出周3刊。首任总编辑郭兆南(女)。开始发行2000多份，最高达5000多份。主要读者对象为广大干部和工矿企业职工。20世纪50年代初，《淄博工人报》针对当时干部群众文化程度较低的特点，提出“通俗化，地方化，字要大，画要多”的办报方针，多登连环画、漫画等，做到通俗易懂，生动活泼。60年代初期，全市掀起“比、学、赶、帮、超”竞赛热潮，报纸报道了许多重大典型，如建华电石厂、石绍祥采煤队、淄博制丝厂二十八组、周村旅馆等，并配发评论，组织连续报道。主要栏目有“大众言论”“读者来信”“党的生活”“文化宫”“时事讲话”等。1958年7月1日，改为《淄博日报》。

《济南工人报》

1953年7月22日，《济南工人报》创刊，是中共济南市委机关报，以广大职工为读者对象。负责筹建的是当时济南市总工会秘书长陈岩生，后任该报社长兼总编辑。编委会领导下设编辑部和经理部，共80余人。周二刊，每周三、六出版。一版为要闻版，二版为本市新闻版，三版为副刊版，四版为时事版。创刊初期没有收报机，每晚从收音机里抄录新华社的记录新闻。地方新闻以工业报道为主，多反映企业增产节约和劳动竞赛情况，文字比较通俗。4 开 4 版，平均期发数为 3000 份，由济南市邮局发行。1956 年 7 月 1 日改为《济南日报》。

《莱阳大众》

1956 年文(登)、莱(阳)两个专区合并为莱阳专区，1956 年 4 月 1 日，《莱阳大众》创刊，是中共莱阳地委机关报，4 开 4 版，3 日刊，铅印报纸。1958 年 3 月 28 日停刊，共出报 238 期。

该刊宣传和贯彻中国共产党的路线、方针、政策，指导实际工作，主要宣传农业合作化运动的方针、政策，介绍整顿发展合作社的经验，指导以合作化为中心的农业增产竞赛运动，宣传党的发展生产的各项政策，表扬农民群众在生产中的积极性和创造性，传播先进经验和农业科学知识。报纸重视言论，“大众言论”差不多每期都有。报纸经常介绍勤俭办社、民主办社、财务管理、劳动管理、收益分配、整党整社等方面的经验和生产方面的先进科学技术。通过各种典型，宣传农业生产合作社的优越性。报纸还组织了两次大讨论：一是《农业社里谁当家》，讨论民主办社问题。二是《怎样领导好生产队》，讨论有始有终，切合农村的实际，取得较好的效果。《莱阳大众》对巩固集体所有制、发展农业合作化运动宣传有力。1957 年 9～10 月两个月间，曾两次受到中共山东省委宣传部通报表扬，向全省各报介绍其宣传经验。

1957～1966 年是山东报纸事业曲折前进的时期。这一时期，山东报纸在宣传贯彻共产党的路线、方针、政策方面做了很大努力，并且取得一定成绩，特别是在宣传解放思想、破除迷信，反对因循守旧、故步自封，支持人民群众首创精神方面，发挥了重要作用。但是，由于受到“左”的思想影响，在反右派斗争、“大跃进”和人民公社化运动中，刊载了许多错误、虚假的报道，违背了新闻必须真实的基本原则。这不仅损害了报纸的威信，而且还使实际工作受到严重危害和损失。1960～1962 年，经过两年多的检查、总结、整顿、学习，开展批评与自我批评，并且深入实际、深入群众，大兴调查研究之风，才基本上纠正了前几年工作中的失误和偏差，使全省报纸宣传工作又回到了正确轨道。1963～1966 年，随着国民经济调整、巩固、充实、提高方针的贯彻，报纸的宣传工作日趋活跃。

1966～1976 年间，全省绝大多数报刊被迫停刊，期刊几乎全部停办，只有《大众日报》和7家地、市报纸尚在出版。后来各级党委重新建立，逐步改变了这种极不正常的状况。

二、期刊

从1950～1978年，创办各种期刊42种，其中社会科学类期刊19种，文化教育类期刊4种，文学艺术类期刊8种，自然科学类期刊11种。这一段时间，山东的期刊发展比较曲折，也比较缓慢，不少期刊停停办办，出版不正常，质量也普遍较低。具有代表性的期刊有：

1950年1月，省农业厅主办的《农业知识》半月刊创刊。1967年1月停刊，1976年1月复刊。《农业知识》一直坚持"为读者服务，为'三农'服务"的办刊方针、"科学，实用，及时，通俗"的办刊宗旨和"为读者提供新品种、新产品、新技术、新信息"的办刊内容，并以读者增收致富、科学生活为准绳。主要版块栏目是"致富向导""市场广角""新品种""蔬菜世界""林果天地""生产指导""畜牧兽医""水产养殖""特种特养""贮藏加工""机电能源""栽桑养蚕""读者热线""劳务顾问""法制园地""奥秘趣闻""生活百事通""封面摄影"等。

1950年6月，《山东文艺》月刊创刊，至1952年3月休刊。1956年5月更名为《前哨》复刊出版，至1960年1月又改用原名《山东文艺》，1966年停刊。由山东省文学艺术界联合会主办，山东文艺社编辑出版。创刊之初，以发表专业文学艺术工作者的作品为主，体裁仅限于小说、诗歌、散文、评论等，比较注重文学性。为了适应群众在政治上、经济上翻身以后对文艺生活的要求，自1961年7月号改版发行，以通俗化、地方化指导群众性的文艺活动，帮助群众创作为指导方针，作品内容注意结合不同时期的中心工作，反映本省人民的现实生活，特别是工农兵中出现的模范人物和事迹。形式有小说、诗歌、报告文学、评论、故事、地方戏曲、歌曲、曲艺以及美术作品等。"文革"期间，山东省文学艺术界联合会被撤销，于1972年改由山东省文化局主办。1972年5月、8月、11月试刊3期，1973年改为双月刊，上半年仍为试刊，前后共试刊6期。1973年10月正式出刊，1975年5月再度停刊。1977年2月复刊，改为月刊，共出版11期。1978年下半年，山东省文学艺术界联合会恢复工作，该刊移交省文联继续主办。1980年更名为《山东文学》，至此专发文学作品，由山东文学社编辑出版。现归山东省作家协会主办。

1951 年，综合性社会科学杂志《文史哲》创刊，山东大学《文史哲》编辑委员会编辑出版。1951～1953 年为双月刊，1954～1958 年改为月刊，1961～1966 年又为双月刊，1973～1977 年改为季刊，1978 年以后又改为双月刊。其间，1959 年至 1961 年 7 月和 1966 年"文革"开始后两度休刊，1958 年开始改为山东人民出版社出版发行，曾经限国内发行，以后向国内外发行。它面向全国，又兼有山东大学学报的性质。主要发表关于文学、历史、哲学、政治经济学、科学社会主义等方面的学术论文和有关学术动态及新书评介等文章。

1951 年 12 月，省妇联主办的《山东妇女》月刊创刊于济南。山东省民主妇女联合会编辑，山东人民出版社出版。办刊的宗旨是：提高妇女的政治文化水平，动员全省妇女积极参加新中国的社会主义建设工作。16 开本，1953 年 12 月停刊。

1956 年 4 月 15 日，由省委主办，省委宣传部、组织部承办的《支部生活》月刊创刊。1967 年 2 月由于"文革"被迫停刊。1980 年 3 月 22 日，省委宣传部、组织部发出关于恢复出版《支部生活》月刊的通知。《支部生活》为大 16 开本，56 页内文，四封彩色印刷，面向全国发行，期发量 51.6 万册，在山东各类期刊中名列前茅，主要覆盖山东各级党委和政府部门、各级基层党组织，在全省广大党员干部群众中具有广泛影响。

1957 年 2 月 28 日，省卫生厅主办的《山东医刊》创刊，开始时为双月刊，1958 年改为月刊，1966 年停刊，1971 年复刊，改名《山东医药》。该刊记录了山东医学发展的历史，展示了全省医学发展的成果，推动了省内外和国内外的医学传播与交流，也促进了一代代医学人才脱颖而出。我省医学领域的许多重大突破、重要成果也都是最先通过《山东医药》报道、传播，进而转化为临床新技术，造福于人民健康，提升了山东医学在全国的学术地位。

1958 年，《丰收》(《大众日报》文艺副刊)创刊，每周 1 期，后曾一度更名为《战地》副刊，辟有"杂文""小说""散文""诗歌""文艺评论"等栏目。

1958 年 8 月 1 日，《山东画报》创刊。1962 年 2 月停刊。1977 年 8 月复刊，同时建立山东画报社，隶属省出版局。栏目有"街头巷尾""齐鲁锦绣""齐鲁风情""美在民间""摄影作品欣赏""画家与画""作家剪影""山东各地""齐鲁文物""环球一瞥""摄影作品展"等。

1958 年 9 月 1 日，中国共产党山东省委员会主办的理论月刊《新论语》创刊于济南，山东人民出版社出版，16 开本。主要反映山东人民在建设社会主义中的共产主义精神、思想和风格，曾发表了一些论述“总路线、大跃进、人民公社”“三面红旗”的理论文章，受“左”倾思想的影响，刊物宣传了“放高产卫星”“吃饭不要钱”“跑步进入共产主义”等观点，助长了实际工作中的“浮夸风”“共产风”。该刊于 1959 年 1 月改为半月刊，1960 年 12 月停刊。

1959 年，《海鸥》文学月刊创刊，青岛市文学艺术界联合会主办，1961 年因经济困难而中断，改在《青岛日报》上以《海鸥》为名出副刊。1978 年一度以《青岛文艺》为刊名复刊发行，后又恢复《海鸥》刊名。

1959 年 5 月，《山东大学学报》创刊于济南，季刊，后改为《山东大学学报(自然科学版)》。主要报道该校在自然科学各学科领域的最新研究成果，学科面广，基础理论研究和应用研究兼顾，信息量大，可读性强。栏目有“学术论文”“研究简报”“优秀硕士学位论文摘要”“应用研究报告”“科技活动消息”等。

1963 年，《山东农业科学》创刊于济南，山东省农业科学院主办。主要报道山东省农业科学论文，农业科研新成果、新进展、试验研究报告、新方法和科技新动向，专题调查和综述文章，发展多种经营的生产技术，国内外适用的新技术等。栏目有“科学论文”“科研成果”“试验报告”“专题调查”等。

1963 年 7 月，月刊《铁道车辆》创刊于青岛，由四方车辆研究所主办。办刊宗旨是认真贯彻执行“百花齐放、百家争鸣”的方针，力求迅速、准确、全面地反映和交流我国广大铁路车辆工作者在各个方面的研究成果和工作经验，努力为铁路运输和生产的发展服务，为提高我国铁路车辆的技术水平、实现铁路运输现代化做出贡献。

1971 年，季刊《果树生产简讯》创刊于泰安，山东省果树研究所主编，以交流果树科研成果、普及果树科技知识为宗旨，注重科学性、技术性、知识性、普及性。设有“研究报告”“技术交流”“试验简报”“文献综述”“基础知识”“生产栽培技术”“国外果树”等栏目。

1974 年 1 月，共青团山东省委主办的《山东青年》月刊创刊，它的前身是《山东青年报》，创办于 1949 年 8 月。该刊以思想政治教育为主要内容，同时向读者介绍各种科学文化知识，刊登一定数量的文艺作品，提高青年的欣赏水平。该刊题材广泛、文风新颖、语言凝练、内容真挚，以纪实性为主，兼顾散文、杂文；以弘扬人间真善美为主旨，陶冶青年人的情操，塑造青年人的品格，温暖青年人的心灵，与青年人分享生活的智慧，打造青年人的精神家园。

1975年1月，省教育厅主办的《山东教育》月刊复刊，该刊1945年12月创办，1966年8月停刊。复刊后发行量逐步增加到20万份，在全国同类刊物中居第二位。该刊目的是交流经验，研究问题，更好地进行新教育革命，以发扬教育工作的成绩。内容以反映县以下基层单位群众教育的状况和问题为主，还介绍教师的培养与使用的经验。刊物辟有“专论”“教育动态”“典型报导”“短评”等栏目。

1975年6月，《海水淡化》创刊于青岛，中国科学院海洋研究所主办。

1976年1月，《山东机械》创刊于济南，山东机械工程学会出版，着重反映山东省机械工业面貌，报道有实用意义和推广价值的新成果，对“四化”建设有重大贡献的科学论文，提供技术简报和有关信息，进行省内外的技术交流，促进机械工业在其他行业中的渗透。

1978年，《济南文艺》创刊，济南市文学艺术界联合会主办。1979年以后改名《泉城》，主要发表文学作品。后又改名为《当代小说》，主要发表小说，另出诗歌散文专辑。

第二节　1978～1985年山东报刊的新发展

一、报纸

1978年党的十一届三中全会后，经过拨乱反正，正本清源，大力推行改革，加强新闻队伍建设，反对资产阶级自由化，全党、全国的工作重心转移到国民经济建设上来，国家发展逐渐走上正轨。山东省报纸事业伴随着改革开放的大潮同步发展。报业出现了空前繁荣和迅速发展的局面。一方面“文革”中停办的一大批报纸纷纷复刊，另一方面新创办的报纸更是层出不穷，基本形成了门类齐全、布局合理，以省、地、市、县党委机关报为主体，以大中城市报纸为中心的多种类、多层次的报业新结构。

其主要特点是：(1)报纸数量大量增加。1983年年底，全省共有正式出版的报纸75种，其中在1978年以后新创办的就有63种。(2)报纸种类比较齐全。全省75种报纸大致分为党报、农民报、工人报、青年报、经济报、科技报、政法报、文艺报、教育报、体育报、卫生报、社会生活服务报、广播电视报、行业报、文摘报、企业报16个种类,可以从不同方面满足广大读者的需要。(3)报纸布局日趋合理。全省报纸已基本上形成了一个以党报为主体,以省城为中心,多种类、多层次办报的合理局面。(4)报纸发行量大幅度上升。1985年全省报纸总期发量(包括中央和外省的报纸)达到1000万份,其中本省报纸期发量达到600多万份。不少报纸在全国同类报纸中发行份数名列前茅,如《大众日报》发行60多万份,《农村大众》报发行70多万份,《山东科技报》发行145万份。报纸发行范围也进一步扩大,1985年已有4种报纸对国外发行。

这一时期,山东省报纸在质量上也有很大改进和提高。但也应看到,由于新增加的报纸较多,而这些报社的领导和编辑力量薄弱,以致报纸的质量不高,社会效益比较差。另一方面,一些地方党委和政府部门对于报纸工作的规律和特点以及发挥报纸的积极性、主动性和创造性不够,使报纸缺少自己的特色。

1985年年底,全省共有各类报纸71种,《大众日报》发行范围以本省为主,同时也向国内其他省市区及国外发行,通过中国香港每期向国外发行200份左右。其中影响较大的专业报纸是:《农村大众》《山东工人报》《山东青年报》《山东科技报》《山东经济报》《山东体育报》《山东法制报》。《农村大众》和《山东青年报》前文已作介绍,下面介绍一下其他5种报纸。

《山东体育报》

《山东体育报》为山东省体育运动委员会主办的专业报,1956年5月创刊。原名《山东体育》,4开4版,半月刊。1959年3月,改为《山东体育报》,同年5月停刊。1982年7月复刊后,仍为4开4版,周刊。该报的主要读者对象是体育工作者、中小学教师、运动员、教练员、体育爱好者,并兼顾各界群众。

该报除重点宣传报道共产党和政府关于体育工作的指示、部署及重大的体育活动和优异的比赛成绩外,还把群众体育的宣传作为经常性的任务,以推动群众体育的发展。为了适应广大读者的要求,该报辟有"农村体育""厂矿体育""街道体育""部队体育""老年人体育""名人体育""体育处方""健身之友""读者信箱""齐鲁武苑"等栏目。

《山东科技报》

《山东科技报》由山东省科学技术协会主办，其前身是《山东科学小报》，1959 年 1 月 1 日在济南创刊。1979 年 1 月 1 日改为《山东科技报》，原为 4 开 4 版，周刊，1988 年改为周二刊。改为《山东科技报》后，向国内外发行，发行量大增，1985 年曾达 235 万份。1990 年发行量稳定在 20 万份以上。该报以全省农民和科学爱好者为主要读者对象。其办报宗旨是面向农村，面向生产，面向群众，普及科学知识和应用技术，传递科技信息，推广科技新成果，为“两个文明”建设服务。该报一版为要闻版，以报道山东科技界重要活动、科技成果、提供商品生产信息、指导农民科学种田为主，辟有“山东科技新闻”“当前农事”“信息”等专栏；二版为种植业版，以介绍种植业新经验、新技术和提供优良品种信息为主，辟有“种植新经验”“良种”“专家农民一席谈”等栏目；三版为养殖业和乡镇企业版，辟有“兽医站”“水产”“工艺与技术”等栏目；四版为综合版，设有文艺副刊、“文摘”和“为读者服务”等专刊、专栏。

《山东法制报》

由山东省司法厅主办，1982 年 7 月 1 日在济南试刊，1983 年 1 月正式在省内外公开发行，4 开 4 版。初为半月刊，1984 年 1 月改为旬刊，1987 年1 月又改为周二刊。该报立足政法，面向社会，宣传报道以法制为重点，采取以案释法、解答法律询问、典型报道等形式，宣传社会主义法制，弘扬社会主义道德，引导人们树立法制观念，学会运用法律维护自身合法权益，提高同违法犯罪行为作斗争的自觉性。该报一版为要闻版，重点报道法制新闻，并辟有“齐鲁法坛”“普法中的新鲜事”“社会一隅”“泰山石”“法制短波”等专栏；二版为综合版，主要反映省内法制建设中的新人、新事、新经验；三版为法律知识版，辟有“法学理论”“法律知识”“法律顾问”“说长道短”等栏目；四版为法制文艺版，辟有“大案例”“连载”“画刊”“文摘”等专栏及文艺性副刊《启明星》。

《山东工人报》

1984 年元旦，《山东工人报》在济南创刊，由山东省总工会主办。4 开 4 版，初为周刊，后改周二刊，1986 年元旦改为周三刊。期发 16 万份。《山东工人报》由工人唱主角，努力做到“为职工，写职工，职工写，职工读。”主要栏目有“就事论理”“凡人新曲”“社会故事”“人物新闻”“职工来信”“班组生活”“开拓者”“自学之路”“夕照明”“摄影与美术”等，1988 年以后还办了周末版。

该报着力抓好先进典型的宣传，为职工树立学习榜样。其中有班组建设的先进典型郝建秀小组，热心护理工作的优秀护士王平，关心企业、积极奉献、当好主人的青年工人胡伟，自学成才的理论新秀赵文禄和青年发明家罗来康等。该报还利用报纸反映广大职工的意见和要求，开展批评，为职工说话办事。如淄博矿务局西河煤矿，擅自乱改退休职工的医疗费规定，《山东工人报》批评之后，淄博市总工会和该矿务局做了认真调查处理，维护了职工的切身利益，全省广大退休职工反映良好。

《山东经济报》

《山东经济报》为山东省经济委员会主办的综合性经济报纸，其前身是由山东省物资局主办的1981年1月1日创刊的《鲁物市场报》，是山东省在改革之初创办的第一份经济专业报。1982年1月1日，《鲁物市场报》改为《山东市场报》。1984年7月，划归山东省经委领导，1985年1月2日，改名为《山东经济报》，并由旬刊改为周二刊。1987年1月，又改为周三刊，4开4版。该报的办报方针是面向经济，面向基层，面向群众，围绕共产党的总目标总任务，宣传共产党和国家经济工作路线、方针、政策；以促进改革，传递经济信息为重点，为开创经济工作新局面服务。该报主要报道全省经济建设中的新形势、新成就、新问题，报道工矿企业的改革经验，介绍经济战线上的先进典型，提供省内外、国内外经济信息，同时对经济领域的不正之风实行舆论监督。该报在发展中逐步形成了自己的风格和特点：一是专业性较强，地方气息浓；二是小报小办，适应性好；三是适应面广，实用性强；四是扩大经营，自负盈亏。

二、期刊

1978～1985年，山东省的期刊也进入了一个健康发展的新阶段，数量迅速增加，质量明显提高，布局也日趋合理。截至1985年年底，山东省共创办有各种期刊152种。从内容上分，自然科学方面的期刊有46种，社会科学方面的期刊37种，文学艺术方面的期刊16种，少儿期刊6种，科普期刊6种，大专院校学报41种。从隶属关系上分，中央有关部委在山东的直属单位办的期刊14种，省直单位办的期刊81种，市、地直单位办的期刊14种，大专院校办的期刊41种，济南军区办的期刊1种。从发行方式上看，公开发行的期刊34种，限国内发行的期刊75种，内部发行的期刊

43种。1985年全省各类期刊总期发数约400万份。在国内外有较大影响的期刊有:《文史哲》《东岳论丛》《山东画报》《山东青年》《农业知识》《柳泉》《山东文学》《知识与生活》《幼儿园》等,下面按创刊时间介绍一下这期间创办的期刊。

1978年3月,《山东陶瓷》创刊,主要刊登陶瓷工艺及最新科研成果,以推动当地陶瓷工业的不断发展。栏目有"新工艺""信息动态""科研之窗"等。

1979年,《山东造纸》创刊于济南,山东省造纸工业研究设计院创刊,主编任永森。1994年改为《北方造纸》,成为由全国10所高校和北方12省、市、自治区协办的跨地区期刊,1998年更名为《中华纸业》,同时更改刊期和版本,2000年由双月刊又改为月刊。

1979年9月,《海洋湖沼通报》创刊于青岛,季刊,山东海洋湖沼学会主办。办刊宗旨为:促进海洋湖沼科学领域的研究及交流。刊发内容包括海洋、湖沼科学研究和管理研究的论文、调查及实验报告;海洋、湖沼科学和管理的综合评述、重要书刊及论文的评介;海洋、湖沼科学研究和管理研究的论文、调查及实验报告;国内外海洋、湖沼科学和管理的先进经验及学术动态。

1979年11月21日,综合性科普刊物《知识与生活》创刊,山东省科普创作协会主办,山东科技出版社出版。开始时为丛刊,不定期,1981年第2期改为季刊,1982年1月改为双月刊。该刊主要为积累传播科学文化知识,丰富人民群众的文化生活,建设社会主义物质文明和精神文明服务。栏目有"新观念""新学科""你我他""夫妻间""青春页""社会角""名人篇""科海泛舟""闲暇情""书画苑""服饰美""却病延年""服务台""齐鲁风物""彩色页"等。

1980年,《山东建材》创刊于济南,旨在广泛开展科技情报交流,体现本省建材工业的特色,为本省建材工业的生产、科研、设计、教学服务,指导本省建材工业的发展。栏目有"方针政策""试验研究""生产技术""专题论述""综合信息""地方专栏"等。

1980年1月,《齐鲁学刊》创刊于曲阜,主要刊发哲学、政治、经济、历史、伦理、教育、美学和语言文字等方面的学术研究成果;重视以马克思主义的观点和方法对中国传统文化、齐鲁文化、孔孟和儒家思想的研究探讨,注重理论联系实际,研究"四化"建设中的新情况、新问题。共出版

33期。

1980年3月,《东岳论丛》创办于济南,双月刊,是山东社会科学院主办的人文社会科学综合性学术理论刊物,编辑部在山东社会科学院内。主要刊载经济学、政治学、社会学、哲学、法学、史学、文学、语言学等方面的研究成果。辟有"新学科研究""开放城市研究""文化史研究""争鸣园地""学术信息"等主要栏目。

1980年3月,《齐鲁珠坛》创刊于济南,以普及珠算知识为主,适当编排一些有关的论文,在普及基础上适当注意与提高相结合,并兼及乡镇企业经营管理、会计、统计知识。栏目有"鉴定与比赛""算理算法""珠算史""珠算教学""珠算心理学""算具改革""珠坛争鸣""珠坛人物""古文今译""珠坛译丛"等。

1980年6月,《柳泉》创刊,初为季刊,由山东人民出版社文艺剪辑室编辑出版,1983年1月改为双月刊。1984年5月起,由山东文艺出版社《柳泉》编辑部编辑出版。1988年11月移交省作家协会出版。该刊是综合性文学期刊,以发表中篇小说为主,兼发短篇及散文、报告文学、文学理论等。

1980年6月,《小葵花》创刊于青岛,由青岛市出版局主办,青岛出版社编辑出版,16开16页,是以图画为主、文字为辅的画刊。少儿刊物。旨在以儿童喜闻乐见的形式,本着"三个创造"的原则,对少年儿童进行德、智、体全面教育,培养一代"四有"新人。主要刊载反映小学生现实生活和进行文明礼貌、美育、法制教育的连环画和故事。栏目有"闪闪发光的小星""作文辅导站""课间十分钟""儿童文学名著选读""科普""过去·现在·未来""一年级小学生阅读专页"等。

1980年8月,《山东环境》创刊于济南,双月刊,山东省环境保护局主办,以"防治污染,改良生态,促进四化,造福人民"为宗旨。广泛开展科技交流,介绍研究成果、先进技术;切磋业务工作,探讨对环境问题的见解和对策,交流推广环境管理经验;传播国内外环保信息,以促进本省各项环境保护工作的进步和发展。栏目有"环境管理""环境监测""污染治理""环境评价""生态农业""水资源保护与利用""城市环境综合整治""环境与健康""环境经济""知识园地""专题讲座""技术咨询""环境文摘"等。

1981年,《红蕾》创刊于青岛,由青岛出版社主办。主编刘笃义。它以小学中高年级学生为阅读对象。设有"时刻准备着""法制之窗""说天道地”“百花文苑”“语文辅导”等栏目。

1981年,《山东档案》创刊于济南,山东省档案局主办,主要刊载党政文书档案、科技档案、各类专业档案的管理方法、各类档案的保护技术知识,介绍文书、秘书工作经验,交流信息。探讨新时期档案文书工作的改革,探讨档案现代化管理。

1981年,《齐鲁石油化工》创刊于淄博,季刊,旨在紧密围绕石油化工科技发展的规划和技术政策,及时报道有关的科技成果和生产经验,促进石油化学工业的发展。主要栏目有“科学研究与生产实践”“分析与测试”“机械与设备”“设计与建设”“考察下座谈”“专论与综述”“经营与管理”“计算机应用”“安全技术”等。共出版45期。

1981年9月,《山东图书馆季刊》创刊于济南,山东省图书馆学会出版,旨在开展图书馆学及其相关学科的理论研究,进行学术交流,根据本省图书馆事业发展的需要,交流工作经验,探讨科学管理方法,普及业务知识。该刊始终坚持刊物的学术性,刊登的论文内容涉及图书馆学各个领域,既有图书馆学专家立论独到的大家之作,亦兼顾中青年论点新颖的优秀论文。2009年1月1日更名为《山东图书馆学刊》,改为双月刊。

1981年10月,《山东中医杂志》创刊,是由山东中医药学会、山东中医药大学主办的综合性中医药学术期刊。1994年前为双月刊,64页码。1994年1月起改为月刊,48页码。2000年扩大开本至A4幅面,64页码。自2006年页码增加至72页,月刊,每月5日出版,年发行量15万册。《山东中医杂志》以中医临床工作者和中医爱好者为读者对象,以坚持“寓医理于临床”为编辑方针,不断提高办刊质量,逐年增加宣传力度,得到了广大医务工作者的认可。主要栏目有“学术探讨”“临床研究”“针灸推拿”“中西医结合”“实验研究”“名医经验”“中药园地”“医案医话”等。

1982年,《青岛大学师范学院学报》创刊于青岛,由山东省教育厅主管和青岛大学师范学院主办。办刊宗旨是传承人文,创新学术,启迪思想,服务教育。社址在青岛市青大一路16号。

1982年8月,《山东人口》创刊于济南,主要发表人口科学的研究成果,阐述马克思主义的人口理论和党的人口政策,研究经济和社会发展中人口方面出现的新情况和新问题,为控制人口数量、提高人口素质服务。

1982年11月,《胶东文学》创刊。开始为双月刊,1984年改为月刊,16开本,胶东文学杂志社编辑出版。该刊以发表小说、报告文学为主。立足本地，面向全国，既注意反映本地生活，培养本地作者，也注意编选全国各地来稿，促进文学事业向高水平发展。栏目有“中短篇小说”“报告文学”“诗歌”“散文”等。

1982年12月，《齐鲁艺苑》创刊于济南，季刊，山东艺术学院学报。以刊登美术、戏剧、音乐等学科的学术论文和科研、教学成果为主要内容，发挥本院在某些学科和专业上的优势，具有地方特色。除刊登美术、戏剧、音乐等学科的学术论文外，还刊登有关文艺理论、哲学、美学、高校政治思想教育、艺术人才培养等方面的专论和具有较高学术价值的译文。

1983年，《山东煤炭科技》创刊于济南，双月刊，主编公茂泉，山东省煤炭工业管理局主办。办刊宗旨是宣传党和国家有关发展煤炭工业的方针、政策、法规，交流煤炭工业深化改革的经验，报道煤炭及其相关行业安全生产、科研设计、现代化管理等方面的新技术、新工艺、新动向，传播国内外最新技术信息。

1984年，《葡萄栽培与酿酒》创刊于济南，轻工业部食品工业司、山东省酿酒葡萄科学研究所、山东省葡萄酒工业协会主办。主要为葡萄生产与加工行业服务，及时报道科技成果，传递信息，交流学术思想，促进科技成果商品化、产业化。栏目有“葡萄栽培技术”“品种选育”“病虫防治”“加工酿造”“贮藏保鲜”。共出版87期。

1984年，《洗砚池》由临沂市文化局主办，初为不定期文艺刊物。1986年改为纯文学季刊，1988年改为双月刊。1992年，经山东省新闻出版局批准，改为综合性文化双月刊，是省内唯一一家由县级文化局主办的综合性文化期刊，公开发行。曾被评为临沂地区首届优秀期刊。

1984年，《山东科学》创刊于济南，季刊，自然科学学术研究刊物。旨在宣传党的科技政策，发表自然科学综合学科的最新科研成果。主要发表基础理论、应用研究和开发研究的论文。栏目有“最新科研成果”“基础理论”“应用研究”“开发研究”等。

1984年，《科技信息》创刊于济南，是山东省科技厅主管、山东省技术开发服务中心主办的国内公开发行的旬刊杂志。该刊面向实践，开拓理论，着重以经济社会大系统为背景探讨中国科技系统的运行机制，发展战略及其方针政策和管理问题，及时追踪国内外最新的科技管理信息，广泛开展科技体制改革、企业及农村技术进步、科技与经济结合以及决策预测理论、科学学、人才学、未来学等方面的综合性研究，同时努力探讨科学研究方法论、软科学学科建设等方面的问题。

1984 年 6 月,《齐鲁乡情》创刊于济南,季刊,旨在向海外山东籍华侨同胞宣传报道本省情况。采用照片、消息、评论、通讯、故事、杂文、诗画等多种形式,介绍山东的建设成就,人民政府的有关侨务政策,归侨、侨眷、港澳同胞眷的工作、生活情形,山东的悠久历史、山川名胜、文物古迹、土特产品等。

1984 年 11 月,《老年人大学》创刊于济南,山东人民出版社、省红十字会老年人大学合办,开始时为不定期,1985 年改为双月刊。

1984 年 12 月,《齐鲁渔业》创刊于烟台,双月刊,内容以生产、科研、实验研究报告为主,兼顾别类,为山东渔业生产和科研服务。栏目有"渔业资源""水域环境""海洋捕捞""海水增养殖""淡水渔业""水产品加工""渔船渔机""渔业电子""渔业管理""渔业经济""生态渔业""水产译文"等。

第三节　1985～1989 年山东报刊的繁荣发展

一、报纸

截至 1990 年年底,全省经过正式登记注册批准出版的各类报纸已达 119 家,其中 1978 年以后出版的有 82 家。报纸的门类比较齐全,布局合理,报纸的发行量大量增加,1990 年全省各类报纸发行量已达 1000 多万份(包括中央级报纸在山东发行数),有6 家报纸对国外发行。此间创刊的省级报纸有《齐鲁晚报》和《联合周报》,市级报纸有《泰安日报》《威海日报》《惠民大众》《日照报》《东营报》《德州日报》等,县级报纸有《曲阜报》《青州报》《新泰报》《莱芜市报》等。下面分别介绍一下其中几种报纸。

《齐鲁晚报》

1988 年元旦,《齐鲁晚报》创刊,是大众日报社创办的山东唯一省级晚报。邓小平亲笔题写报头。它的前身是 1984 年 12 月 13 日创刊的《时代生活报》。《齐鲁晚报》以城镇居民为主要读者对象。它的宗旨和方针是,坚持四项基本原则,反对资产阶级自由化,立足齐鲁,面向全国,贴近生活,深入家庭,用活泼的形式,载丰富多彩的内容,传递信息,传播知识,陶冶思想,愉悦情绪,收八面来讯,求新、求快、求实,送百味文章,有益,有用，有趣。该报为4开4版，日报。一版为要闻版，主要刊登国内外政治经济和社会生活等方面的重大新闻，其栏目有“当日新闻”“目击新闻”“记者来信”“国际短波”，有袖珍新闻专栏“齐鲁经纬”，以及小言论专栏“柳下谈”等；二版为综合版，侧重在社会和家庭生活方面为读者提供服务，其栏目有“正气歌”“社会透视”“沉思录”“市场大观”“衣食住行”“健与美”“书斋”“八面来风”等，还有“新生代”“读者来信”“看世界”等专版；三版为副刊版，《青未了》文艺副刊刊登微型小说、杂文随笔、散文诗歌，《广知园》知识副刊包罗万象，增知益智，《天然居》副刊力求优哉游哉，使读者于消遣之中收陶冶性情之效；四版为文体版，主要刊登文化体育方面的新闻，报道“近日赛事”“影视新片”“文体明星萍踪”等。为顺应改革大潮、满足群众要求，《齐鲁晚报》的编辑、记者遵循办报宗旨，竭诚在“新”字上用气力，在“杂”字上做文章，在“快”字上下功夫，在“活”字上动脑筋，赢得读者的喜爱与赞扬。有些弘扬正气、鞭挞丑恶的报道，在群众中引起很大反响。

《联合周报》

1989年1月4日，《联合周报》创刊，是政协山东省委员会机关报，宣传党在新时期的统战工作的方针、任务，更好地团结各民主党派、各人民团体、社会各界、各阶层人士以及港澳台同胞，巩固和发展广泛的爱国统一战线。以遵循“弘扬爱国精神，促进联合团结，倡导社会民主，振兴中华大业”的宗旨，努力办成各级政协委员、社会各界人士参政议政、献计献策的舆论阵地。辟有“要闻”“综合”“文史”“海内外文摘”“文艺副刊”“摄影美术”等栏目。

《泰安日报》

《泰安日报》的前身是1939年10月10日创刊的中共泰山地委机关报《泰山时报》，中华人民共和国成立后经过《泰安县报》《泰安市报》的过渡，于1985年1月1日在《泰安市报》的基础上创刊，系中共泰安地委机关报；同年3月27日泰安撤地建市后，转为中共泰安市委机关报。4开4版，初为周二刊，1986年改为周三刊，1989年7月1日又改为周六刊。办报宗旨是认真宣传贯彻党的路线、方针、政策，宣传市委、市政府的中心工作，坚持正确的舆论导向，坚持党的办报方针，为全市“两个文明”建设创造良好的舆论氛围。30多年来，随着时代的发展和社会的进步，泰安日报社由小变大、由弱变强，报纸出版业得到长足发展。《泰安日报》的版面安排是：一版为要闻版，二版为经济版，三版为政治文教版，四版为副刊。

到2009年10月，泰安日报社具备健全的领导机构和内部科室，拥有一支文化素质较高的队伍。报社中层科级干部由1985年创刊时的7人增加至56人；员工人数由创刊时的23人增加至248人。媒体规模由创刊时的一张4开4版小报，扩张到三报、三刊、二网站、一厂，形成多层面、多平台媒体规模报业集团。

《威海日报》

该报是中共威海市委机关报。其前身是《威海报》，创刊于1985年1月1日，4开4版，周报。1987年改出周三刊，报头由赵朴初题写。1987年10月1日，威海市升格为地级省辖市，《威海报》随之更名为《威海日报》。《威海日报》为对开12版全彩，以传播社会主流价值、主流文化为己任，全面追求最现实的原创新闻、最客观的权威发布和最理性的深度报道。

《威海日报》是威海地区发行量最大、覆盖面最广、影响力最大、最具权威性的强势媒体，除时事新闻等版面外，设有"置业安居""汽车广场""祝您健康""美食天地""旅游向导""美容驿站""楼盘家居""信息专递"等广告专刊专栏，广告涵盖面广、信息量大、传播性强。

《惠民大众》

1985年10月1日，《惠民大众》创刊，是中共惠民地委机关报。4开4版。创刊初期为周刊，1986年10月改为周二刊。报头为舒同题写。

该报以惠民地区城乡人民群众和基层干部、知识分子为主要读者对象。办报宗旨是以坚持四项基本原则为指针，围绕党在新时期的总任务、总目标，宣传马克思列宁主义、毛泽东思想，宣传党的十一届三中全会以来的路线、方针、政策，报道惠民地区社会主义物质文明和精神文明建设的形势、成就和经验，介绍各条战线改革开放的先进典型，传播科学文化知识，活跃群众文化生活，反映人民群众的呼声。该报从创办之初即贯彻"改革创新、小报精办"原则，注意扩大报道面，增加信息量，办好各种专栏、专刊。

《日照报》

1988年1月1日，《日照报》创刊，是中共日照市委机关报。4开4版，周二刊。《日照报》实行总编辑负责制。设总编室、办公室、编辑部、群工部、经理部。该报以坚持四项基本原则，宣传社会主义物质文明和精神文明建设，宣传改革开放为其办报的指导方针。版面安排是：一版要闻，二版经济，三版政治文教，四版综合副刊。

1988年年初，中央决定将日照市列为山东半岛经济开放城市，《日照报》根据日照市面临的新形势，加强了对发展外向型经济的宣传，并先后开辟了“对外贸易”“经济研究”“城乡市场”“乡镇企业”“金融动态”“莲花峰”“日照名胜”等栏目，还开设了“党的生活”“农村服务”“学科学用科学”“法制与社会”等专栏，以满足各方读者的需要。

《东营报》

1988年7月1日，《东营报》创刊，是中共东营市委机关报，4开4版，周二刊。该报以东营市农民、工人、知识分子和基层干部为主要读者对象。该报办报方针是坚持正面宣传为主，联系东营市实际，宣传党的路线、方针、政策，报道全市社会主义物质文明和精神文明建设成就、经验和涌现的新人新事，推动黄河三角洲的开发建设。

《东营报》自创刊以来，把黄河三角洲的开发建设作为宣传报道的主旋律，采用不同体裁，不同形式，报道全市人民在市委和市政府的领导下积极开发“油洲加绿洲”的事迹、成果和先进典型，介绍黄河三角洲的丰富资源和油田建设，介绍黄河三角洲的独特产品、风土人情、珍闻佳话、自然景观。围绕“油洲加绿洲”的地方特点，开辟了“热爱东营，热爱油田，共建黄河三角洲”“黄河口风物志”“黄河口风情录”等专栏。该报还开辟有“致富经”“政策窗”“市场信息”“农科园地”“党的生活”等专栏以及文艺副刊《文曲》。

《德州日报》

1988年11月1日，《德州日报》创刊，德州日报是中共德州地委机关报，4开4版，周二刊。该报的宣传报道以经济建设为中心、改革开放为重点，宣传党的路线、方针、政策，报道地委、行署的中心工作和全区各条战线先进典型、工作经验及新人、新事、新风尚。报纸还经常报道、介绍具有地方特色的产品（如棉花、乐陵小枣、德州黑陶、德州扒鸡等）、历史人物（如东方朔、颜真卿、邢侗、宋哲元等）、名胜古迹（如闻韶台、禹王亭、枣树王等）、独特的文化生活（如鼓子秧歌、宁津杂技、德州焰火、盒子灯等）。

该报的版面安排是：一版为要闻版，二版为经济版，三版为政治文教版，四版为综合版，辟有“文化生活”“理论园地”“法制与道德”“生活益友”“德州风物”等专栏及文艺副刊《新湖浪花》。

《曲阜报》

1987年1月1日，为了适应改革开放和中外文化交往的需要，中共曲阜市委、中国孔子基金会联合创办了《曲阜报》，是中共曲阜市委机关报，前身是1958年9月创刊的《曲阜县报》。经费由国家拨款、孔子基金会资助。中国孔子基金会会长、南京大学名誉校长匡亚明为《曲阜报》题写了报头。该报为周刊，4开4版。其版面安排是：一版为要闻版，二版是经济版，三版是文教卫生版，四版为副刊。辟有两个专版：《奎文阁》介绍曲阜的文物古迹、风土人情，《鲁风》刊登文学作品。该报对关于孔子和儒学的学术研究及有关的艺术活动十分重视，为了满足中外人士对孔子和儒学的详细了解，《曲阜报》还开辟了"孔子研究"等栏目。

《青州报》

1987年3月30日，《青州报》创刊，是中共青州市委机关报。4开4版，初为周刊，1989年元旦改为周二刊。该报重视读者来信，注重反映群众呼声，充分发挥监督作用，每年刊登读者来信都在百篇左右。该报一版为要闻版，二版为经济版，三版为政文版，四版为文艺版，辟有《卧牛城》和《周末》两个副刊。

《新泰报》

1988年1月1日，《新泰报》创刊，为中共新泰市委主办。4开4版，周二刊，每星期三、六出版。该报立足新泰，面向省内外，宣传党的路线、方针、政策，传达市委、市政府工作决策和部署，报道全市社会主义建设中的新情况、新人物、新经验，反映群众呼声，弘扬时代新风，服务"两个文明"建设，不断向读者提供国内外政治、经济、文化、体育等各类信息。在编排上，力求贴近生活，体现地方特色。读者对象以新泰市人民为主，兼顾外地读者。报社设要闻、经济、政文、副刊4个编辑室和采通部、经营部、办公室。

《莱芜市报》

1988年1月1日，《莱芜市报》创刊，是中共莱芜市委的机关报，4开4版，周二刊，是莱芜政治、经济、文化的消息总汇。它立足莱芜，面向全市人民，宣传党的路线、方针、政策，报道对实际工作有指导意义和对人民群众有教育意义的各项新闻、先进人物、先进集体、新情况、新经验。该报一版为要闻版，刊登莱芜市重大新闻、重要信息；二版为经济版，刊登工交、财贸、农业等经济建设和改革新闻；三版为政教版，刊登党群、政法、文教、卫生、体育等新闻；四版为副刊版，刊登文学、艺术、生活、文摘专版等。该报首任总编辑是韩廷木。

中华人民共和国新闻出版署是1987年1月成立的。在这之前，1949年11月成立过新闻总署，但到1952年2月即撤销。此后长时期内政府部门未设专司报纸行政管理的机构。另外，我国在1978年党的十一届三中全会之前只有186种报纸，主要是各级党委机关报；三中全会后的几年内就猛增到近1500种。由于发展过快，难免鱼龙混杂，所以，新闻出版署成立后，在1987年、1989年曾两次整顿报纸，同时进行结构调整。可以说经过整顿后的我国报业已出现新的繁荣，不但报纸数量激增，而且在总体结构上也由过去基本上单一的党委机关报结构演进到现在以各级党政机关报为主，兼有经济、科学、文化教育、生活娱乐等内容的多层次结构。1990年，山东省在中华人民共和国新闻出版署登记的正式的报纸除上述几种报纸外还有：《山东人口报》《山东广播影视报》《山东卫生报》《山东电大报》《山东邮电报》《中学生报》《公共关系导报》《火车头报》《水产报》《石化工人报》《平度大众报》《市场导报》《技术市场信息》《作家报》《邹县大众报》《汽车周报》《青岛广播电视报》《青岛日报》《枣庄日报》《兖州报》《临沂大众》《信息快报》《泉城周报》《胜利报》《济宁日报》《济南日报》《济南铁道报》《前卫报》《莱钢报》《烟台日报》《烟台科技信息报》《烟台海港报》《聊城日报》《聊城科技报》《菏泽市报》《淄博日报》《淄博科技报》《新环境报》《潍坊日报》等。非正式报纸有《山东工大报》《山东大学报》《山东书讯》《山东地质矿产报》《山东师大报》《山东交通报》《山东劳改报》《山东冶金报》《山东图书发行》《山东供销合作信息报》《山机工人报》《广告信息报》《开拓者报》《中学生物理报》《东方时报》《石油大学报》《石油钻探动态》《半岛环境报》《机床二厂报》《华夏酒报》《齐鲁个体经济报》《农村开发报》《青岛公安报》《青岛港报》《枣庄矿工报》《供求报》《肥城矿工报》《兖州矿工报》《威海广播电视报》《临沂视听》《泉城机床报》《胜利教育报》等。

二、期刊

1985～1990年，山东的期刊发展也较快。据《山东统计年鉴》(1991年)的统计，到1990年出版发行的期刊数已达164种，其中综合类12种，哲学社会科学类36种，自然科学类79种，文化教育类19种，文学艺术类14种，画刊1种，少儿类3种。下面就1985～1990年创办的期刊按时间先后顺序简要介绍如下。

1985年，通俗型民间刊物《新聊斋》创刊，由山东省文学艺术界联合会主办。16开本,48页码。初为季刊,1987年改为双月刊,逢双月1日出版,在全国公开发行。该刊宗旨为弘扬民族优秀文化,丰富群众精神生活。主要栏目有“齐鲁风物”“山左名人的传说”“聊斋新篇”“民间传说故事”“古今笑话”“海右文谈”等。

1985年,文学评论刊物《文学评论家》创刊,双月刊,逢单月出版,16开本,80页码。一开始由山东省文联主办,1988年6月移交中国作家协会山东分会主办。该刊关注当代重大文学论争,评论有关当代文学发展方向的现实问题,研究当代作家作品,提供文学研究的最新信息,展示文学评论的最新成果,以促进文学评论的发展。主要栏目有“理论探讨”“创作现状研究”“作家作品评论”“新作短评”“齐鲁作家之页”等。

1985年,《山东内燃机》创刊于济南,季刊,山东省内燃机研究所主编。旨在解决山东省内燃机工业生产中迫切需要解决的科学技术问题,传递科技信息,进行学术交流,促进技术进步,为山东省内燃机工业“三上一提高”服务。栏目有“试验与研究”“设计与计算”“标准与质量”“微机应用”“新材料新工艺”“企业管理”“经济分析”“设备介绍”“国外公司与产品”“生产技术”等。

1985年,《山东计划经济》创刊于济南,旨在宣传党的路线、方针、政策,贯彻党中央、国务院和省委、省政府关于经济计划工作的指示,宣传编制中长期计划和季度计划的指导思想,反映经济计划理论的研究成果,传递重要的经济信息,交流经济计划工作的经验,努力为计划体制改革、实现计划任务,提高广大计划工作者素质服务。栏目有《计划体制改革》《经济研究》《农村经济》《搞活企业》《县级计划工作》《宏观经济管理》《中长期计划》《信息与预测》《现代计划方法》等。

1985年1月,《致富钥匙》创刊于济南,山东省科技馆主办,共出版115期。

1985年2月,《当代企业家》创刊于济南,月刊,山东省文联主办。该刊用报告文学形式宣传改革、服务改革、支持改革、促进改革的发展。以报告文学为主,兼发纪实散文、专访、特写等文学作品。共出版59期。

1985年5月,山东省妇联主办的《幸福》月刊创刊,1988年5月更名为《祝你幸福》。该刊以妇女和家庭为主要内容。主要栏目有“风流女辈”“自强篇”“人物专访”“社会调查”“恋爱婚姻”“知心话”“法律顾问”“警钟篇”“争鸣”“巾帼论坛”“妇幼保健”“儿童教育”“室内装饰”“健与美”等。

1985 年 11 月，《齐鲁画刊》创刊于济南，山东美术出版社主编，双月刊，反映山东省在美术创作、美术理论、美术研究等方面的成就和各地市县基层美术活动的情况，为广大画家美术工作者提供发表作品的园地。设有“美术论坛”“美术家与作品”“实用美术”“美在民间”“外国美术”“技法探新”“老年人学画之窗”“作品园地”“绘画技法”等栏目。

1985 年 11 月，《山东城市金融》创刊于济南，中国工商银行山东省分行主办。旨在宣传党的经济金融方针政策，推动城市金融事业发展，服务“四化”建设，振兴山东省经济。栏目有“经济形式观察”“政策研究”“改革与建议”等。

1986 年 1 月，济南军区政治部主办的《黄河民兵》(月刊)创刊。该刊是济南军区党委和山东、河南两省委指导鲁豫民兵建设的机关刊物，沿用原《山东民兵》期刊代号。

1986 年 3 月，《孔子研究》创刊于济南，中国孔子基金会主办。该刊主要刊载研究孔子、儒学和其他各学术流派的哲学、政治、经济、道德、军事、教育、宗教、科技、文学等方面思想的学术论文；有关孔子、儒家和其他各学派、思想家的生平事业的文物、史迹介绍以及研究论文；国内外有关的学术动态、资料书评和文摘。1986～1999 年为季刊，2000 年改为双月刊。

1986 年 6 月，《山东法学》创刊于济南，季刊，山东省法学会主办。主要研究和探讨立法司法实践及法制建设中的理论问题。栏目有“中国法律”“法学论坛”“立法研究”“社会调查”“司法实践”“案例选登”“法制史料”等。

1987 年，《旅游世界》创刊于济南，山东省旅游局主办，主编成颖慧，社址在山东济南市经十路 86 号。杂志社始终秉承文化立刊和关注生态的理念，强化知识性、趣味性、思想性、可读性和参与性，致力于做中国最好看的旅游杂志。

1987 年，《山东医大基础医学院学报》创刊于济南，双月刊，是由山东医大基础医学院、卫生部耳鼻喉科学重点实验室主办的期刊。

1987 年，中共山东省委党史研究室主办的内部刊物《山东党史》创刊，双月刊，主编王永人，副主编臧济红、王葆君、郭洪云、刘莹。该刊以宣传党的历史和光荣传统，资政育人，忠诚地为党的基本路线服务为宗旨。

1987 年，《山东社会科学》创刊于济南，双月刊，山东省社会科学界联合会主办。编辑部在济南市玉函路 10 号。该刊坚持科学性，重视实用性，注重地方性，提倡争鸣性，严格纪律性，始终坚持把正确的政治方向放在首位，致力于营造高品位的学术氛围，坚持严谨、科学、争鸣的特点，充分反映相关学科的国内学术水平，具有创新性、理论性、实践性和较高的学术价值。辟有“研究与决策”“邓小平理论研究”“开放型经济论坛”“社会学”“企业改革论坛”“市县经济研究”“哲学”“史学”“文学”等栏目。

1987 年 1 月，《山东史志丛刊》创刊于济南，双月刊，主要反映方志界理论研究成果，刊载地方历史资料，交流编志经验和信息，介绍山东风物、著名人物和有关地方史志的知识。

1987 年 1 月，《山东旅游》创刊于济南，双月刊，山东省旅游局宣传处主办。旨在宣传发展旅游业的方针政策，总结经验，交流信息，探讨旅游理论，传播旅游文化知识。栏目有“大政方针”“规划开发”“国际市场”“信息动向”“理论探讨”“旅游资源”“山东风物”“宣传推销”“文化园地”“翻译之窗”“知识天地”“饭店管理”“接待服务”“导游工作”“国内旅游”“旅游文学”等。

1987 年 3 月，《山东审计》创刊于济南，双月刊，山东审计学会出版。旨在大力宣传党和国家有关审计工作的方针、政策、制度规定，开展审计学术争鸣与探索、及时总结交流审计工作的新鲜经验，介绍国内外最近审计理论研究成果和工作动态。

1987 年 8 月，《管子学刊》创刊于淄博，季刊。内容主要有对管仲与齐国其他著名人物及其著作的研究，国内外齐文化研究的资料和信息等。辟有“管子研究”“稷下学宫”“晏子研究”“人物评传”“文物与考古”“文化比较”“遗闻轶事”“齐国春秋”“传统文化论坛”“学术动态”“史料钩沉”等栏目。

1987 年 10 月，《山东公安》创刊于济南，山东省公安厅主办。1999 年 1 月刊名变更为《警界》，现都已停刊。《山东公安》办刊宗旨是展现卫士风采，弘扬警魂警威，服务法制建设。该刊融社会性、纪实性、文学性于一体，突出公安特色，追踪治安焦点，透视疑案迷踪，展示卫士风采，弘扬警魂警威，服务法制建设。

1987 年 11 月，《山东企业管理》创刊于济南，双月刊，主要宣传党和国家的经济工作方针、政策，传递管理经验和信息，探索管理理论与实践，普及管理知识，介绍国外于我有用的企业管理方法。

1988 年，《烟台大学学报》是由烟台大学主办，双月刊，国内外公开发行的综合性学术刊物，现用名《烟台大学学报（哲学社会科学版）》。这是烟台大学主办的综合性学术理论刊物，自1988年创刊伊始，一直坚持“面向全国，面向世界”“高水平，高质量”“求新求实”的办刊原则，坚持人文社会科学的正确导向，注重涵纳对已有理论新见解、对科学方法新探索、对某一学科领域新开拓的有效信息，刊出大量促进哲学、法学、经济学、文学、史学、民族学、语言学等学科发展的文章。

1988年，省委宣传部主办的综合性刊物《走向世界》出刊，该刊主要宗旨是向世界介绍山东，向山东介绍世界，促进山东对外经济文化交流。

1988年3月，《海洋药物杂志》创刊于青岛，青岛市医药科学研究所主办。旨在及时介绍国内外海洋药物研究进展情况及研究成果，促进我国海洋药学事业发展和学术交流，推广生产、养殖、应用和成果。载有海洋药物研究论文、文献、综述、临床应用、海药养殖、信息动态、海洋保健药品、食品、知识介绍、译文、文摘等。

1989年1月，大型文学刊物《时代文学》创刊，中国作家协会山东分会主办。双月刊，逢单月出版，一般以发表中、长篇作品和纪实文学为主。

1989年9月，《山东农业》创刊于济南，主要宣传农业发展的成功经验和成就，报道农村政治、经济和社会发生的巨大变化与深刻变革，传递经济、科技、金融、市场信息，反映基层领导、农业各条战线广大工作者的意见与呼声，为农业现代化建设服务。

第四节　20世纪90年代后山东报刊发展简述

进入20世纪90年代后，山东报刊业进一步贯彻为社会主义服务、为人民服务的方针，在建设有中国特色社会主义的事业中继续发展。至2015年，1985年后创刊的报纸除部分停刊外，大部分连续出版。据《山东统计年鉴》（2016年）的统计，2015年山东共出版报纸136种，其中综合报39种、专业报48种、高校校报49种；期刊261种，其中综合类19种，哲学社会科学类69种，自然科学类127种，文化教育类32种，文学艺术类14种，画刊2种，少儿类6种，还有内部期刊86种。

一、报纸

1985～2015年新创办报纸有《华夏酒报》《人民权利报》《青岛早报》

《菏泽日报》《烟台晚报》《鲁中晨刊》《菏泽师专报》《山东青年政治学院学报》《济南时报》《城市信报》《都市便民报》《泰山周刊》《临沂日报》《都市便民报》《城市信报》《齐鲁周刊》《山东商报》《开发时报》《开发导报》《滨州广播电视报》《枣庄视听周报》《山东少年报》《山东证券》《青岛早报》《联合报》《济南时报》《淄博晚报》《文登市报》《北方经济报》《济宁晚报》《聊城晚报》《羲之书画报》《中外市场桥报》等。下面简要介绍其中的几种报纸。

《华夏酒报》

1989 年 10 月 3 日，《华夏酒报》由中国酿酒工业协会创办，地址在山东省烟台市环山路 115-6 号，是唯一经国家新闻出版总署批准的酒类专业报，内容涵盖酒类生产、流通、营销、配套、消费等整个酒类产业链，报纸发行覆盖企业、院校、行业协会等诸多领域，在业内具有广泛的影响力，享有“酒行业《人民日报》”的美誉。

《山东少年报》

1992 年 10 月 1 日在济南创刊。它是在共青团山东省委的指导下，由少先队山东省工作委员会主办。报纸为 4 开 4 版，套色，周报。报纸的读者群是 7～14 岁少先队员。《山东少年报》集思想性、知识性、趣味性于一体，力求办成少年儿童思想教育的阵地，遨游知识的海洋，文化生活的乐园，成为孩子们爱不释手的好朋友。

《文登市报》

1993 年 3 月 1 日，《文登市报》创刊，是中共文登市委的机关报。办报宗旨是：坚持党的基本路线，立足时代前沿，充分发挥媒体作用，为文登市的改革开放和走向世界服务。《文登市报》是一份以新闻报道为主，兼容大信息量，面向全社会，为全市政治、经济、文化和生活等方面服务的综合性报纸，是文登与外部世界联系的窗口、桥梁与纽带。该报是党报特点与晚报风格的最佳结合，内容与形式的完美统一，贴近社会、贴近生活、贴近读者，小报载体大报容量和气势，社会效益与经济效益的兼顾是其追求的办报方向。《文登市报》为 4 开 4 版，周二刊。一版为要闻版，二版为经济版，三版为综合版，四版为副刊、文摘、生活版。开辟有“昆嵛新语”“经济漫谈”“大千世界”“生活专刊”“文体生活”“文登风物”“艺苑撷英”等 10 多个言论、文摘、文学栏目，全方位多角度地展示文登形象。

《开发导报》

1993 年 5 月 26 日，《开发导报》创刊，由潍坊高新技术产业开发区管理委员会主办。办报宗旨是为政治、经济、科技服务，为读者工作、学习、生活、娱乐服务。立足潍坊，面向全国各高新技术产业开发区和各类经济技术开发区以及各开放城市。《开发导报》设有众多的栏目，以全新的观点、超前的思维、开阔的视野，力求把报纸办得鲜明生动、尖锐泼辣、贴近生活。暂为周报，4 开 8 版。一版为要闻版；二版为经济、科技新闻版，辟有“经济万花筒”“科海览胜”“火炬之光”“开发区特快列车”等栏目；三版为经济、科技理论版，广采著名学者、专家、理论工作者和政府、企事业单位决策者的学术论文和最新研究成果；四版为信息专版；五版为文摘专版；六版为生活天地专版；七版为纪实文学专版；八版为综合文艺副刊。

《青岛早报》

《青岛早报》创刊于 1996 年，原名《青岛生活导报》，2002 年 4 月 28 日更名为《青岛早报》，是青岛报业传媒集团旗下重要媒体，办报形式更为新颖，时尚热点更为集中，内容更为丰富，成为青岛乃至山东报业市场上最具竞争力的报纸之一。《青岛早报》10 余年来坚持正确的办报宗旨，把握舆论导向，贴近群众生活，服务市民大众，已成为青岛的主流媒体之一。青岛早报日均发行量在 65 万份左右，是青岛市区发行量最大、发行密度最高、影响力最强的都市生活类综合性媒体，成为青岛和周边特别是胶东半岛地区每天清晨上市最早的报纸，以信息传递速度最快的美誉，成为广大市民必备的“早间文化快餐”。

《济南时报》

该报是济南日报社主办的综合性日报，创办于 1996 年 1 月 1 日，目前为周一至周五 A 叠（新闻）4 开 40 版彩色印刷，周六、周日 A 叠 4 开 28 版彩色印刷，另有 B 叠 C 叠（副刊专刊）等，日发行量在 48.8 万份以上，广告年收入已突破 5000 万元大关，成为济南市各界人士最喜爱的报纸之一。《济南时报》一贯坚持正确的政治立场，追踪社会变革，关注百姓生活，服务千家万户的宗旨，强调新闻时效性，贴近社会、贴近读者，讲究办报品位，做到真正雅俗共赏。1996 年中国足协决定，把首届全国足球好新闻评选命名为“济南时报杯”，这一殊荣是对时报办报质量、影响和地位的极高赞扬和肯定。

《山东商报》

2001 年 3 月 12 日创刊，以新闻性为主，集娱乐性、可读性、服务性为一体，凭借开阔的新闻视野、鲜明的都市色彩、超大的信息容量、新颖的版式风格、深入独特的观点与角度，迅速扩张市场，深得山东及全国广大读者的喜爱。《山东商报》是一家在山东快速崛起的省级都市综合类日报，以国有企业鲁商集团为依托，集合省内一流的报业经营管理、采编人才，学习和借鉴国内外先进的媒体运作经验，完全按照市场化运作的主流媒体。《山东商报》立足济南、覆盖山东，面向全国，日出64版，周末64～72版。日发行量已突破100万份，发行量位居济南第一、全省第二。《山东商报》创刊以来，发行范围相继覆盖烟台、潍坊、淄博、泰安、济宁、枣庄、临沂、聊城、菏泽、莱芜、德州、滨州等17个设区城市及莱州、曲阜、青州、滕州等若干县级市，山东省内除济南地区以外发行量日均23万份左右。

《城市信报》

《城市信报》是由大众报业集团主办的全省第一份城市生活服务类报纸，于2003年3月17日创刊，立足青岛，辐射全省。拥有《城市信报》及全媒体报网融合平台信网。2009年5月18日，《城市信报》在青岛改版上市，以轻松活泼的新闻风格得到了市民的青睐，确立了鲜明的“信报特色”，日均发行量突破75万份。信报推出的“源头探访”“新闻调查”“信报暗访组”等新闻栏目在全市乃至全国产生了巨大影响，“独家译文”“信息超市”等栏目引导了本地媒体的潮流。

二、期刊

1990～2015年山东期刊繁荣发展，新创办的期刊有《滨州政报》《高校辅导员》《青岛继续教育》《城色》《齐鲁师范学院学报》《时代影视》《爱格》《今参考》《济南纺织服装》《家庭旅游》《中国海洋大学学报》《商周刊》《内燃机与动力装置》《爱尚生活》《山东电力工程技术》《山东开发区》《山东省社会主义学院学报》《日照政务》《双月湖》《山东美术》《人文天下》《山东职业学院学报》《聊城职业技术学院学报》《齐文化》《山东农药信息》《山东党史研究》《山东老年》《山东老年体育》《新校园》《潍坊高等职业教育》《济南经济》《旅游发展研究》《科技经济导刊》《山东民盟》《孙子研究》《泰山文艺》《东营文艺》《港航论坛》《淄博师专学报》《青岛群众文化》《山东共青团》《山东电子教育》《文化大观》《视周刊》《环翠文艺》《山东电力界》《婚育与优生》《齐鲁文史》《家庭健康》《泰山林业科学》《当代青岛》《山东农业教育》《花生学报》《山东科协通讯》《山东铁道》《读报参考》《齐鲁周刊》《信息技术与信息化》《爱尚生活》《决策信息参考》《党风园地》《山东卫生计生》

《山东水文》《渔政》《华夏孝文化》《法学家茶座》《当代教育家》《研究与咨询》《泉城物价》《山东作家》《春秋》等。以上刊物目前都在出版发行，因篇幅原因，只选择几种刊物作简单介绍。

1998 年，《商周刊》创刊于青岛，由青岛出版社主管、主办，以财经报道为核心内容，以政经报道为外延内容，关注经济社会热点事件，分析解读宏观经济走势，讲述中微观商业故事，探讨企业生存发展之道，追求高尚生活方式；其以提出问题为第一要义，以分析解释描述为呈现工具，注重数据分析，不仅有经济社会热点事件分析，企业成长模式和故事、成败案例研究、投融资参考，而且还涵盖生活方式、文化管理新知等领域内容，设置“资讯”“时政”“观察”“独家策划”“金融”“产经”“商都”“人物”“尚品”“商生活”等栏目。

1998 年，《山东农药信息》创刊，由山东省农药工业协会、山东省农药研究所、山东省农药信息中心主办。该刊立足于山东省农药行业，以市场经营，市场动态为重点，提供新科技、营销新理念等各类农药信息，涵盖面广阔，是农药科工贸用交流的桥梁。主要栏目有“政策风向标”“农药监管”“热点关注”“专家论坛”“新品种新制剂”“市场研析”“病虫动态”“植保信息”“植保技术”“综合防治”“科学用药”“营销策略”等。

1998 年，《内燃机与动力装置》创刊，由山东省机械工业办公室主管、山东省内燃机研究所主办的期刊。该刊自创办以来，始终遵循“为社会主义建设服务，为生产科研服务，理论与实践相结合，普及与提高相结合，促进内燃机及其相关行业的发展”的办刊宗旨，及时准确地对内燃机及其相关行业的方针政策、科研成果、技术创新、生产管理等进行报道，是广大科技人员进行学术交流、企业管理人员掌握行业动态、生产经营部门了解市场和发布产品信息、使用及维护服务人员进行经验交流的园地，问世以来深受读者的欢迎。

2001 年 10 月 25 日，《潍坊学院学报》创刊，由潍坊学院主办，社址是山东省潍坊市胜利东街 339 号。该刊坚持为社会主义服务的方向，坚持以马克思列宁主义、毛泽东思想和邓小平理论为指导，贯彻“百花齐放，百家争鸣”和“古为今用，洋为中用”的方针，坚持实事求是、理论与实际相结合的严谨学风，传播先进的科学文化知识，弘扬民族优秀科学文化，促进国际科学文化交流，探索高等教育、教学及管理诸方面的规律，活跃教学与科研的学术风气，为教学与科研服务。

2002年1月3日,《视周刊》创刊,由山东广播电视报社主办。凭借影视大文化的宏观视野和大众传媒的快捷轻灵,及时传递海内外最新娱乐信息,扫描透析影视创作及其社会文化现象,追踪报道屏前幕后独家新闻及轶闻趣事,引领一波时尚新潮的都市生活流,以读者为本,贴近生活。《视周刊》定位城市消费,引领读者时尚话题,突出指导、体验、消费的过程,是读者生活最强大的参谋和助手。

2006年,《今参考》创刊,由山东大众报业集团主办,刊物以提供政经资讯、追踪时事热点、服务职场创业、解密历史档案为主,为领导必备、百姓爱读之物,是一份面向中国成长阶层的知性读本。《今参考》面向中国成长阶层,关注社会热点,展示世界万象,汇集人生感悟,始终保持着非常高的传阅率,影响力持续攀升。主要栏目设置有"时事聚焦""人物""春秋""男女""健康""探秘""职场""幽默"等,单期阅读人次超过百万中高端人士。

2007年1月15日,《爱尚生活》创刊,隶属于山东出版集团,办刊宗旨是"倡导健康时尚的生活理念,提供生活咨询服务,引领时代生活潮流"。杂志定位于都市感强、追求创意、时尚和高品质生活的白领阶层及成功人士。追求可读性、实用性、权威性,深刻解析城市群体的生活方式和生活理念,精彩展现城市独有的文化生活。《爱尚生活》创刊以来,坚持正确的办刊方向,忠于生活而又高于生活,在倡导美好社会生活,传播先进文化,弘扬社会正气,塑造美好心灵,倡导科学精神,歌颂真善美等方面发挥了积极作用。《爱尚生活》的专题策划、专题摄影和刊发的许多深层次的文章,在社会上产生了较好的影响。

2015年7月,《科技经济导刊》创刊,中国科协和山东科协主办,旨在反映学术前沿进展及水平,促进我国科技、经济领域理论研究与实践水平不断提升,为科技、经济领域的专家、学者和研究人员提供科技、经济成果展示、转化、交流的大舞台,激励科技人才多出成果、出好成果,让科技成果全面武装经济,走科技与经济"双轮驱动"的稳健之路,促进社会经济大发展。该刊紧密围绕省科协的社会职责,充分利用科协广泛联系广大科技工作者的优势,广泛交流、推广科技发展新理论、新进展、新成果,充分利用各学会的优势资源,扩大组稿来源,为广大科技工作者(各级科技管理部门、科研院所、大专院校、企事业等单位科技与经济人才的科技成果、科教创新、经济实践、管理经验等)创造交流学习平台。

主要参考文献

一、方志辞典类

[1]山东地方史志编撰委员会编:《山东省志文化志》,山东人民出版社 1995 年版。

[2]山东地方史志编撰委员会编:《山东省志出版志》,山东人民出版社 1993 年版。

[3]山东地方史志编撰委员会编:《山东省志报业志》,山东人民出版社 1993 年版。

[4]山东地方史志编撰委员会编:《山东史志资料》第一辑,山东人民出版社 1983 年版。

[5]济南市志编撰委员会编:《济南市志资料》第二辑,1964 年 10 月。

[6]政协山东省临沂市委员会文史资料研究委员会编:《临沂文史资料》第六辑,1987 年 12 月。

[7]青岛市政协文史资料委员会编:《青岛文史资料》第 15 辑,中国海洋大学出版社 2006 年版。

[8]车吉心、梁自絜、任孚先:《齐鲁文化大辞典》,山东教育出版社 1989 年版。

[9]章绍嗣、田子渝、陈金安:《中国抗日战争大辞典》,武汉出版社 1995 年版。

[10]邱沛篁:《新闻传播百科全书》,四川人民出版社 1998 年版。

二、著作类

[1]戈公振:《中国报学史》,三联书店 1955 年版。

[2]方汉奇:《中国新闻事业通史》,中国人民大学出版社 1992 年版。

[3]朱增朴:《传播与现代化》,中国新闻出版社 1989 年版。

[4]胡太春:《中国近代新闻思想史》,山西教育出版社 1987 年版。

[5]杨光辉:《中国近代报刊发展概况》,新华出版社 1986 年版。

[6]李龙牧:《中国新闻事业史稿》,上海人民出版社 1985 年版。

[7]方汉奇:《中国近代报刊史》,山西教育出版社 1981 年版。

[8]杜耀云:《中国近代史论》,齐鲁书社 2014 年版。

[9]李日、徐学航:《革命巨子徐镜心》,山东人民出版社 2011 年版。

[10]刘少白:《烟台报业志》,科学普及出版社 1993 年版。

[11]鲁海:《青岛老报故事》,青岛出版社 2016 年版。

三、学位论文类

[1]刘书芹:《渤海日报研究》,2018 年山东师范大学硕士学位论文。

[2]李婕:《〈黄海潮报〉研究》,2012 年山东大学硕士学位论文。

[3]刁琳昊:《〈青岛民报〉研究》,2013 年山东大学硕士学位论文。

[4]杨深浙:《〈群力报〉研究》,2013 年山东大学硕士学位论文。

[5]朱丽华:《北洋政府统治时期(1922～1929)青岛报业研究》,2015 年山东大学硕士学位论文。

[6]殷洪英:《国民政府直辖期间威海地区报业研究(1930～1938)》,2014 年山东大学硕士学位论文。

[7]李红霞:《胶东书业与民国时期的济南出版业》,2012 年山东大学硕士学位论文。

[8]王国龙:《解放战争时期中国共产党在山东解放区的民众动员研究》,2013 年山东师范大学硕士学位论文。

[9]谷学峰:《近代济南市民文化研究(1904～1937)》,2005 年山东大学硕士学位论文。

[10]谢萌萌:《马少波建国前在胶东地区的报业活动研究》,2015 年山东大学硕士学位论文。

[11]史伟华:《民国早期青岛报纸广告研究(1922～1938)》,2008 年青岛大学硕士学位论文。

[12]林媛媛:《青岛近代(1897～1919)报业研究》,2010 年山东大学硕士学位论文。

[13]刘冉冉:《青岛近代报业研究(1897～1929)》,2017 年渤海大学硕士学位论文。

[14]刘玉福:《青岛近代民族报业研究(1897～1937)》,2015 年青岛大学硕士学位论文。

[15]林丰艳:《青岛市民文化研究:以报纸所见资料为中心(1922～1937)》,2007 年山东大学硕士学位论文。

[16]刘明鑫:《青岛早期报业研究(1897～1922)》,2012 年山东大学硕士学位论文。

[17]朱云峰:《清末民初济南公共领域的近代转型(1904～1919)》,2006 年山东大学硕士学位论文。

[18]王磊:《日本第二次占领青岛期间日办中文报纸研究》,2014 年山东大学硕士学位论文。

[19]郭莉娜:《山东根据地及解放区的中等教育》,2017 年山东师范大学硕士学位论文。

[20]庄乾筱:《山东抗日根据地及解放区的文艺团体梳理研究》,2016 年山东艺术大学硕士学位论文。

[21]吴红:《山东抗日根据地文化建设研究》,2007 年山东师范大学硕士学位论文。

[22]王华东:《山东抗日根据地文化研究》,2018 年吉林大学硕士学位论文。

[23]刘淑萍:《山东青年知识分子与五四新文化运动》,2014 年山东师范大学硕士学位论文。

[24]董玉新:《试论山东抗日根据地的创建及其历史作用》,2008 年河北师范大学硕士学位论文。

[25]方晓红:《晚清小说与晚清报刊发展关系研究》,2000 年南京师范大学硕士学位论文。

[26]武海凤:《威海解放区报业研究(1945.1～1947.12)》,2013 年山东大学硕士学位论文。

[27]潘煜:《烟台近代报业研究(1894～1919)》,2012 年山东大学硕士学位论文。

[28]王泽京:《杨士骧在山东(1905～1907)》,2009 年扬州大学硕士学位论文。

[29]董文娜:《英租时期威海卫报纸研究(1898～1930)》,2011 年山东大学硕士学位论文。

[30]刘文婷:《中国近代商业报刊研究》,2013 年西南大学硕士学位论文。

[31]唐红波:《中国近现代报刊新闻话语模式嬗变》,2007 年湖南大学硕士学位论文。

[32]朱立伟:《清末济南出版法制研究》,2013 年山东大学硕士学位论文。

[33]糕迎春:《〈青岛新民报〉研究》,2009 年中国海洋大学硕士学位论文。

四、期刊论文类

[1]张登德:《〈齐鲁公报〉与山东辛亥革命》,载《理论学刊》2013 年第3 期。

[2]唐美红:《胶东解放区党的思想建设及其现实启示》,载《理论学习》2016 年第 3 期。

[3]梁家贵:《抗日战争时期山东党报的发展与历史作用》,载《中共党史研究》2006 年第 2 期。

[4]李冬春:《抗战初期鲁西北新闻出版事业的崛兴及启迪》,载《聊城师范学院学报(哲学社会科学版)》1991 年第 4 期。

[5]郭常英:《抗战时期报纸与难民救助》,载《中国出版》2015 年第 18 期。

[6]马庚存:《论辛亥革命时期山东人民的爱国主义》,载《齐鲁学刊》1985 年第 2 期。

[7]董爱玲:《民国时期山东报业发展与社会变迁》,载《临沂大学学报》2013 年第 2 期。

[8]刘衍琴:《民国时期山东报业概述》,载《新闻大学》1993 年第 3 期。

[9]来永红、杨红林:《北洋政府时期的报刊舆论与反帝废约运动》,载《理论学刊》2013 年第 8 期。

[10]苑书耸:《渤海根据地对中国革命的贡献》,载《中国石油大学学报(社会科学版)》2016 年第 2 期。

[11]付洁:《从 1903 年入手解读〈胶州报〉》,载《山东图书馆学刊》2012

年第3期。

[12]吕晓钰:《担负起阐扬文化的使命——记国立山东大学〈励学〉的创立与接续》,载《人文天下》2015年第16期。

[13]田峰:《基督新教传教士与中国近代报刊的发端》,载《山东理工大学学报(自然科学版)》2016年第4期。

[14]杜耀云:《简论清末山东谘议局》,载《山东师大学报(社会科学版)》1987年第4期。

[15]刘敏、甘险峰:《近代济南报业概况》,载《青年记者》2014年第9期。

[16]董爱玲:《民国时期山东报业发展与社会变迁》,载《临沂大学学报》2013年第2期。

[17]蒋秀丽:《清末新政时期的山东报纸》,载《山东档案》2004年第5期。

[18]王咏梅:《山东抗日民主根据地(解放区)报纸通俗化运动》,载《当代传播》2015年第5期。

[19]韩文友:《传统媒体走向国际化的实践与探索——以〈华夏酒报〉为例》,载《青年记者》2018年第32期。

[20]赵增杰:《漫展画卷写战争风云——记山东根据地的三大画报》,载《新文化史料》1997年第4期。

[21]刘冉冉:《〈胶澳日报〉的发展历程与内容分析》,载《青年记者》2016年第3期。

[22]陈江:《爱国主义的颂歌——维新运动时期的期刊》,载《出版史料》1992年第2期。

[23]王敏:《应对新式传媒无方与清朝的覆灭》,载《杭州文博》2012年第1期。

[24]高莹莹:《青岛德文报纸的创办与德国殖民政策》,载《河南大学学报(社会科学版)》2014年第5期。

[25]滕长富:《近代烟台报纸五种》,载《烟台文史》2017年第2期。

[26]阳振乐:《中共苏区时期的党报党刊与党的建设——以〈红色中华〉〈斗争〉为例》,载《苏区研究》2016年第1期。

[27]陈荣勋、杨勤为、袁之舜:《略论山东抗日武装起义的特点》,载《理论学刊》1985年第4期。

[28]孟红兵:《山东抗日民主根据地群众工作的历史经验及启示》,载《孔子研究》2015年第4期。

[29]高焕杰:《〈抗战日报〉:真实记录范筑先与鲁西北抗战》,载《山东档案》2015年第2期。

[30]娄和军:《“为大众服务”》,载《青年记者》2016年第19期。

[31]郭履腾:《“一切为人民,真正做到为群众服务”——通俗报纸的代表〈群力报〉》,载《青年记者》2015年3月(上)。